Diogenes Taschenbuch 21283

de
te
be

Wilhelm Weigand

Michel de Montaigne

Eine Biographie

Diogenes

Der vorliegende Band erschien erstmals
bei Georg Müller, München und Berlin, 1915
Umschlagillustration nach einem
alten Stich

Veröffentlicht als Diogenes Taschenbuch, 1985
Lizenzausgabe mit freundlicher Genehmigung der
Verlagsgruppe Langen-Müller/Herbig, München

40/85/8/1
ISBN 3 257 21283 6

Wir Menschen sind uns selbst ein Rätsel. Mancher glaubt, die Wahrheit über sich selbst zu verkünden und gestaltet dabei, ohne es zu wollen, nur ein fragwürdiges Bild seines Wesens, wie es seiner geheimen Eitelkeit oder einer verborgenen Sehnsucht entspricht. Es ist kein Zufall, daß die Männer, denen wir die tiefsten Selbstbekenntnisse verdanken, die Psychologen am tiefsten beschäftigt haben: der heilige Augustinus, Rousseau und, neuerdings, Stendhal geben am meisten Anlaß zu Fragen, die sich um das Problem drehen, ob ein Mensch überhaupt fähig sei, sich selbst zu kennen und die volle Wahrheit über sein Selbst zu verraten. Wir gehorchen einem beglückenden Zwange, indem wir in dem ungeheuren Dunkel, das uns umgibt, Zwiesprache mit uns selber halten; wir genießen uns selbst, indem wir die Zustände unserer Seele, die allzeit flüchtigen, festhalten und, als Künstler oder Bekenner, in einem Werke festzuhalten suchen. Doch auch dieses Werk, das bestenfalls als schöne Notwendigkeit erscheint, bleibt nur allzuhäufig etwas Schwankendes, nicht minder wie die ganze Vergangenheit, die jedem neu erstehenden Geschlechte neue Waffen und alte Genüsse liefert. Wir werden alle, rascher als wir glauben, zu Legenden, und selbst vor den klarsten, offensten Bekenntnissen darf der Denker fragen: Was wollte der Beichtende erkennen, als er sein Inneres enthüllte? War seine Beichte, ob schamlos oder nicht, nur ein Mittel, um sich selber zu genießen, oder gar zu jenem höheren Bewußtsein der Welt zu gelangen, das jede herrische Philosophie zu wecken sucht, die, als Ahnung und Erkenntnis, immer wieder auf einen bedingten Menschen zurückführt? Ist hinter der Aufrichtigkeit, die unter Umständen das Äußerste zu sagen liebt, nicht am Ende doch der verschämte Wunsch verborgen, in jener Schönheit zu erscheinen, die, was man auch sagen möge, eine

Forderung unserer Natur ist? Wie verhalten sich Leben und Tat bei einem Beichtenden, der nichts Sicheres besitzt als sein flackerndes Bewußtsein, das nötigenfalls selbst aus den Gräbern der Vergangenheit den schönsten Schmuck herauszuholen weiß? Ist der Zweifel an der Welt ein mörderisches Prinzip, oder vermag er, als Ausdruck einer gefestigten Natur, auch dann noch dem Leben zu dienen, wenn er plötzlich in sein Gegenteil umschlägt und den Skeptiker auf das stille allmächtige Walten der Natur verweist, in der er lebt und webt?

Das Leben und die Schriften Michel Montaignes mögen auf diese Fragen eine Antwort geben, die jene beglückende Erkenntnis, daß jedes Individuum ein Unerschöpfliches bedeutet, niemals aus den Augen verlieren soll.

I

Die Familie Eyquem oder Ayquem, welcher der Schloßherr Michel de Montaigne entstammte, gehörte dem französischen Bürgertum an. Montaigne selbst macht die Bemerkung: *Les miens se sont autrefois surnommés Eyquem;*[1] das will sagen: die Meinigen haben den Beinamen Eyquem geführt. In dieser Bemerkung, die der Eitelkeit eines Mannes entspringen mochte, dessen Adel noch jung war, liegt eine leichte Irreführung der Zeitgenossen, die sich indessen nicht täuschen ließen: sie wußten, daß Eyquem kein bloßer Beiname, sondern der eigentliche Familienname Montaignes war. Der Humanist Josef Scaliger,[2] in dem die Lästerungssucht seiner Zunftgenossen lebendig war, bemerkt gelegentlich, der Vater Montaignes, Pierre Eyquem, habe Heringe in Bordeaux verkauft. Dies war eine Lüge; aber es steht fest, daß schon der Urgroßvater des Denkers, Ramon Eyquem, zu den wohlhabendsten Kaufleuten in Bordeaux zählte und seinen Laden in der Rue de la Rousselle hatte, die zur Pfarrei St. Michael gehörte. Den neuesten Forschungen nach scheint die Familie Eyquem aus dem kleinen Städtchen Saint-Macaire zu stammen und während der englischen Herrschaft in der Guyenne ihre Besitzungen, unter denen sich das berühmte Weinschloß und Gut Yquem zu Sauternes befand, verloren zu haben. Michel Montaigne gibt im 16. Kapitel des zweiten Buches der »Essais« der Meinung Ausdruck, die Familie Eyquem sei englischen Ursprunges gewesen; wir wissen indessen nur mit Sicherheit, daß der Name Ayquem oder

[1] Essais, II, 16. Im Folgenden wird zitiert nach *Gesammelte Schriften Michel de Montaignes*. Historisch-kritische Ausgabe mit Einleitungen und Anmerkungen unter Zugrundelegung der Übertragung von Johann Joachim Bode, hrsg. von Otto Flake und Wilhelm Weigand. München, Berlin 1915.

[2] Sohn des Julius Cäsar Scaliger (eigentlich Bordone della Scala), der aus Riva am Gardasee stammte, (geb. 1483; gest. 1558 in Agen). Sein Sohn Josef Justus (geb. 4. August 1540, gest. 21. Januar 1609) gehörte zu den größten Philologen der Zeit.

Eyquem in der Gascogne sehr verbreitet war.[1] Der Urgroßvater des Philosophen, Ramon Eyquem, der im Jahre 1402 in dem kleinen Dörfchen Blanquefort en Médoc, nicht weit von Bordeaux, geboren war, muß ein tüchtiger Kaufmann gewesen sein: ihm verdankt die Familie den Wohlstand, der es seinem Enkel ermöglichte, den Adel zu erwerben, und dem Urenkel gestattete, das freie Leben eines großen Herrn zu führen. Durch seine Heirat mit einer reichen Erbin, Isabella de Ferraigues, kam er in die Lage, den Exporthandel mit Wein, Waidfarbe und getrockneten Fischen in größtem Maßstabe zu betreiben. Am 10. Oktober 1477[2] erwarb er von einem gewissen Guilheume Duboys die Edelsitze Montaigne und Belbeys, die zur Lehensherrschaft Montravel gehörten und von dem Erzbischof von Bordeaux abhingen, mit den zugehörigen Weinbergen, Wäldern, Ländereien, Wiesen und Mühlen, Rechten und Renten um den Kaufpreis von 900 Bordelaiser Franken. Die Familie Eyquem zählte von nun an zu den Afterlehensleuten des Erzbischofs von Bordeaux. Sie war beständig darauf aus, das bescheidene Weingut Montaigne, das einige Kilometer vom rechten Ufer der Dordogne entfernt liegt, zu vergrößern, ohne ihren städtischen Wohnsitz aufzugeben. Die gelegentliche Bemerkung des Philosophen, die meisten seiner Ahnen seien auf Schloß Montaigne

[1] Vgl. Théophile Malvezin *Michel de Montaigne, son origine, sa famille.* Bordeaux 1875. Charles Lefebure. Das Buch gehört, neben den Schriften des Dr. Payen, zu den wichtigsten Quellenwerken über Montaigne: es enthält eine Fülle von Dokumenten, Kaufverträgen, Testamentsauszügen usw.

[2] Der Kaufvertrag, der von dem Notar de Artigamala in der Landessprache ausgefertigt war, hat folgenden Wortlaut:

Conoguda, etc., que lodeit Guilheume Duboys per sa bona voluntat a bendut et librat, etc., ben et liura, per tots temps, à honorable homme Ramon Ayquem, de la parropia de Sent-Miqueu, etc., de Bordeu, a qui medis pnt., tots aquets deits dos hostaus et maysons nobles apperats de Montaigne et Balbeyo, am tots lasdeits bignes, terras prats et molin, et am totas lurs autres deppendences et appartences, existent en ladeita castellania de Montrebel, sian: vendas, sporlas, acaptes, agreiras et autres quausque sian, e etre puscan et deyan ...

Per la soma de nau cents francs bordales ... et ledeit Guilheume Duboys bailhet audeis Ramon Ayquem una pluma en senha de lo auer mes en possecion de las causas sobreideitas ... *De Artigamala*

Malvezin, a. a. O. p. 235.

geboren[1], gehört zu jenen leichten Unwahrheiten, die der Nachkomme des geadelten Kaufmanns, trotz aller Biedermännerei, nicht scheut, wenn seine Eitelkeit im Spiele ist. Der Besitz der Herrschaft Montaigne gestattete den Eyquems, dem Familiennamen den Gutsnamen beizufügen, und damit war zunächst die erste Gewähr des Aufstiegs in die obersten Schichten der französischen Gesellschaft gegeben. In seinem Kapitel über Namen (I, 40) tadelt zwar Montaigne, der sich als gereifter Mann im sicheren Besitze alten Adels wähnen mochte, die Sitte, sich nach dem Stammsitz eines Hauses einen Adelsnamen beizulegen. »Es ist eine sehr üble Gewohnheit und von sehr schlimmen Folgen für unser Frankreich, daß wir einen jeden nach seinem Gute oder seiner Herrschaft benennen. Dadurch werden die Geschlechter am ärgsten verwirrt und aus der Kunde geworfen. Ein nachgeborner Sohn aus einem alten Hause, der zur Apanage ein Landgut erhält, unter dessen Namen er geehrt und gekannt ist, kann es mit keiner Art von Schicklichkeit veräußern. Zehn Jahre nach seinem Tode kommt sonst das Gut in eines Fremden Hand, der sich ebenfalls danach benennt; nun gebe ich anheim zu bedenken, wie wir mit unserer Familienkenntnis daran sind! Es bedarf keines Aufsuchens anderer Beispiele als aus unserm königlichen Hause, worin es so viele Zunamen als Teilungen gibt, wobei uns Ursprung und Abstammung unbekannt geworden sind. Bei diesen Umwandlungen geht es dergestalt ohne alle Regel her, daß ich zu meiner Zeit keinen Mann gesehen habe, den das Glück zu einer ungewöhnlichen Höhe emporgehoben, dem man nicht einen Stammbaum angedichtet und auf einen alten glänzenden Stammbaum geimpft hätte, wovon sein Vater kein Wort wußte, und zum Glück sind die Familien, die in die dunkelsten Zeiten zurückgehen, am geschicktesten zum Verfälschen. Wie viele adelige Familien haben wir nicht in Frankreich, die nach ihrer Rechnung aus dem Geschlechte unserer Könige abstammen? Mehr, glaube ich, als aus andern.

[1] Essais, III, 9. *C'est le lieu de ma naissance et de la plupart de mes ancêtres: ils y ont mis leur affection et leur nom.*

Laßt uns doch, um Gottes willen! mit dem vorlieb nehmen, womit unsere Vorfahren ganz zufrieden waren! Und laßt uns nicht mehr sein wollen, als wir wirklich sind; wir sind genug, wenn wir uns dabei zu behaupten wissen. Warum wollen wir den Stand und die Glücksumstände unserer Ahnherren verleugnen! Weg mit den dummen Anmaßungen, die jedem Narren zu Gebote stehn, der dummdreist genug ist, sie für sich anzuführen.«

Die Ansicht Montesquieus, daß der gallische Adel auf die germanischen Vornamen zurückgehe, ist im allgemeinen so fragwürdig wie jene jüngere Behauptung, die französische Revolution habe diesen Adel gänzlich ausgemerzt und dem keltischen Blute jenes Übergewicht verliehen, dem das heutige Frankreich seinen Verfall verdanke.

Die Erben des eigentlichen Stammhalters der Familie Ramon Eyquem waren seine beiden Söhne Grimon und Peter. Der ältere der beiden Brüder scheint ein noch tüchtigerer Kaufmann gewesen zu sein als sein Vater: er handelte hauptsächlich mit Waidfarbe, die damals ein gesuchter Artikel war, und seine zahlreichen Schiffe liefen in den spanischen, englischen und vlämischen Häfen an; auch hatte er die Finanzen des Erzbischofs und des früheren Templerordens in Pacht genommen. Seine soziale Stellung wurde mit der Zeit so bedeutend, daß er von 1485–1503 das Amt eines Stadtschöffen bekleiden und dann zum Profossen der Stadt gewählt werden konnte. Er starb 1519 im Alter von neunundsechzig Jahren. Er hinterließ vier Söhne und zwei Töchter, die bei seinem Tode alle noch im zarten Alter standen. Die Söhne, von denen zwei Geistliche wurden und ein dritter das Amt eines Advokaten am Parlament zu Bordeaux bekleidete, erhöhten Ansehen und Bedeutung des aufsteigenden Geschlechtes. Der Älteste, Peter Eyquem de Montaigne, war als erster der Familie am 29. September 1495 auf Schloß Montaigne geboren. Er schlug insofern aus der Art, als er den Beruf eines Soldaten wählte. Sein berühmter Sohn charakterisiert seinen Vater in einigen gelegentlichen Aufzeichnungen:

»Bis zur Bewunderung gehen die Erzählungen, die ich von meinem Vater über die zu seiner Zeit herrschende Keuschheit gehört habe. Er wußte ein Liedlein davon zu singen, da er durch Natur und Kunst zum Umgange mit Damen gemacht war. Er sprach nicht viel, aber gut, und schmückte seine Gespräche beständig mit Stellen aus Büchern in lebenden Sprachen, besonders aus dem Spanischen, und unter diesen war ihm ihr Marc Aurel des Guevara[1] vorzüglich geläufig. Sein äußeres Betragen war voll sanfter Ernsthaftigkeit, anmaßungslos und sehr bescheiden. Er trug ganz außerordentlich Sorge für einen gefälligen Anstand in seiner Person und in seinen Kleidern, sowohl zu Fuß als zu Pferde. Unglaublich genau hielt er auf sein Wort und besaß im ganzen sehr viel Gewissenhaftigkeit und Religion; dabei hing er mehr nach der Seite des Aberglaubens als umgekehrt. Für einen Mann von kleiner Statur war er voller Kraft, von gutem Verhältnis im Gliederbau und hielt sich dabei sehr gerade. Seine Gesichtsbildung war angenehm; seine Farbe fiel ins Bräunliche. Er war geschickt und gewandt in allen ritterlichen Übungen. Ich habe noch Rohrstäbe gesehen, die mit Blei ausgegossen waren, womit er, wie man mir sagte, die Arme übte, um sie bei Kräften zum Stangen- oder Steinwerfen oder zum Fechten zu erhalten. Auch sah ich von ihm Schuhe mit bleiernen Sohlen, um sich mehr Leichtigkeit im Laufen und Springen zu erwerben. Im Malspringen hat er

[1] Don Antonio de Guevara (1490–1545), Bischof von Mondognet und Rat Kaiser Karls v. Sein *Libro aureo de Marco Aurelio, con el Relox de Principes* war 1537 in französischer Übersetzung unter den Titeln *Livre doré de Marc Aurele* und *L'Horloge des Princes* erschienen und wurde viel gelesen. Auf Montaigne selbst hat ein anderes Werk des spanischen Hofpredigers stark eingewirkt: die *Epîtres dorées, morales, familières et discours salutaires du sieur Don Antoine de Guevare Espagnol, evesque de Mondognet, prescheur, chroniqueur et conseiller de la Majesté de l'Empereur Charles cinqiesme. Divisées en trois Tomes, les deux premiers traduits d'Espagnol en François par le Seigneur de Guterry, docteur en medecine, et le troisiesme contenant la Revolte que les Espagnols firent contre leur jeune prince, en l'an M.D.XX. et l'yssue d'icelle. Ensemble un traitté de l'origine et travaux privilèges et jargon dont on use ès Galères, le tout de même autheur. Traduit nouvellement d'Italien en François. St. Paris. Pour Jacques Kerver, livraire juré demeurant rue St. Jacques. A l'enseigne de la Licorne. 1565.*

Dinge getan, wovon man noch als von kleinen Wundern spricht. Ich sah ihn noch, als er schon über die Sechzig war, über unser Flinktun spotten, sich mit seinem Schlafpelz auf ein Pferd schwingen, auf seinen Daumen um die Tafel gehen; selten ging er nach seinem Wohnzimmer hinauf, ohne drei bis vier Stufen der Treppe zu überhüpfen... Von sich selbst schwur er sehr heilig und unbefangen, er habe als reiner Junggeselle das Ehebett bestiegen.« (II, 2.) Und an anderer Stelle: »Mein Haus hat schon seit lange her den Männern von Kenntnis und Wissenschaften offen gestanden und ist ihnen sehr wohl bekannt, denn mein Vater, der es über fünfzig Jahre verwaltet hat, war von der neuen Hitze erwärmt, womit Franziskus der Erste die Wissenschaften liebte und in Aufnahme brachte, und suchte mit vieler Mühe und großem Aufwande die Bekanntschaft mit gelehrten Männern. Er nahm sie auf in sein Haus wie heilige Personen, die eine eigene Inspiration von göttlicher Weisheit hätten, er faßte ihre Reden und Gedanken auf, als ob es Orakelsprüche wären, und mit desto größerer Ehrerbietung und Andacht, je weniger er imstande war, darüber zu urteilen, denn er hatte ebensowenig wie seine Vorweser die geringste Kenntnis von Literatur.« (II, 12.)

Die Erziehung, die Peter Eyquem seinem Sohne geben ließ, lassen diese Bemerkung zum mindesten fragwürdig erscheinen. Jedenfalls fühlte sich der Kaufmannssohn, der beim Tode seines Vaters, im Jahre 1519, vierundzwanzig Jahre alt war, ganz als Edelmann: nachdem er seinem Lehensherrn, dem Erzbischof von Bordeaux, die übliche Vasallenhuldigung geleistet und, als Zeichen seines Lehentums, ein paar weiße Handschuhe überreicht hatte, konnte er sich als rechtmäßigen Herrn des Adelssitzes Montaigne betrachten. Während der folgenden Jahre nahm er an den Feldzügen Franz I. gegen Karl V. in Italien teil; er scheint sogar Aufzeichnungen über seine Kriegserlebnisse hinterlassen zu haben.

Das Leben und Treiben in Italien, das damals dem französischen Adel als neuentdecktes Paradies der Kunst und freien Sitte erschien, verlieh dem jungen Soldaten jedenfalls eine größere Freiheit des Blickes und jene Wertschätzung der Wissenschaften, die in der Erziehung seines Sohnes die schönsten Früchte zeitigen sollte.

Am 15. Januar 1528, im Alter von dreiunddreißig Jahren, vermählte er sich, auf dem Heimwege aus Italien, in Toulouse mit Anthoinette Louppes de Villeneuve[1], die einer reichen Familie spanischer Juden entstammte, welche aus Villanova bei Toledo ausgewandert waren. Es mag gleich erwähnt werden, daß Montaigne, der sonst so unbefangen und frei in die Welt blickt, seiner Mutter, die eine sehr tüchtige Hausfrau gewesen sein muß,[2] nie Erwähnung tut. Sie soll Protestantin gewesen sein, und die Tatsache, daß zwei von ihren Kindern, Thomas und Johanna, der neuen Lehre zugetan waren, spricht für diese Annahme, die eine weitere Stütze in der Erwägung findet, daß die Tochter spanischer Juden der Kirche, der ihre Vorfahren genug Leid verdankten, nicht allzufreundlich gesinnt sein mochte. Das beträchtliche Heiratsgut, das Anthoinette Lopez ihrem Gatten zubrachte, vermehrte den Wohlstand und das Ansehen des Schloßherrn von Montaigne, der das Talent zur Vergrößerung und Verschönerung seines Besitzes in hohem Grade besaß und seit seiner Vermählung das Dasein eines reichen Gutsherrn führte, ohne sich indessen dem Leben seiner Vaterstadt gänzlich zu entfremden. Er ließ an Stelle des alten Schlosses Montaigne

[1] Der Name (im Spanischen Lopez) wird verschieden geschrieben: Loupes, Louppes, Lopès. Ein Zweig der Familie Louppes war in Bordeaux ansässig; seine Glieder standen in freundlichsten Beziehungen zu der Familie Montaigne. (Vgl. Malvezin, Michel de Montaigne, p. 115.)

[2] Sie überlebte ihren Sohn. In ihrem Testament vom 15. April 1597 läßt sie sich über ihre Tätigkeit als Hausfrau vernehmen: »Gleichfalls ist es bekannt, daß ich mit meinem Gemahl vierzig Jahre hindurch im Hause Montaigne geschafft habe, derart, daß durch meine Arbeit, Sorg und Haushalterei besagtes Haus höchlich an Wert und Gütern zugenommen, wovon in der Folge Michel de Montaigne seliger, mein ältester Sohn, mit meiner Einwilligung und Erlaubnis friedlich die Nutznießung genossen.« (Malvezin, a. a. O. S. 128.)

einen Neubau ausführen, der, trotz bescheidener Verhältnisse, besser imstande war, den Gefahren kriegerischer Überfälle zu trotzen. Ein Register, das auf der Stadtbibliothek zu Bordeaux aufbewahrt wird, enthält ungefähr zweihundertundfünfzig Kaufverträge, die der Schloßherr von Montaigne zwischen 1528 und 1559 abschloß, um seine Besitzungen abzurunden. Im Jahre 1530 wurde er zum ersten Schöffen und Profossen der Stadt Bordeaux erwählt; 1536 wurde er zweiter und 1554 erster Bürgermeister, welche Würde er zwei Jahre lang bekleidete. Sein Sohn erzählt (III, 10), daß er diesem Amt, das damals, in Hinsicht auf die Zwistigkeiten Heinrichs II. mit der Stadt, nicht ohne Fährlichkeiten war, seine ganze Zeit und Kraft geopfert habe: »Ich erinnere mich, in meiner Kindheit ihn als alten Mann gesehen zu haben, dessen Seele gar sehr durch die öffentlichen Geschäfte hin- und hergetrieben wurde; der die milde Luft seines Hauses vergaß, wo ihn die Schwäche seiner Jahre schon lange Zeit vorher hingeheftet hatte; der seine Haushaltung vergaß und seine Gesundheit und gewiß sein Leben nicht achtete, das er in ihrem Dienst auf langen und mühsamen Reisen beinahe verloren hätte.« Der frühere Kriegsmann verstand es vortrefflich, seine Geschäftsgewandtheit auch im Verkehr mit dem Hofe in Paris zu beweisen: er nahm zwanzig Tonnen besten Bordeaux für die Hofleute mit, als es galt, die Privilegien, die Heinrich II. der Stadt Bordeaux entzogen hatte, wieder zu erlangen, und die Güte seiner Weine erwies sich bei Höflingen und Räten als mächtiger Überzeugungsgrund und wirksamstes Besänftigungsmittel. Sein Hauptaugenmerk war auf die Verbesserung der höheren städtischen Schulen gerichtet: ihm verdankt das Kollegium de Guyenne, in dem er seinen Sohn Michel erziehen ließ, die Berufung des ausgezeichneten Humanisten Elias Vinet[1] und die Naturali-

[1] Ein Bauernsohn aus Vinets bei Barbezieux (1509–1583); er leitete die Schule von 1548 bis zu seinem Tode.

sierung des Portugiesen Andreas de Gouvea,[1] der die einflußreiche Schule von 1534–1547 leitete.

1 Oder Govea, geboren 1497 zu Beja in Portugal, gestorben im Oktober 1548. Er wurde 1524 nach Bordeaux berufen, um das Kollegium zu organisieren. Im Jahre 1547 berief ihn Johann III. von Portugal zurück, damit er in Coïmbra ein Kollegium nach französischem Muster einrichte. – Sein Bruder Antoine (1505–1566) gehörte zu den berühmtesten Rechtslehrern der Zeit. Er scheint eine Zeitlang in Bordeaux unter seinem Bruder als Lehrer gewirkt zu haben. In seiner Lebensanschauung stand dieser berühmte Jurist Montaigne sehr nahe. Er hat wenig geschrieben. Seine gesammelten Werke sind 1766 in Rotterdam erschienen. *(Opera juridica, philologica, philosophica, ex bibliotheca G. Meermann edidit Jacobus Van Vaasen.)*

2

Am 28. Februar 1533, zwischen elf und zwölf Uhr vormittags, wurde dem Schloßherrn von Montaigne sein drittes Kind, ein Sohn, geboren, das in der Taufe den Namen Michel erhielt. Die beiden ersten Kinder der Ehe waren im zartesten Alter weggestorben. An dem künftigen Erben des Namens vertraten, wie Michel Montaigne selbst erzählt (III, 13), einer vielverbreiteten Sitte der Zeit gemäß ganz arme Leute, *de la plus abjecte fortune*, Patenstelle.[1] Der Vater des künftigen Philosophen scheint ganz besondere Ansichten über Erziehung gehabt zu haben: er hielt mehr auf Milde als auf Strenge und gab sein Söhnchen bei armen Bauersleuten in dem Weiler Papessus in Pflege, damit es das Leben der kleinen Leute schon im zartesten Alter kennenlerne. Montaigne wußte ihm für diese Ansicht noch im späteren Alter Dank: »Er wollte mich mit dem gemeinen Volke und diesem Stande von Menschen vertraut machen, der unserer Hilfe bedarf, und wünschte, ich möchte geneigter werden, denjenigen mit Liebe zu umfassen, der mir die Arme reichte, als denjenigen, der mir den Rücken zukehrte. Das war auch die Ursache, warum er mich von Personen des niedrigsten Standes aus der Taufe heben ließ, um mich denselben geneigt und verbindlich zu machen.

Seine Absicht ist ihm auch nicht verunglückt. Ich gebe mich gern mit geringen Leuten ab: sowohl deswegen, weil dabei mehr Verdienstliches ist, als auch aus natürlichem Mitleiden, welches unendlich viel über mich vermag.« (III, 13.) Später vertraute Peter Eyquem seinen Sohn einem deutschen Erzieher namens Horstanus an, der nur lateinisch mit dem Knaben sprechen durfte. Montaigne selbst bemerkte über diese Unterrichtsmethode: »Es ist allerdings ein fein und

[1] Auch Montesquieu und Buffon wurden von armen Leuten zur Taufe getragen.

lieblich Ding um das Griechische und das Latein, nur kauft man es gar zu teuer. Ich will hier eine Art und Weise sagen, wie man es wohlfeileren Kaufs wie gewöhnlich haben kann. Man hat solche mit mir selbst eingeschlagen. Wer will, mag sich derselben bedienen. Nachdem sich mein Vater seliger auf alle menschenmögliche Weise bei gelehrten und fachkundigen Männern nach einer vorzüglichen Erziehungsart erkundigte, ward er von dem Nachteil belehrt, der sich bei der gewöhnlichen Weise befindet, und ward ihm gesagt, daß diese Länge der Zeit, welche wir darauf verwenden, die Sprachen der Griechen und Römer zu lernen, die ihnen nichts kostete, die einzige Ursache sei, warum wir uns nicht bis zur Größe der Seele und der Höhe der Wissenschaften erheben könnten, die man bei diesen alten Völkern wahrnähme. Ich glaubte gleichwohl nicht, daß das die einzige Ursache sei. Indessen war das Mittel, welches mein Vater ergriff, folgendes: Noch an der Brust, und noch bevor sich meine Zunge gelöst hatte, übergab er mich einem Deutschen, der nachmals als ein berühmter Arzt in Frankreich starb. Dieser verstand gar kein Französisch, aber um so besser das Lateinische. Er hatte ihn ausdrücklich verschrieben und sehr gute Bedingungen gemacht, und dieser hatte mich beständig auf den Armen. Neben sich hatte er noch zwei andere von minderer Wissenschaft, die beständig um mich sein mußten, um es dem ersten zu erleichtern. Diese nun sprachen kein anderes Wort mit mir als Latein. Für die übrigen Personen des Hauses war es eine unverbrüchliche Regel, daß weder mein Vater noch meine Mutter, weder männliche noch weibliche Bediente, in meiner Gegenwart ein Wort sprechen durften, als die paar lateinischen Brokken, die jeder gelernt hatte, um mit mir zu pappeln. Groß bis zum Bewundern waren die Fortschritte, die ein jeder darin machte. Mein Vater und meine Mutter lernten darüber Latein genug, um es zu verstehen, und selbst genug, um sich im Notfalle darin auszudrücken, ebenso wie diejenigen von den Bedienten, welche am meisten mit mir zu tun hatten.

Kurz, wir latinisierten uns dermaßen, daß noch für die Dörfer um uns her etwas abkrümelte, woselbst man noch Überbleibsel findet und wo es zur Gewohnheit geworden ist, verschiedene Handwerker und ihr Gerät mit lateinischen Namen zu nennen. Mich selbst anlangend, so wußte ich in meinem siebenten Jahre ebensowenig von der französischen oder perigordischen Sprache als von der arabischen; und ohne Kunst, ohne Buch, ohne Grammatik oder Vokabelbuch, ohne Rute und ohne Tränen hatte ich ein so echtes, reines Latein gelernt, als mein Lehrer es wußte; denn wodurch hätte ich es vermischen oder verderben sollen? Wenn man mir zur Übung, wie es in Schulen gebräuchlich ist, ein Thema aufgeben wollte, so gab man es mir, wie sonst den anderen auf französisch, in schlechtem Latein, um es in gutes zu bringen. Und Nicolas Grouchy, der *De comitiis Romanorum*[1] geschrieben hat, Wilhelm Guerente,[2] der den Aristoteles kommentiert hat, Georg Buchanan,[3] der große schottländische Dichter, Marc Anton Muret[4] (welchen Frankreich und Italien

[1] Paris 1555.

[2] Grouchy und Guerente waren beide aus Rouen. Zu dem ersteren, der 1572 in La Rochelle starb, unterhielt Montaigne auch in der Folge freundschaftliche Beziehungen.

[3] Der berühmte schottische Gelehrte, Historiker und Dichter (1506–1582), der wegen eines Gedichtes gegen die Franziskaner *(Somnium)* aus Schottland fliehen mußte und einige Jahre (bis 1543) als Lehrer in Bordeaux weilte. Govea veranlaßte ihn, ihm nach Portugal zu folgen, von wo er nach dem Tode seines Beschützers wieder nach Paris zurückkehrte. 1560 ging er nach Schottland, wo er offen zum Protestantismus übertrat. Er war eine Zeitlang Hauslehrer der Maria Stuart, gegen die er später in England als Zeuge und als Schriftsteller auftrat. *(De Maria Scotorum regina).* Nach dem Sturze Maria Stuarts wurde er Lehrer Jakobs VI. und später Mitglied des Staatsrates und Siegelbewahrer. Er starb am 28. Februar 1582 in größter Dürftigkeit, so daß er auf Kosten der Stadt Edinburg begraben werden mußte. Sein Charakter und seine Lebensführung wurden heftig angefeindet.

[4] Humanist, geb. 12. April 1526 zu Muret bei Limoges, gestorben zu Rom am 4. Juni 1585, war schon mit achtzehn Jahren Lehrer des Lateinischen; 1547 wurde er nach Bordeaux berufen, wo er aber nur kurze Zeit blieb. 1552 lehrte er in Paris Theologie, römisches Recht, Philosophie und Dichtkunst unter ungeheurem Zulauf von Schülern. Der Päderastie angeklagt, mußte er Paris verlassen, und auch in Toulouse war aus gleichen Ursachen seines Bleibens nicht. In Rom fand er bei dem Admiral Hippolyt d'Este glänzende Aufnahme. 1561 begleitete er seinen Schutzherrn auf einer Gesandtschaftsreise nach Frankreich. 1563 hielt er zu Rom Vorlesungen über die alten Klassiker; 1567 begann er auch über bürgerliches Recht

für den größten Redner seiner Zeit erkennen), meine Hauslehrer haben mir oft gesagt, daß ich in meiner Kindheit diese Sprache solchergestalt am Schnürchen gewußt habe, daß sie sich fürchteten, mir zu nahe zu kommen. Buchanan, den ich nachher wieder im Gefolge des verstorbenen Marschalls de Brissac[1] gefunden habe, sagte mir, er arbeite an einem Plan der Erziehung der Kinder, und daß er die meinige zum Muster nähme; denn ihm war damals die Erziehung dieses Grafen de Brissac aufgetragen, der sich hernach so brav und so tapfer bewiesen hat.

Betreffend das Griechische, das ich nun fast ganz wieder ausgeschwitzt habe, so machte mein Vater den Plan, solches mich durch einen Sprachmeister lehren zu lassen; jedoch nach einer neuen Methode; spielend und im Spazierengehen. Wir warfen uns die Deklinationen zu, so wie diejenigen zu tun pflegen, welche vermittelst des Dambrettspieles die Arithmetik und die Geometrie lernen. Denn unter anderem war auch meinem Vater geraten worden, meinen Willen ohne Zwang so zu leiten, daß ich aus eigenem Antrieb die Wissenschaften und meine Pflichten liebte, und meine Seele mit Liebe und Sanftmut zu bilden, ohne Strenge und Härte. Das ging bis zu der, möcht' ich sagen, Schwärmerei, daß, weil einige Menschen der Meinung sind, es schade dem zarten Gehirne der Kinder, wenn man sie des Morgens plötzlich und mit Gewalt aus dem Schlafe wecke, indem sie tiefer und fester schlafen als erwachsene Personen, er mich immer durch Musik aufwek-

zu lesen. 1576 ließ er sich zum Priester weihen. Seine *Orationes, Epistolae* und *Variarum lectionum libri XIX* zeichnen sich durch außerordentliche Eleganz der Darstellung aus. Das letztgenannte Werk enthält eine Verteidigung der Bartholomäusnacht. Seine sämtlichen Werke (3 Bände) geben Frotscher und Koch heraus. Leipzig (1834–1841). Neuerdings hat Frey eine Auswahl *(Scripta selecta)* herausgegeben. Leipzig (1887–1888, 2 Bände). (Vgl. Charles Dejob, *Marc Antoine Muret*, Paris 1881.)

[1] Charles de Cossé, Graf von Brissac und Marschall von Frankreich (1505 bis 1564); einer der tüchtigsten Soldaten seiner Zeit. 1562 wurde er zum Gouverneur von Paris ernannt, das sich unter seiner Verwaltung sehr ruhig verhielt. Sein Bruder Arthur de Cossé, Baron von Ganor (1512–1582), gehörte zu den heftigsten Gegnern der Calvinisten.

ken ließ und also beständig jemand im Dienste hatte, der ein Instrument spielen konnte.« (1, 25.)

Der Versuch des Vaters, seinem Sohn die Mühe zu ersparen, sich später im Kollegium das Latein, dessen Beherrschung damals der Hauptzweck des gelehrten Unterrichts war, aneignen zu müssen, war von bestem Erfolge begleitet. Ich möchte hinzufügen, daß sich Montaigne in schweren Gemütsbewegungen unwillkürlich des Lateins, als seiner Muttersprache, bediente, so wie Napoleon in Zeiten höchster Gefahr, die sein Unterbewußtsein bis in die Tiefen aufwühlte, seinen Gefühlen auf italienisch Luft machte. Indessen scheinen dem väterlichen Pädagogen doch allmählich Zweifel an dem Erfolg seiner Methode überkommen zu haben: als sein Söhnchen sein sechstes Jahr erreicht hatte, schickte er es in das Kollegium de Guyenne, wo Michel Montaigne, der die Elementarklassen überspringen konnte, sieben Jahre blieb. Die Bildung, die man in der berühmten Schule genoß, war wesentlich formal; der Hauptautor, den man immer wieder las und kommentierte, war Cicero; nur hie und da wurde zur Abwechslung eine Komödie von Terenz oder eine Epistel Ovids gelesen. Montaigne selbst erzählt uns, wann er zuerst einen literarischen Eindruck empfing: »Die erste Neigung, die ich zum Lesen bekam, entsprang aus dem Vergnügen an den Fabeln der Verwandlungen von Ovid. Denn in meinem siebenten oder achten Jahre entzog ich mich jedem anderen Vergnügen, um solche zu lesen: um so mehr, da die Sprache gleichsam meine Muttersprache war und das Buch das leichteste für mich, das ich kannte, und zugleich wegen seines Inhaltes für mein Alter das angemessenste. Denn die Lancelots du Lac, die Amadis, die Huons de Bordeaux[1] und dergleichen alte Tröster von Romanen, woran sich die leselustige Jugend ergötzte, kannte ich nicht einmal dem Titel nach, wie ich solche noch bis auf diese Stunde dem Inhalte nach nicht kenne; so genau war die Einteilung meiner Zeit. Ich ward dadurch nachlässiger, meine andern mir vorgeschriebe-

[1] Die Helden der Ritterromane, die damals blühten.

nen Lektionen zu treiben. Hierbei kam es mir außerordentlich zustatten, daß ich es mit einem verständigen Manne von Präzeptor zu tun hatte, der bei dieser und ähnlichen Ausschweifungen auf eine sehr feine Art ein Auge zuzudrücken wußte. Denn dadurch las ich die Äneide des Vergil in einem Zuge ganz durch, und dann den Lukrez, hierauf den Plautus und italienische Komödien, die mich alle durch den Reiz der Fabel anlockten. Wäre er töricht genug gewesen, mich in diesem Gang zu stören, so hätte ich, wie ich glaube, aus dem Collegio nichts mitgebracht als die Bücherschau, wie es fast mit unserem ganzen Adel der Fall ist. Er betrug sich dabei sehr klüglich und tat, als ob er davon nichts merkte; er verschärfte meinen Hunger, indem er mich diese Bücher nur verstohlenerweise verschlingen ließ und mich sanfterweise zu meiner Schuldigkeit für die übrigen regelmäßigen Studien anhielt.« (1, 25.)

Das Studium des Griechischen und der Mathematik wurde ziemlich vernachlässigt; Naturkunde wurde nicht gelehrt. Montaigne selbst, der doch die Bücher keineswegs gering schätzte, urteilte später sehr streng über diese Methode, die sich, im wesentlichen, damit begnügte, das Gedächtnis der Schüler mit lateinischen Sentenzen vollzustopfen: sein berühmtes Kapitel über Kindererziehung (1, 25) verrät den deutlichsten Groll gegen den lateinischen Drill, der in dem berühmten Kollegium im Schwunge war und die frischeste Jugend zu einem wirklichen Gefängnisleben verurteilte: die Lehrer prügelten um die Wette, und die Einpauker, die jeder Schüler hatte, mochten nicht weniger barbarisch mit den Knaben umgehen.

Eine Abwechslung in dieses ziemlich rohe Schülerleben brachte nur die Aufführung lateinischer Stücke, die am Namenstag Ludwigs des Heiligen stattfand. Montaigne erzählt: »Ich habe die Hauptrollen aus Buchanans,[1] aus Gue-

[1] Dieser hatte zwei Tragödien »Baptistes« und »Jephtes« für seine Schüler gedichtet und die »Medea« und »Alkestis« des Euripides ins Lateinische übertragen.

rentes und Murets lateinischen Tragödien gespielt, welche in unserem Collegio zu Guyenne mit Würde vorgestellt wurden. In diesem Punkte war Andreas Goveanus, wie in allen übrigen seines Amtes, ohn' allen Vergleich der größte Schuldirektor in Frankreich: und mich hielt man darin für Meister oder wenigstens für einen Altgesellen. Es ist eine Übung, auf welche ich für vornehmer Leute Kinder nichts zu sagen habe; und habe ich seitdem unsere Prinzen selbst damit abgeben gesehen; nach edlem, ehrlichem und löblichem Beispiele einiger unter den Alten, bei denen es Leuten von Stand und Ehre sogar erlaubt war, daraus ein Gewerbe zu machen.« (I, 25.)

Montaigne, dem seine Kenntnis des Lateinischen das Sitzen in den Elementarklassen verleidet hatte, verließ das berühmte Kollegium im Alter von dreizehn Jahren; er schied mit dem Bewußtsein, daß sein Latein schlechter geworden war. Es ist auffällig, daß er über seine weiteren Studien vollständiges Schweigen bewahrt. Vielleicht setzte er unter Muret, den er als ›precepteur domestique‹ erwähnt, seine Studien im väterlichen Hause fort. Bordeaux besaß zwar eine Universität, die im Jahre 1441, unter der englischen Herrschaft, von Papst Eugen IV. begründet worden war, aber, obwohl sie alle Fakultäten besaß, nicht zu wirklicher Blüte gelangen konnte. Der Mann, der sonst so gerne seiner Jugend bedenkt, schweigt über diese Zeit seines Lebens gänzlich.

Der dreiundzwanzigste Essay des ersten Buches enthält allerdings eine Anspielung auf den Aufstand, den die Salzsteuer, die Heinrich II. der Stadt auferlegt hatte, bei der Bürgerschaft im Jahre 1548 hervorrief. Vielleicht dürfen wir daraus den Schluß ziehen, daß Montaigne damals in Bordeaux weilte. Der Aufstand nahm ein blutiges Ende; der Konnetabel von Montmorency, dem die Unterdrückung aufgetragen wurde, übte schreckliche Rache an den Empörern: die Stadt verlor ihre Glocken und Privilegien, zu deren Wiedererlangung der Vater unseres Augenzeugen, Peter Eyquem, als Bürgermeister der gedemütigten Stadt, die schon erwähnte Weinreise nach Paris unternahm. Es ist nicht unwahrscheinlich, daß Montaigne seine juristischen Studien in Toulouse, wo Verwandte seiner Mutter lebten, vollendete. Wir wissen aus den Denkwürdigkeiten eines Zeitgenossen, Henri de Mesmes, daß die studierende Jugend in Toulouse unter einer strengen Arbeitsregel stand. »Wir standen um vier Uhr in der Frühe auf, und nachdem wir unser Gebet verrichtet hatten, gingen wir um fünf Uhr zum Unterricht, unsere dicken Bücher unterm Arm und unser Tintenfaß und den Leuchter in der Hand. Wir hörten alle Vorlesungen ohne Unterbrechung, bis es zehn Uhr schlug. Darnach speisten wir, nachdem wir in der Eile, eine halbe Stunde lang, unsere Notizen verglichen hatten. Nach Tisch lasen wir zur Erholung Sophokles oder Aristophanes oder Euripides, und zuweilen Demosthenes, Cicero, Vergil oder Horaz. Um ein Uhr ging es wieder ans Lernen: um fünf Uhr kehrten wir in unsere Wohnungen zurück, um hier bis sechs Uhr die Stellen zu übergehen und nachzuschlagen, die in den Vorlesungen zitiert wurden. Dann speisten wir zu Abend, und hierauf lasen wir Griechisch oder Lateinisch. An Feiertagen gingen wir ins Hochamt und in die Vesper: die übrige Zeit wurde musiziert oder spazierengegangen.«[1]

Wir wissen nicht, wann Montaigne seine Studien beendete und sein Diplom als Lizentiat der Rechte empfing. Sein Vater hatte 1554 die Stelle eines Rates an dem neu geschaffenen Obersteueramt zu Périgueux durch Kauf erworben.[2] Da er im gleichen Jahre zum Bürgermeister seiner Heimatstadt gewählt wurde, überließ er sie seinem einundzwanzigjähri-

[1] *Mémoires inédites de Henri de Mesmes, seigneur de Roisy et de Malassize, publiés par Edouard Frémy, Paris, Leroux, (in -18) p. 139.*

[2] Franz I. hatte die Käuflichkeit der Gerichtsämter eingeführt, um seine Finanzen aufzubessern, und Heinrich II. setzte diese gefährliche Politik, die nur zu oft persönlichen Bedürfnissen des Augenblickes entsprang, fort, nicht ohne die Gefahr zu merken, die einer übermäßigen Vermehrung der Richter und Räte entsprang. »Die Gerichtsleute kauften die Gerechtigkeit, um sie im Einzelverkauf wieder zu verschleißen.« Der König, als oberster Richter des ›Reiches‹, erhielt bei allen Ämterkäufen ein Drittel des Kaufpreises. Einen guten Überblick über die Rechtsverhältnisse während des 16. Jahrhunderts in Frankreich bietet Alfred Rambauds *Histoire de la Civilisation française* (Paris, 1893), I, p. 508–512.

gen Sohne Michel. Der Bestand des neugeschaffenen Obersteueramtes, das die drei Steuerbezirke Agen, Lyon und Poitiers umfaßte, war übrigens nicht von langer Dauer: auf eine Klage des Obersteueramtes von Montpellier hin, das durch die Schaffung des neuen Amtes seine Rechte beschnitten sah, wurde es aufgelöst und sein Beamtenstand dem Parlament von Bordeaux[1] eingegliedert, das diese unerwartete Vermehrung seiner Mitglieder mit mißgünstigen Augen ansah und sogar bei Heinrich II. vorstellig wurde, der, um die Sache durch einen Ausweg beizulegen, zu Bordeaux einen neuen Gerichtshof, *Chambre des requêtes*, schuf. Aber das Parlament, das auf eine hundertjährige Überlieferung zurückblicken konnte, verblieb auf seinem Widerwillen gegen die Eindringlinge, bis endlich Karl IX. durch ein Edikt vom August 1561 die Räte des neuen Gerichtshofes zu ordentlichen Mitgliedern des Parlaments ernannte und so ihre Stellung regelte. Aber damit war der Streit der eifersüchtigen Gerichtsherren nicht beigelegt: die alten Parlamentsräte bestritten das Recht der neuen, ihre Ernennung vom Jahre 1557 herzuleiten, und Montaigne, der als zweiter auf dem königlichen Ernennungsdekret stand, wurde zum Sprecher seiner Kollegen erwählt, die auf ihre verbrieften Rechte pochten. Sein Auftreten blieb ohne Erfolg, und man begreift, was der vorurteilsloseste der Beobachter von diesem Verhalten der

[1] Das Parlament, dessen Einrichtung auf den heiligen Ludwig (1215–1270) zurückgeht, war in Frankreich ursprünglich der oberste königliche Gerichtshof, Pairshof, der seinen Sitz in Paris hatte und in drei Abteilungen zerfiel: *la grand' chambre,* welche die Berufungen erledigte; *la chambre des requêtes,* die alle Streitsachen erledigte, die in erster Instanz vor das Parlament kamen; *la chambre des enquêtes,* die Gerichtsabordnungen in die Provinzen entsandte. Da die Rechtsfälle immer verwickelter wurden, nahm man später in das Richterkollegium, dem die Pairs durch die Rechte der Geburt angehörten, auch gelehrte Juristen auf, deren Stellung zuerst nur ganz untergeordnet war. Mit der Zeit aber wurde der Einfluß der Pairs immer geringer, besonders als auch in den neuerworbenen Städten und Provinzen Parlamente errichtet wurden, die mit dem Parlament zu Paris eine Körperschaft bildeten und dem allmächtig werdenden Königtum gegenüber längere Zeit eine gewisse Unabhängigkeit bewahrten, die unter Franz I. 1516 ihr Ende fand. Mit der Entwicklung der Parlamente hängt die Scheidung in Schwertadel *(noblesse d'épée)* und Rechtsadel *(noblesse de robe,* daher auch der Spitzname *robins)* zusammen.

knifflichen Juristen denken mochte, mit denen er leben mußte. Die Interessenkreise der Parlamentsräte waren verschiedenster Art: es gab darunter reine Romanisten: denn im Süden Frankreichs herrschte, soweit die alten Munizipien in Frage kamen, römisches Recht; aber die Rechtssprechung war schwierig, da aus der Feudalzeit her in einzelnen Gemeinden und Städten oft verschiedene Gesetze (*coutumes*) galten, welche der Gebrauch geheiligt hatte. Die Mehrzahl der Parlamentsräte beschäftigte sich mit dem Studium und der Auslegung der Landesgesetze oder der verschiedenartigsten königlichen Verordnungen; hervorragende Köpfe fanden als Gesandte oder als Diplomaten Verwendung; andere, wie Andreas Tiraqueau, der Freund des Rabelais, trieben historische oder theologische Studien, die nicht ohne Einfluß auf die religiöse Bewegung in Frankreich blieben. Es gab Männer darunter, die der Reformation freundlich gesinnt waren: Bordeaux, das damals etwa 40000 Einwohner hatte, zählte etwa 7000 Calvinisten, die sich während der ersten Hälfte des Jahrhunderts noch ruhig verhielten.

Über Montaignes Tätigkeit als Jurist und Beamter wissen wir nicht allzuviel; er scheint häufig Urlaub genommen und 1559 im Dienste des Hofes sogar eine Reise nach Paris gemacht zu haben. In Bordeaux selbst lernte er unter seinen Kollegen den Mann kennen, der von bestimmendem Einfluß auf sein Leben werden sollte: Stephan de la Boëtie (Boetius), der des höchsten Ansehens in dem Kreise gelehrter Männer genoß, die damals eine Zierde des Parlamentes bildeten. Im übrigen war der Montaigne, den wir aus den »Essais« kennenlernen, nicht geschaffen, um an der Rechtspflege, wie sie damals üblich war, dauernd Gefallen zu finden; auch mochte ihm seine Stellung, die ihn in einem bürgerlichen Kreise festhielt, aus anderen Gründen für die Dauer nicht zusagen. Vielleicht hegte er, wie so viele Juristen, die heimliche Hoffnung, später eine Stellung bei Hofe zu finden, die seinen Neigungen und Kenntnissen besser entsprochen hätte. Montaigne befand sich in Paris, als die Parlamente in heimliche

Opposition gegen das Edikt der Königin-Mutter Katharina von Medici eintraten, die am 17. Januar 1562, auf Anraten des hochgesinnten Kanzlers L'Hôpital,[1] den Protestanten die Ausübung ihres Gottesdienstes unter gewissen Bedingungen gestattet hatte. Diese Maßregel, welche die Billigung aller versöhnlichen Geister fand, fand in den französischen Parlamenten heftige Gegner, die sich bemühten, die Wirkung des Toleranzedikts durch allerlei Kniffe abzuschwächen: so stellten sie die Forderung auf, daß nur Katholiken das Amt eines Parlamentsrates bekleiden dürften. Es ist bezeichnend für den jungen Montaigne, daß er, aus freiem Antrieb, am 12. Juni 1562 im Parlament zu Paris erschien, um seine Zustimmung zu dieser Erklärung der französischen Parlamente abzugeben. Über die Beweggründe, die ihn zu diesem auffallenden Schritt veranlaßten, sind wir gänzlich im unklaren: Waren es Rücksichten auf sein Fortkommen, die ihn dazu trieben, oder die Erwägung, daß die Katholiken in seinen Augen die Partei der Ordnung darstellten und auf die Teilnahme aller Franzosen zählen durften, denen die Gesinnung und die Gewalttaten der Hugenotten widerstrebten? Montaignes Stellung zu der Landeskirche war, wie ich gleich bemerken will, rein praktischer Art, und vielleicht sah der künftige Denker, dem jedes Übermaß in tiefster Seele zuwider war, in der öffentlichen Eidesleistung nur eine Betätigung jenes politischen Sinnes, dem die »Gesetze heilig sind, eben weil sie Gesetze sind«. Im gleichen Jahre nahm er, im Heere

[1] Michel de L'Hôpital, geb. 1504 zu Aigueperse in der Auvergne, gestorben zu Bellebat am 13. Mai 1573; Sohn eines Arztes, studierte die Rechte in Padua und wurde in Rom zum Auditor der Rota ernannt. Durch seine Heirat mit der Tochter des Stadtprofossen von Paris, Marie Morin, erwarb er das Amt eines Parlamentsrates. 1547 sandte ihn Heinrich II. an das Konzilium, das von Trident nach Bologna übergesiedelt war. 1554 wurde er Intendant (Minister) der Finanzen, in welchem Amt er sich viele Feinde machte. 1560 ernannte ihn Franz II. zum Kanzler von Frankreich. Seine Familie bekannte sich zum Protestantismus. Das berühmte Toleranzedikt, das Katholiken und Reformierten gleiche Rechte in der Ausübung ihrer Religion zugestand, vermochte die Ausbreitung des Bürgerkrieges nicht zu verhindern. L'Hôpital ist eine der reinsten Gestalten der französischen Geschichte. Als Gesetzgeber hat er Bedeutendes geleistet. Seine gesammelten Schriften sind als *Œuvres complètes de Michel de L'Hôpital* 1824 in fünf Bänden in Paris erschienen.

Karls IX., an der Belagerung von Rouen teil, das am 15. April 1562 in die Hände der Hugenotten gefallen war und am 26. Oktober von der Armee des Königs im Sturm zurückerobert wurde. Montaigne lernte in der schwer geprüften Stadt drei Indianer kennen, die er mit unersättlicher Neugier ausfragte: wir verdanken diesen Unterredungen das bekannte Kapitel über die Kannibalen (I, 30), dessen Inhalt, mit seinen polemischen Spitzen, von großer Bedeutung für die französische Literatur werden sollte. Es ist auffallend, daß Montaigne, der doch sonst nicht gerne schweigt, von seinem Leben am Hofe nur in dunklen Andeutungen spricht; aber welcher Art auch sein Ehrgeiz um diese Zeit gewesen sein mochte, als Sohn eines reichen Hauses, der einer einflußreichen Körperschaft angehörte, durfte er hoffen, daß sich sein Leben, das klar und offen vor ihm lag, schön und reich gestalten werde. Der schlummernde Denker stand dem Lebenskünstler nicht im Wege; als Bürger betätigte er dem Königtum gegenüber, in dem er den Schöpfer der nationalen Einheit sah, die Gesinnung eines Realpolitikers, der in der Macht selbst die Rechtfertigkeit der Macht erblickte und in den Königen die glücklichen Verwalter eines großen Erbes und Schöpfer der nationalen Einheit schätzen durfte, die in mächtigen Parteien und Persönlichkeiten die heftigsten Gegner besaß; und als Mensch ließ er sich mit dem Behagen harmonischer Naturen gehen, denen eine gütige Natur den Weg vorzeichnet.

Paris wirkte auf den jungen Parlamentsrat mit dem beglükkenden Zauber einer Weltstadt. »Diese Stadt hat mein Herz von meiner Jugend auf. Es ist mir mit ihr gegangen wie mit trefflichen Dingen: je mehr ich andere schöne Städte gesehen habe, desto mehr hat die Schönheit dieser Stadt über meine Zuneigung vermocht und gewonnen. Ich liebe sie um ihrer selbst willen, und mehr wie sie ist, nackt und bar, als mit fremdem Pomp überlastet. Ich liebe sie zärtlich, sogar ihre Warzen und Sommersprossen. Ich bin ein Franzos, bloß und allein durch diese große Stadt, groß durch ihre Volksmenge, größer durch ihre glückliche Lage, aber über alles groß und unvergleichlich durch die Mannigfaltigkeit und Verschiedenheit ihrer Anstalten: die Ehre Frankreichs und eine der erlauchtesten Zierden der Welt. Gott lasse fern von ihr sein alle unsere Rotten und Ärgernis. In sich selber ganz und eines, finde ich sie am besten gesichert gegen alle fremde Gewalttätigkeit. Ich verwarne sie, daß von allen Parteien diejenige die schlimmste für sie ist, die sie mit sich selbst entzweien wird. Und fürchte ich für sie nichts als sie selbst; und fürchte für sie gewiß so sehr, als für jeden anderen Teil dieses Staates. Solange sie steht, wird es mir nicht an einem Zufluchtsorte für mein letztes Stündlein mangeln, an einem Zufluchtsorte, der mich für jeden anderen in vollem Maße schadlos halten wird.« (III, 9.)

Der Parlamentsrat Montaigne, der sich durchaus als Edelmann fühlte, war um diese Zeit ein feuriger junger Mann, von derbem, mittlerem Wuchs, mit breiten Schultern, von prächtiger Gesundheit, ein glänzender Reiter, mit allen Vorzügen eines offenen und heiteren Temperaments, das in der Selbstbeobachtung einen heilsamen Zuchtmeister besaß. Als junger Mann von Stande, der sich etwas erlauben darf, geht er den Liebeshändeln nicht aus dem Wege; aber er ist kein Knecht der Wollust; er gesteht, allerdings als reifer Mann und Gatte: »Ich weiß, daß man dieses Vergnügen zähmen und bändigen kann, selbst in seiner flammendsten Höhe; ich verstehe mich darauf und habe nicht gefunden, daß Venus eine so despotische Göttin sei, als verschiedene und ehrbarere Leute als ich von ihr haben ausbringen wollen. Ich halte es für kein übernatürliches Wunder, wie die Königin von Navarra in einer Erzählung in ihrem Heptameron sagt (das in seiner Art ein hübsches Buch ist), oder auch nur für eine äußerst schwere Sache, eine ausgeschlagene Nacht in aller Bequemlichkeit und Freiheit bei einer längst und sehnlich gewünschten Geliebten hinzubringen und sein gegebenes Versprechen zu halten, ihr bloß Hände und Küsse zu geben. Weil dabei weniger Vergnügen ist, so sind dabei wieder entzückende und überraschende Augenblicke, in welchen unsre stutzig gewordene Vernunft nicht Zeit behält, sich auf den Kampf zu rüsten, wenn nach langem Suchen das Tier aufspringt und vor den Schuß oder die Hunde kommt, auf einer Stelle, wo man es am wenigsten vermutete.« (II, 11.) So spricht kein geborener Don Juan, sondern eher der Ahnherr jener spätgeborenen Enkel, die als *libertins de l'amour* und des Geschmacks die Kunst übten, bis in den Augenblick des Genusses hinein die kühlste Überlegung zu bewahren und den Rausch durch die Kühle zu würzen, die einem allzuhellen Bewußtsein entspringt. Als alter Mann, der den Mut hatte, sein innerstes Wesen zu enthüllen, durfte er folgendes Geständnis machen, das obige Beichte ergänzen mag: »Für mein Teil, ich weiß von keiner Venus ohne Cupido, ebensowenig als von einer Mutterschaft ohne Empfängnis... Nicht bloß aus Furcht vor der Gefahr der Gesundheit, die damit verknüpft ist (und doch habe ich nicht ausweichen können, daß ich nicht zweimal etwas aufgesackt hätte, obgleich nur leicht, das ich auch bald wieder losgeworden bin), sondern auch aus Verachtung habe ich mich eben nicht mit Stundenheiraten oder gemeinen Buhlschaften abgegeben. Ich habe das Vergnügen durch Schwierigkeiten, durch Verlangen und durch eine Art Selbstschmeichelei zu erhöhen gesucht und gefiel mir das Benehmen des Kaisers Tiberius, der an seinen Liebschaften mehr die Bescheidenheit und den Adel, als andere Eigenschaften suchte, und die Laune der Allermannsfrau Flora, welche eine Zeitlang mit niemand zu schaffen haben wollte, der nicht Diktator oder Konsul oder Zensor war, und ihre eigene Ehre in die Würde ihrer Liebhaber setzte. Wirklich tun Perlen und Goldstoff etwas bei der Sache, sowohl wie Titel und Equipagen. Übrigens hielt ich auch viel auf Verstand und Witz; nur mußte der Körper nicht zu schlecht dabei wegkommen.« (III, 3.) Um es mit einem Wort zu sagen: Montaigne kennt nur jene Liebe, die Stendhal, in seinem berühmten Buche ›De l'amour‹, Geschmacksliebe, *amour-goût* nennt: es ist dies im Grunde nur eine Art zärtlicher Freundschaft, die in einer heitern Sinnlichkeit wurzelt, bei edleren Naturen oft zur wirklichen Liebe führt und diese nicht allzuselten überlebt.

Gewählt in seiner Kleidung und von feinen Manieren, bewahrte dieser galante Epikureer des Mittelschlages selbst am Hofe der Königin Katharina von Medici, wo die Üppigkeit italienischer Sitten herrschte, die Freiheit seines Blicks und die Klarheit seiner Seele, die ihn Wesen und Bedeutung des bunten Getriebes durchschauen ließ. Als stiller Beobachter, dem die letzten Dinge gegenwärtig sind, steht er, trotz seinem Ehrgeize, über dem höfischen Treiben aller blutigen Eitelkeiten; in dem berühmten 19. Kapitel des ersten Buches der »Essais«: »Philosophieren heißt sterben lernen«, lesen wir: »Ich bin von Haus aus nicht melancholisch, sondern nur Grübler; mit nichts hab' ich mich in meinem Leben mehr abgegeben als mit dem Nachdenken über den Tod, selbst in meinem ausgelassensten, flüchtigsten Alter, *jucundum cum aetas florida ver ageret*, beim schönen Geschlecht und beim Spiel. Mancher glaubte, ich beschäftige mich mit eifersüchtigen Grillen oder mit der Ungewißheit irgendeiner Hoffnung, unterdessen ich, ich weiß nicht an wen dachte, der in den vergangenen Tagen mit einem hitzigen Fieber befallen oder aus der Welt gegangen war, da er eben eine ähnliche Lustbarkeit verlassen hatte, den Kopf angefüllt von Müßiggang, Liebe und fröhlichen Tagen, wie ich; und daß mir eben solche Zufälle um die Ohren schwebten.«

Die Philosophie beginnt mit dem Staunen über diese Welt, oder mit jenem Schweigen, in das die Schatten dieses Daseins fallen; aber das Leben ist mächtiger als jede Philosophie, weil es die Widersprüche gestaltet, die jeder Philosophie, die das Bewußtsein dieser Welt steigern möchte, zu einer Gefahr oder zu einem Prüfstein werden.

3

Das Haupterlebnis dieses offenen, kühlen Geistes aber war nicht sein Amt, noch das bunte Leben in der Stadt Paris oder am Hofe der Mediceerin, sondern die Bekanntschaft mit dem Parlamentsrate Stephan (Etienne) de La Boëtie, dessen Ruhm damals die laute Welt der Humanisten erfüllte. Montaigne lernte seinen berühmten Kollegen in Bordeaux kennen, und aus der Bekanntschaft wurde rasch eine leidenschaftliche Freundschaft, die ein ganz antikes Gepräge zeigt: seine Äußerungen lassen gar keinen Zweifel über die Natur dieses edlen Bundes, der sechs Jahre, von 1557 bis zum Tode Stephans im Jahre 1563, dauerte: in dem älteren Freunde sah Montaigne nicht nur das Musterbild eines Mannes, der alle Tugenden und Vorzüge besaß, die er selbst nicht zu besitzen glaubte, sondern auch des Dichters und Gelehrten, auf den ein ganzes Geschlecht hervorragender Männer die größten Hoffnungen setzte.

Stephan de La Boëtie wurde am 1. November 1530 in der Bischofstadt Sarlat geboren: er war also etwas über zwei Jahre älter als Montaigne selbst. Sein Geburtshaus, im reinsten Stil der Renaissance, steht heute noch und verrät den feinsten Geschmack des Bauherrn. Sein Vater, Leutnant des Seneschalls der Provinz Périgord, starb in frühester Jugend; seine Erziehung leitete ein Onkel, ein Geistlicher, dem Boetius die rührendste Dankbarkeit bis zu seinem Tode bewahrte. Vom Hause seines Onkels weg bezog Etienne die Universität Orleans, die damals eine weitberühmte Rechtsfakultät besaß. Hier lehrte der berühmte Legist Anne Du Bourg[1] bis zu

[1] Geboren 1521 zu Rion in der Auvergne, zuerst Kleriker, dann Jurist, als welcher er 1557 in das Pariser Parlament berufen wurde. Als Calvinist von großer Sittenstrenge wagte er es 1559, dem König Heinrich II. Vorstellungen zu machen. Er wurde in die Bastille geworfen, als Ketzer erklärt und am 20. Dezember 1559, auf Betreiben der Guisen, zuerst gehängt und dann verbrannt. Die Reformierten verehrten ihn als Märtyrer ihrer Sache.

seiner Berufung in das Parlament zu Paris, und hier knüpfte der Rechtsbeflissene zu dem künftigen Verteidiger der Hugenotten, Lambert Daneau, freundschaftliche Beziehungen an. Nach Vollendung seiner Studien wurde La Boëtie als Parlamentsrat nach Bordeaux berufen. Da er erst zweiundzwanzig Jahre zählte, so bedurfte es eines königlichen Erlasses, um ihm den Eintritt in die gelehrte Körperschaft zu ermöglichen. Das Parlament setzte den Wünschen des Königs keinen Widerstand entgegen, und der junge Parlamentsrat, der übrigens von Hause aus die besten Verbindungen unter seinen künftigen Kollegen besaß, rechtfertigte in kürzester Zeit die schmeichelhafte Ausnahme, die er allein seinem Wissen und seinem Charakter verdankte. Kurze Zeit nach seiner Ernennung vermählte er sich mit der Witwe eines Edelmanns, Margarete von Arsac, die zwei Kinder in die Ehe mitbrachte, welche sehr glücklich wurde.

In Bordeaux erwarb sich La Boëtie sehr rasch eine hervorragende Stellung: im Jahre 1558 wurde er zum Zensor der Stücke ernannt, die das Kollegium de Guyenne alljährlich zur Aufführung brachte; 1560 schickten ihn seine Kollegen an den Königlichen Hof, damit er die regelrechte Auszahlung der Gehälter, die sehr unregelmäßig erfolgte, erwirke. Während er auf den Königlichen Erlaß wartete, der am 4. März 1561 erschien und dem Steueramt zu Agen die Auszahlung der Gehälter auferlegte, knüpfte er Verbindungen mit dem berühmten Kanzler L'Hôpital an, der einen Vertreter seiner toleranten Anschauungen in Religionssachen im südlichen Frankreich wünschen mochte, wo die Calvinisten, wie erwähnt, einen ziemlichen Anhang zählten. Der Hauptsitz der religiösen Zwistigkeiten war Agen, wo es im Mai 1561 zu einem Bildersturme auf das Kloster der Jakobiner kam. Karl IX. beauftragte den Königsleutnant Burie in Bordeaux mit der Wiederherstellung der Ordnung und verfügte, daß der Soldat von einem rechtskundigen Mitgliede des Parlaments begleitet werde: die Wahl fiel auf La Boëtie, dessen gemäßigte Anschauungen bekannt waren. Der Parlamentsrat setzte auf dieser Amtsreise den Beschluß durch, daß überall, wo zwei Kirchen vorhanden waren, die eine den Protestanten überlassen werden sollte, während in den Orten mit einer Kirche diese abwechselnd den beiden Glaubensgenossenschaften zur Verfügung stehen sollte. Diese Entscheidung, die einem maßvollen Geiste entsprang, trug indessen nicht gerade zur Beruhigung der erregten Gemüter bei. Der Hof mußte sich zu andern Maßregeln entschließen: am 17. Januar 1562 erschien das schon erwähnte Edikt, das den beiden Konfessionen freie Ausübung ihres Gottesdienstes gestattete und zunächst beruhigend wirken sollte. Ich habe schon erwähnt, welche Aufnahme es bei den Parlamenten fand und in welcher Weise Montaigne, der damals gerade in Paris weilte, seine strengkatholische Rechtgläubigkeit durch offene Eidesleistung zu betätigen für gut hielt. La Boëtie, der an der Sache nicht nur als reiner Zuschauer beteiligt war, legte seine Anschauungen über das berühmte Edikt in einer Denkschrift nieder; aber Montaigne, der im Jahre 1570 die nachgelassenen Schriften seines Freundes herausgab, fand, wie er in der »Vorbemerkung an den Leser« mitteilt, diese Urteile »zu zart und zierlich, um sie der stinkigen schweren Luft einer so ungünstigen Zeit zu überlassen«, und behielt die Abhandlung zurück, über deren näheren Inhalt nichts bekannt ist: vielleicht war sie zu gemäßigt, um irgendeiner der beiden Parteien zu gefallen, die nur auf eine Gelegenheit warteten, um ihre Macht zu prüfen; denn auch das viel gerühmte Toleranzedikt war im Grunde nur ein Schachzug der Königin-Mutter Katharina von Medici, um Zeit zum vernichtenden Schlage gegen die Reformierten zu gewinnen. Im Grunde stand La Boëtie der religiösen Anschauung seines Freundes nicht allzuferne: auch er wünschte, daß die Kirche an Haupt und Gliedern reformiert werde; aber das gewaltsame Gebaren der Protestanten, das die Glaubenseinheit Frankreichs zu zerreißen drohte, war ihm, wie allen Humanisten, in der Seele zuwider. Die tödliche Krankheit, die ihn bald darauf erfaßte, machte seiner politischen Tätigkeit ein frühes Ende: er starb am 18. August 1563, mit der heitern Ruhe eines Weisen, der bis zum letzten Augenblick die Klarheit seines Geistes bewahrte. Wir kennen die Nachklänge der Reden, die er in Gegenwart seiner Freunde auf dem Totenbette führte, aus den Aufzeichnungen Montaignes:[1] die Antike, die dem Zauber des Sokrates und seines Endes verfallen war, wird wieder lebendig, und Montaigne brauchte später nur in seinen Erinnerungen zu blättern, um zu empfinden, wie ein Weiser hinübergeht.

Doch der Einfluß des berühmten Rechtsgelehrten und Philologen war mit seinem Tode nicht erloschen: unter seinen Schriften griff der berühmte ›Discours de la servitude volontaire‹, auch als ›Contre un‹ bekannt, unmittelbar in das aufgeregte Leben der Zeit ein. Wir wissen nicht, wann La Boëtie die berühmte Abhandlung verfaßte. Montaigne, der sonst so redselig wird, wenn es sich um seinen Herzensfreund handelt, nahm davon Abstand, sie in seine »Essais« aufzunehmen; er bemerkt nur in seinem Kapitel über die »Freundschaft«: »Ich bin darauf verfallen, ein nach den Regeln der Kunst geordnetes Gemälde von Stephan de La Boëtie zu borgen, welches all meinem Gepinsel Ehre machen soll. Es ist eine Abhandlung, der er den Namen gab: ›Freiwillige Knechtschaft‹. Diejenigen aber, die nichts davon wußten, haben sie weit schicklicher: ›Wider einen‹ getauft. Er schrieb sie als eine Übungsarbeit in seiner früheren Jugend, zu Ehren der Freiheit, wider die Despoten. Sie ist unter fachkundigen Männern von Hand zu Hand gegangen und hat viel Lob und Beifall erhalten; denn sie ist artig geschrieben und sehr reichen Inhalts. Dennoch läßt sich wohl dabei sagen, daß es nicht das Beste sei, was er hätte schreiben können. Und hätte er in einem reiferen Alter, da ich ihn kannte, einen solchen

[1] In den von Paul Bonnefon herausgegebenen *Œuvres complètes d'Estienne de la Boétie, publiées avec une notice biographique, des variantes, des notes et un index. Bordeaux, Gounilhou, et Paris, Ronam, 1892. Petit in -4° de* LXXX-*444 pages, avec deux eaux-fortes de M. Léo Brouyn.* Siehe auch die Bodesche Übersetzung, B. 6 S. 257–277.

Vorsatz gefaßt, wie der meinige ist, seine Einfälle zu Papier zu bringen, so würden wir manche vortreffliche Sachen, welche dem Ruhme des Altertums sehr nahe kommen dürften, von ihm erhalten haben; denn ich wüßte niemand, den ich ihm, vorzüglich was Naturgaben betrifft, an die Seite stellen könnte. Er hat aber nichts weiter hinterlassen als diese Abhandlung, und diese auch nur durch Zufall; dennoch glaube ich nicht, daß er sie wieder vor die Augen bekommen hat, nachdem er sie einmal hatte entwischen lassen; und noch ein paar Aufsätze über das Jänneredikt, das so berufen durch die innern Kriege ist, welche vielleicht auch noch anderwärts ihren Platz bekommen. Das ist alles, was ich von seinem Nachlaß habe sammeln können (ob er meiner gleich noch, da ihm der Tod schon an der Kehle saß, so höchst freundschaftlich gedachte und mir in seinem Testamente seine Bücher und seine Papiere vermachte) außer dem einen Bande von seinen Werken, den ich herausgegeben habe. Und habe ich diesem Stücke außerordentlich viel zu verdanken, weil es die Veranlassung zu unserer Bekanntschaft gab. Denn es ward mir lange vorher mitgeteilt, ehe ich ihn persönlich kannte, und erfuhr ich zuerst dadurch seinen Namen; solchergestalt beförderte es diejenige Freundschaft, welche wir, solange es Gott gefiel, miteinander gepflogen haben und welche so innig, so vollkommen war, daß man gewiß von viel dergleichen nicht lesen wird; und unter den Menschen heutigen Tages findet sich davon gar keine Spur mehr. Um eine solche Freundschaft zu stiften, werden so viele Zufälligkeiten erfordert, daß es schon viel ist, wenn das Glück solche nur alle dreihundert Jahre einmal zusammentreffen läßt.«

In den Ausgaben der »Essais«, die zu Lebzeiten Montaignes erschienen sind, steht, daß La Boëtie die Abhandlung im Alter von achtzehn Jahren geschrieben habe. In dem Handexemplar, das die Bibliothek zu Bordeaux aufbewahrt, ist das »achtzehn« von Montaignes Hand durchstrichen und das Wort »sèze« (seize) an seine Stelle gesetzt. War es Vorsicht oder die Rücksicht auf das Andenken des Freundes, die

Montaigne veranlaßten, den Verfasser der Abhandlung möglichst jung zu machen, um die Heftigkeit der Sprache auf die Unbedachtsamkeit jugendlichen Alters schieben zu können? »Und damit das Andenken des Verfassers nicht bei denen darunter leide, welche seine Meinungen und Handlungen nicht in der Nähe gekannt haben, so berichte ich ihnen, daß diese Materie von ihm schon in seinen Knabenjahren, gleichsam als zur bloßen Übung, ist bearbeitet worden, als eine Materie, die alltäglich genug und schon in tausend Stellen in Büchern abgedroschen worden. Ich zweifle im geringsten nicht daran, daß er glaubte, was er schrieb, denn er war gewissenhaft genug, um selbst im Scherz keine Unwahrheit zu sagen. Dabei weiß ich noch, daß, wenn die Wahl bei ihm gestanden hätte, er lieber zu Venedig als zu Sarlat geboren wäre; und zwar mit Recht. Er hatte aber einen andern Grundsatz unauslöschlich in seine Seele geprägt: sich den Gesetzen des Landes, wo er geboren worden, zu unterwerfen und ihnen getreulich zu gehorchen. Es war kein besserer Bürger zu erdenken, oder der mehr die Ruhe seines Landes wünschte, oder ein größerer Feind von den Friedensstörern und Neuerern seiner Zeit gewesen wäre. Er hätte viel lieber seine Kräfte angewendet, das Feuer zu löschen, als es weiter anzufachen. Er hatte seinen Geist nach dem Muster anderer Jahrhunderte als des gegenwärtigen gebildet. – Also will ich anstatt jenes ernsthaften Werkes ein anderes einrücken, das zwar ein Produkt von eben den jüngern Jahren dieses edlen Mannes ist, aber fröhlicher und froheren Inhalts.«[1] (I, 27.)

Wenn man das berühmte Schriftchen aufmerksam liest, so erscheint es, in seiner allgemeinen Haltung, als eine akademische Abhandlung, die nicht der Erfahrung eines gereiften Politikers, sondern dem regen Geist eines jungen, begabten Humanisten entspringt, der auf der Schule seine Alten gelesen hat und ein großes schriftstellerisches Talent besitzt, was in einem Land, wo die Form größte Bedeutung hat, von

[1] Die im 28. Kapitel des ersten Buches abgedruckten Sonette La Boëties.

Wichtigkeit ist. Der Autor ist vorsichtig genug, den König von Frankreich feierlichst von seinen Schlußfolgerungen auszunehmen, und so erscheint denn der Haß gegen die Tyrannen nur als gelegentliche Lesefrucht eines Humanisten, dem es nicht einfällt, daß die Zeit, die in den Verhältnissen der Antike Muster des eigenen Lebens sieht, in naiver Weise Gebrauch davon machen könne. Die Begeisterung, die auf die Weltanschauung des Rhetors Plutarch zurückgeht, mündet in dem Schriftchen in einen gemäßigten Stoizismus, der in allen Menschen Brüder sieht. Der theoretische Republikaner stellt nur Probleme auf, er löst sie nicht; er ist ein Feind radikaler Mittel; er predigt nicht den Tyrannenmord; er meint, es genüge, daß ein Volk seine Fesseln abschüttle und den Willen zur Freiheit habe, um frei zu sein. (Man wird an einzelne Gedankengänge des 18. Jahrhunderts erinnert, das mit dem gleichen oberflächlichen Glauben an die historischen Gebilde, an Staat und Leben herantrat und meinte, Willen und Vernunft seien, als gegebene Seelenkräfte, genügend, um eine neue Welt zu gestalten.) Auch La Boëtie ist, wie die Männer der Aufklärung, ein unhistorischer Geist: er unterscheidet nicht zwischen der Autorität, die sich, mit Recht oder Unrecht, auf historische Rechte berufen kann, und der Tyrannis, deren Muster er in den antiken Stadtstaaten erblickt; er glaubt, der Mensch könne in reinem Naturzustand, ohne soziale Ordnung, ohne Regierung, leben: wir haben, um es kurz zu sagen, eine akademische Utopie vor uns, die durch ihr Vertrauen auf die Güte der menschlichen Natur zu den Gebilden der Renaissance gehört.

Doch es finden sich auch Stellen in dem Schriftchen, welche die Annahme, daß es in der Fassung, die wir kennen, von einem sechzehn- oder achtzehnjährigen Jüngling um 1546 oder 1548 geschrieben worden sei, in mancher Hinsicht unwahrscheinlich machen: es enthält bedeutsame Anspielungen, die ganz und gar nicht auf das Urbild des antiken Tyrannen passen, wie es ein Humanist aus den Berichten der Alten zusammenfügen mochte. Eine Stelle, wo von dem

Tyrannen als von einem »Männchen« die Rede ist, der oft der feigste und weibischste der Nation sei, *non pas accoustumé à la poudre des batailles, mais encor à grand peine au sable des tournois, non pas qui puisse par force commander aux hommes, mais tout empesché de servir vilement à la moindre femmelette*, wird auf Heinrich III., den Päderasten, bezogen, dessen Feigheit und Impotenz allgemein bekannt waren, und so ergibt sich denn die Frage, ob die Schrift vor ihrer Veröffentlichung nicht doch eine Umarbeitung erfahren habe, damit sie als Pamphlet auf die aufgeregte Gegenwart wirken konnte. Der erste Auszug aus der Abhandlung war zuerst 1574 in lateinischer Sprache in der zweiten Ausgabe des ›Reveille-matin des Français‹ erschienen, ohne den Namen des Verfassers anzugeben; das vollständige Original erschien drei Jahre später, gleichfalls anonym, in den ›Mémoires de l'Estat de France sous Charles Neufiesme‹[1], und die Protestanten sahen darin sofort eine politische Kampfschrift, die den eigentlichen Urheber der Bartholomäusnacht, den verhaßten König Heinrich III., traf. Es fehlt nicht an Kritikern, die der Meinung sind, der eigentliche Verfasser der Stellen, die den Zeitgenossen als Brandmarkung des liederlichen Königs galten, sei Montaigne selbst gewesen, der ja allein das Manuskript besessen und es den Protestanten zur Veröffentlichung in die Hände gespielt habe.[2] Über die

[1] Erste Ausgabe 1576–1577; zweite 1578, 3 Bände.

[2] *Dr. Armaingaud, Montaigne pamphlétaire. L'énigme du Contr'un.* (Paris, Hachette 1910.) Über dieses Buch, das von einem scharfsichtigen Manne herrührt, siehe den bibliographischen Anhang. Der ›Discours‹ behielt übrigens weit über die religiösen Wirren des 16. Jahrhunderts hinaus fortwirkende Kraft: auch Rousseau scheint ihn gekannt zu haben, und die Revolution, mit ihrem pathetischen Römertum, wandte ihm ihr Interesse zu, ohne Rücksicht auf die eigentlichen Absichten des durch Montaigne berühmten Juristen zu nehmen. Wir kennen zwei Bearbeitungen der Abhandlung, die 1789 und 1790 zu Paris erschienen: *Discours de Marius, plébéien et consul, traduit en prose et en vers français du latin de Salluste; suivi du Discours d'Etienne de La Boétie, ami de Montaigne et conseiller au parlament de Bordeaux, sur la servitude volontaire, traduit du français d'autrefois en français d'aujourd'hui, par L'ingénu, soldat dans le régiment de Navarre. (S. 1., 1789, 144 pp.) – L'ami de la Révolution ou Philippiques dédiées aux représentants de la nation, aux gardes nationales et à tous les Français. 1790–1791.* Die 8. Philippika

näheren Umstände dieser Drucklegung wissen wir auf alle Fälle nichts. Daß Montaigne, dessen Mutter Protestantin war, zu vielen Hugenotten freundschaftliche Beziehungen pflegte, ist allerdings eine Tatsache: ich erinnere nur an Heinrich IV., an Hotmann, den er auf seiner italienischen Reise in Basel besuchte und der in seinem Traktat ›Franco-Gallia‹ für die republikanische Staatsform eintrat und sie auf die unveräußerliche Souveränität der Nation gründete; an den großen Kanzler L'Hôpital, an den Historiker Auguste de Thou,[1] der als Minister Heinrichs IV. das Edikt von Nantes verfaßte. Man wird auch kaum fehlgehen, wenn man annimmt, daß der duldsame Einsiedler, der um die Mitte der 1570er Jahre seine stoische Periode hinter sich hatte, in den verfolgten Calvinisten eine unterdrückte Partei sah, der er recht wohl seine Sympathien zuwenden konnte; allein die Autorenschaft Montaignes, so wahrscheinlich sie im einzelnen auch sein mag, bleibt so gut eine offene Frage wie seine Beihilfe zur Drucklegung des Pamphlets.

Der Ruf, den Boetius unter seinen Zeitgenossen genoß, gründete sich nicht allein auf seine Tätigkeit als Jurist: er war ein ausgezeichneter Humanist; zu seinen Lieblingen gehörte Plutarch, von dem er die »Eheregeln« *(Παραγγέλματα γαμικὰ)* und den »Trostbrief« übersetzte. Sein Hauptwerk war die Übersetzung des ›Oeconomicus‹ Xenophons, der damals in Frankreich einen großen Leserkreis hatte. Auch als Dichter hatte sich der begabte Mann versucht: Montaigne hat seinen »Essais« (I, 28) neunundzwanzig Sonette seines Freundes eingefügt; sie sollen, wie der Essayist erzählt, aus der Jugend de La Boëties stammen, offenbaren aber kein beson-

enthält ein Fragment des ›Discours‹ S. 1., (p. 137–143). – Im Jahre 1852 erschien eine Schrift *Tyrannie, usurpation et servitude volontaire, trois extraits d'Alfieri, de Benjamin Constant et d'Estienne de La Boétie, publiés par A. Poupart. (Bruxelles, 1852.)* Die Not der Zeit greift zu den Waffen, die dem Temperament der Nation entsprechen. Dabei kommt es nicht darauf an, ob das zündende Wort dem Urheber unrecht tue oder nicht: die Wirkung ist alles.

[1] Jacques Auguste de Thou (Thuanus), geb. 8. Oktober 1533 zu Paris, gest. 7. Mai 1610.

ders hervorragendes Talent. Als Dichter in lateinischer Sprache genoß er eines weit höheren Rufes: er galt als einer der ausgezeichnetsten neulateinischen Poeten, dessen Verse in der Tat zuweilen der Knappheit Horaz' nahe kommen.

Dieser ausgezeichnete Mann, von dem seine Zeitgenossen glaubten, er werde auch als Poet und Denker die kühnsten Hoffnungen übertreffen, war es, dem Montaigne eine unvergängliche Herzensfreundschaft entgegenbrachte. Wir kennen das Schicksal dieses Bundes: die beiden Männer besaßen offenbar in außerordentlichem Maße das Talent zu einer idealen Freundschaft, die man, um an ein Wort Stendhals zu erinnern, recht wohl *amitié-passion* nennen könnte. Ich habe die Stelle aus dem Kapitel Montaignes über die Freundschaft mitgeteilt: es war, wie man sieht, eine milde Naturgewalt, die diese beiden Männer, welche im reinen Element des Geistigen lebten, zueinander hinzog. Für ein solches Gefühl gibt es, wie für die Liebe, keine Gründe; Montaigne bemerkt: »Wenn man in mich dringt, ich soll sagen, warum ich meinen Freund Boetius liebte, so fühle ich wohl, daß sich das nicht anders ausdrücken läßt, als wenn ich antworte: Weil's er war, weil ich's war. (*Parce que c'était luy, parce que c'était moi.*) Es ist etwas dabei, das über meinen Verstand geht; und alles, was ich besonders davon sagen kann, ist, diese Vereinigung ward durch eine unbegreifliche,[1] unwiderstehliche Macht vermittelt.

Wir suchten uns, bevor wir uns noch gesehen hatten, und zwar durch Ähnlichkeiten in der Gemütsstimmung, die wir voneinander hörten und welche auf unsre Neigung stärker wirkten, als nach ihrem berechneten Verhältnis zu erwarten gestanden hätte; ich glaube, es geschah auf Verordnung des Himmels. Wir umarmten uns durch unsere Namen; und bei unserer ersten Begegnung, die bei einem großen Feste und einer feierlichen Stadtgesellschaft geschah, fanden wir uns so aneinandergezogen, so bekannt miteinander, so verbunden,

[1] In der ersten Ausgabe der »Essais« stand dafür ›göttliche‹.

daß von der Stunde an uns nichts so nahe war als wir uns einer dem andern.« (1, 27.)

La Boëtie selbst, dessen Denken ganz in der Antike wurzelt, moralisiert, wenn er in seiner Abhandlung »Von der Freundschaft« als von einem Gute spricht, das niemals einem Tyrannen zuteil werde: »Die Freundschaft ist ein heiliger Name und eine heilige Sache; sie entsteht nur zwischen rechtschaffenen Leuten und gründet sich auf gegenseitige Achtung; sie bekommt nicht sowohl durch Wohltaten als durch ein redliches Leben. Was einen Freund des Freundes sicher macht, ist das Bewußtsein seiner Rechtschaffenheit: und die Gewähr dafür ist seine gute Natur, sein Glaube und seine Treue.«[1] Das könnte auch ein begabter Primaner sagen, und in der Tat, diese etwas biedermännisch klingenden Sätze sind der Ausfluß eines jungen Gemütes, das noch keine Erfahrungen haben konnte. Montaigne aber urteilt als reifer Mann, der Weib und Kind hat: »Wenn man (mit der Freundschaft) die Neigung zum weiblichen Geschlecht vergleicht, so wird man finden, daß, ob solche gleich aus unserer Wahl entspringt, man sie doch nicht in dies Verzeichnis bringen könne. Ihr Feuer, das bekenne ich, ist heftiger, durchdringender und angreifender. Aber ein unbesonnenes, wildes Feuer, flatterhaft und ungleich; eine Fieberhitze, die bald steigt, bald fällt, und die uns nur bei einem Zipfel hält. In der Freundschaft ist es überall verbreitete Wärme, im übrigen gemäßigt und immer sich gleich; eine Wärme, die anhält und nicht verfliegt; durchgängig lieblich und sanft schmelzend, die nichts Brennendes oder Stechendes bei sich führt. Was noch mehr ist, in der Liebe ist es nur ein ungestümes Begehren nach dem, was uns flieht:

Come segue la lepre il cacciatore
Al freddo, al caldo, alla montagna, al lito,

[1] Œuvres, p. 207.

Nè più l'estima poi, che presa vede;
E sol dietro a chi fugge, affretta il piede.[1]

Sobald sie sich in Freundschaft umwandelt, das heißt nach Gutbefinden des Willens beider, verraucht sie, erkrankt; Genuß, weil er nur am Körperlichen hängt und Sättigung hervorbringt, vernichtet sie. Die Freundschaft hingegen gibt in eben dem Maße Genuß als sie begehrt. Sie sproßt, nährt sich und wächst bloß durch den Genuß, weil sie geistig ist, und die Seelen durchs Annahen sich immer mehr einigen. Unter dieser vollkommenen Freundschaft haben jene flüchtigen Neigungen ehedem auch bei mir Platz gefunden; damit ich nichts von meinem Freunde sage – er hat es nur zu deutlich durch seine Gedichte bekannt. Also sind diese Leidenschaften beide mir nicht unbekannt geblieben; nie aber tat es eine der andern gleich. Die erste nimmt immer einen sehr hohen, stolzen Flug, und sieht mit Verachtung auf die andere herab, die mit ihren Kräften tief unter ihr flattert.« (I, 27.)

Eine solche Freundschaft ist, wie die Liebe, schöpferisch; sie verklärt den Gegenstand ihrer Neigung; sie trägt ihn in alle Vorzüge hinein, deren Mangel sie selbst zu fühlen glaubt: der Freund ist ihr ein auserlesenes Gefäß, in dem alle Tugenden und Vortrefflichkeiten der weniger vollkommenen Welt zusammenfließen; die reichere Natur wird demütig, weil sie ihre eigene Fülle nur durch den Umgang mit dem Freunde gewahr wird und genießen kann. Es ist bedeutsam, daß der vielberufene Satz: *Parceque c'était luy – parceque c'était moi* – »weil er's war, weil ich's war«, sich nicht in der ersten Fassung der »Essais« findet, sondern aus den späteren Lebensjahren des abgeklärten Weisen stammt: Montaigne hat ihn mit seiner Greisenhand an den Rand des Exemplars

[1] Ariost, x, 7; Bode übersetzt:
Wie der Weidmann dem Hasen nachsetzt,
In Frost, in Hitze, durchs Tal und über Berge;
Und hat er ihn erhascht, nicht mehr sein achtet,
Nur bloß den, der ihn flieht, verfolgt.

geschrieben, nachdem seine Wahltochter Fräulein von Gournay die Ausgabe von 1595 herstellte. Die Geschichte dieses Bundes ist die Geschichte einer seelischen Verklärung. Montaigne wird sich nicht einmal der Tatsache bewußt, daß er als der reichere Geist, der noch nicht zur Reife gekommen ist, aus dem Genossen eine ideale Gestalt macht, in der er die Ergänzung seines eigenen Wesens findet. Er fühlt deutlich, daß ihm der Freund, als harmonische Natur, in der Führung und Gestaltung des Lebens überlegen ist; aber da er die Quelle dieses gleichmäßigen Wesens, einen geringeren Geist, nicht kennt und kennen will, verklärt er den ganzen Menschen mit der zärtlichen Großmut einer reichen Natur, die in dem Älteren eine göttliche Gelegenheit findet, sich selbst zu genießen und zu steigern. Diese Freundschaft, auf der ein Abglanz antiken Fühlens liegt, redet in der Sprache moderner Liebe: »Ich habe ehedem Nutzen und Vergnügen aus unserer Entfernung gezogen, wir dehnten den Besitz unseres Lebens weiter aus und genossen seiner besser, indem wir uns trennten: er lebte, er genoß und sah für mich und ich für ihn ebensoinnig, als wären wir einander gegenwärtig gewesen. Die eine Hälfte von uns blieb müßig, wenn wir beisammen waren; wir ergossen uns einer in den andern. Die Trennung durch den Raum machte die Vereinigung unseres Willens noch stärker. Dieser unersättliche Hunger nach körperlicher Gegenwart scheint ein wenig Schwäche des Seelengenusses anzudeuten.« (III, 9.) La Boëtie aber spricht von der Freundschaft mit der Ruhe eines Mannes, der die Lehre der Stoa kennt; seine Epistel *Ad Michelum Montanum* verrät eine genaue Charakterkenntnis des jüngeren Freundes, und indem er ihm die Lust als trügerisch schildert und die Tugend, im antiken Sinne, als Enthaltsamkeit und Seelenruhe hinstellt, zeigt er zugleich das Idealbild eines Menschen, dessen künftige Gestalt er schon in wachsender Vollendung vor sich sieht. Montaignes Leben beweist, daß La Boëtie nicht umsonst gesprochen hatte.

Jede reiche Natur hat eine Zeit, wo sie rein in Blüte steht.

Bei den meisten ist es die Liebe, die alle Vorzüge zum Blühen bringt; bei Montaigne, dem Mann der Renaissance, ist es die Freundschaft, die seinem Wesen eine Art Weihe gibt: »Denn, in Wahrheit, wenn ich das übrige meines Lebens, das ich zwar durch die Gnade Gottes ganz gemächlich und bequemlich und außer dem Verluste eines solchen Freundes frei von drückendem Kummer, mit ganz ruhigem Gemüte hingebracht habe, indem ich das, was mir der Himmel bescherte, mit Danksagung genoß und nicht mehr Überfluß begehrte; wenn ich es ganz durchgängig vergleiche, sage ich, mit den vier Jahren, da mir's so gut ward, des süßen Umgangs mit diesem Manne zu genießen: so ist's ein bloßer Rauch, nichts weiter als eine dunkle freudenleere Nacht. Seit dem Tage, da ich ihn verlor, schleich ich hinwelkend umher, und die Freuden selbst, die sich mir darbieten, anstatt mich aufzuheitern, verdoppeln meinen Schmerz über seinen Verlust. Wir gingen beständig zur Hälfte: mich dünkt, ich raube ihm jetzt seinen Anteil. Ich war dergestalt daran gewöhnt, überall selbander zu sein, daß mir deucht, ich sei nur noch halb.« (I, 27.)

La Boëtie verdankt diesem seltenen Seelenbunde, der in seiner kurzen Dauer keine Trübung zu erleiden hatte, die Unsterblichkeit: die Macht des Wortes ist so groß, daß wir den tüchtigen Mann mit den Augen Montaignes sehen müssen, der selbst den Tod des Freundes durch den Bericht verklärt, dessen Ton zuweilen an den Tod des Sokrates in der Apologie des Kriton erinnert.

4

Die amtlichen Dokumente, die wir von der Hand des Parlamentsrates Michael Montaigne besitzen, verraten keinen besonders hervorragenden Beamten: er ist unfähig, die Juristensprache zu meistern, und offenherzig genug, um aus der Schule zu schwätzen und die Rechtsverhältnisse seiner Zeit rücksichtslos zu brandmarken. »Findet man etwas Wilderes als eine Nation, bei der nach wohl hergebrachter Gewohnheit das Richteramt gekauft wird und die Urteile mit barem Gelde bezahlt werden und wo es gesetzlich ist, daß demjenigen die Gerechtigkeit versagt werde, der nicht vermögend ist, sie zu bezahlen? Und daß dieser Handel in solchem Ansehn stehe, daß er von den Leuten, welche die Prozesse handhaben, eine vierte Ordnung im Staat mache, um solche den drei alten der Kirche, des Adels und des Volks anzuschließen? Und daß diese Ordnung, weil sie über die Anwendung der Gesetze gesetzt ist und die höchste Macht über Eigentum und Leben ausübt, einen verschiedenen Stand von Adel ausmache? Woraus erfolgt, daß es zweierlei Gesetze gibt, Gesetze der Ehre und Gesetze der Gerechtigkeit, die sich in verschiedenen Dingen einander widersprechen. Jene verdammen ebenso streng das Nichtahnden einer beschuldigten Lüge als diese die Rache wegen einer beschuldigten Lüge. Nach den Gesetzen der Ehre und der Waffen geht derjenige seines Adels und seiner Ehrenstellen verlustig, wer eine Beleidigung einsteckt; und nach den bürgerlichen Gesetzen ist derjenige, welcher deswegen Rache nimmt, Leib- und Lebensstrafen ausgesetzt. Wer sich an die Gesetze wendet und für eine seiner Ehre zugefügte Beleidigung Genugtuung begehrt, beschimpft sich, und wer diese übergeht und sich die Genugtuung selbst nimmt, den strafen und züchtigen die Gesetze! Und daß von diesen zwei so verschiedenen Ständen, die gleichviel in einem einzigen Oberhaupt zusammenlaufen, der eine den Auftrag des Friedens, der andere des Krieges habe? Die von dem einen den Gewinn, die vom anderen die Ehre, jene Gelehrsamkeit, diese die Tugend, jene die Worte, diese die Taten, jene die Gerechtigkeit, diese die Tapferkeit, jene die Vernunft, diese die Gewalt, jene den langen Mantel, diese die kurze Uniform zum Anteil haben?« (I, 22.) Montaignes Ansicht über die Gesetze ist nicht minder bezeichnend: »Nun erhalten sich aber die Gesetze in Ansehen, nicht weil sie gerecht sind, sondern weil sie Gesetze sind. Das ist der mystische Grund ihres Ansehens. Einen andern haben sie nicht, worauf sie ruheten. Sehr oft rühren sie her von Dummköpfen; öfters von Leuten, die, weil sie die Gleichheit hassen, auch keine Billigkeit kennen; aber immer von Menschen, welche eitel und unzuverlässig sind. Schwerlich wird man etwas so gröblich und schwer Fehlerhaftes sehen, als die Gesetze gewöhnlich sind. Wer ihnen nur darum gehorchen wollte, weil sie gerecht wären, würde ihnen nicht wegen seiner Pflicht gehorchen.« (III, 13.)

Ein Mann mit solchen Ansichten konnte schwerlich in seinem Berufe aufgehen und jenes Ansehen erwerben, das geringeren Naturen eine Entschädigung für allerlei Enttäuschungen bieten mag. Seine Erinnerungen zeigen ihm das Leben im Justizgebäude nicht im Lichte der Verklärung, die sich mit der Zeit auf geliebte Orte legt: der Freund La Boëties sieht mit scharfem Auge die Schwächen der Richter, die, während der Gerichtssitzung, mit der gleichen Feder ein Urteil gegen einen Ehebrecher und ein Liebesbriefchen an die Frau eines Kollegen schreiben.[1] Als Philosoph verlangt er, daß der Richter nicht jene Fehler besitze, über die er urteilen soll; als Kenner der eigenen Natur weiß er, daß jeder Grund hat, seinen eigenen Leidenschaften zu mißtrauen; als Mann der praktischen Erfahrung vergißt er niemals, daß ein Übermaß von Gesetzen die Rechtssprechung erschwert, und als weiche Natur, die sich selbst nicht allzuviel zutraut, mißbil-

[1] III, 19.

ligt er die Härte der Strafen, die damals zur Anwendung kamen: denn alles, was über den einfachen Tod hinausging, erscheint hier als »klare, bare«[1] verdammenswerte Grausamkeit.

Wir begreifen also, daß Montaigne, dem der Tod seines Freundes die Einsamkeit des Herzens gebracht hatte, seinen Berufsgeschäften nicht mit Begeisterung nachging; wir verstehen auch, daß er in dieser Stimmung den Wünschen seines Vaters, der den Stammhalter der Familie verheiratet zu sehen wünschte, ein geneigtes Ohr lieh, obwohl er den Zwang, den die Ehe jedem auferlegt, wohl erkannte. Seine Bekenntnisse lassen keinen Zweifel darüber, wie er die Ehe auffaßte: er weiß, daß man sich, was man auch sagen wolle, nicht für sich, sondern für sein Geschlecht und seine Nachkommen verheiratet. »Eine gute Ehe, wenn es deren gibt, entzieht sich der Dazwischenkunft und des Bedingnisses der Liebe. Sie strebt nach dem Bilde der Freundschaft. Es ist eine angenehme Gesellschaft auf Lebenszeit, begleitet von Beständigkeit, von Vertraulichkeit und einer unendlichen Menge von nützlichen und tätigen Dienstleistungen und von gegenseitigen Verbindlichkeiten ...

Wenn ich nach meinem Sinne hätte tun können, ich hätte vermieden, die Weisheit selbst in weiblicher Gestalt zu ehelichen, wenn sie mich gewollt hätte. Aber so etwas steht nicht bei uns. Die Gewohnheiten und Sitten des Lebens reißen uns fort. Die meisten unserer Handlungen sind Kinder des Beispiels und nicht der Wahl.« (III, 5.)

Und an anderer Stelle läßt er sich vernehmen: »Anlangend die eheliche Verbindung, außerdem, daß es damit weiter nichts ist als ein Handelskontrakt, der nur beim Eingehen frei ist, dessen Dauer aber unfreiwillig und gezwungen, weil sein Widerruf von andern Rücksichten als unserm Wollen abhängt, und ein Handelskontrakt, der gemeiniglich aus verheimlichten Absichten geschlossen wird: so kommen darin

[1] II, 11.

tausenderlei Knäuel für beide abzuwickeln vor, die so ineinander gewirrt sind, daß der Faden und der Lauf einer lebhaften Zuneigung dadurch leicht zerrissen wird.« (I, 27.)

Aber der Staatsbürger, der ein Geschlecht fortzupflanzen hat, mag sich sagen: »Wenn man die Sache reiflich von allen Seiten betrachtet, so gibt es keine vorzüglichere Verbindung im menschlichen Leben. Wir können ihrer nicht entbehren, und suchen sie doch verächtlich zu machen. Es geht damit wie mit den Käfigen. Die Vögel, welche draußen sind, trachten mit aller Gewalt hineinzukommen, und ebenso zerarbeiten sich diejenigen, die darin sind, herauszufliegen. Als man den Sokrates fragte, was besser sei, eine Frau zu nehmen oder keine? antwortete er: Tue von beiden, was du willst, es wird dich gereuen! Es ist eine Gesellschaft, auf welche sich genau paßt, was man sagt: *Homo homini aut Deus, aut lupus.* (III, 5.)

Am 23. September 1563 verheiratete sich Montaigne mit Françoise de la Chassaigne, die dem einsässigen Rechtsadel entstammte und ihrem Gatten eine Mitgift von 7000 Livres Tourainischen Münzfußes (nach heutigem Gelde etwa 300000 Franken) zubrachte. Es war eine reine Konvenienzheirat, die Montaigne, nach Art seiner Landsleute, einging, und deren Zwang ihm lebhaft vor der Seele stehen mochte. Sein späteres Geständnis (III, 5), er habe die Pflichten eines Ehemannes strenger erfüllt, als er selbst gehofft hatte, läßt erraten, wie er sich als Franzose, der sich ausgetobt hat, mit dem Verlust seiner Freiheit abzufinden verstand. »Mademoiselle de Montaigne«[1] scheint die Natur ihres Gatten in glücklichster Weise ergänzt zu haben: sie besaß, wie ihre Schwiegermutter, die noch auf Schloß Montaigne waltete, den klaren, praktischen Verstand einer tüchtigen Hausfrau und Gutsverweserin; sie nahm ihm alle häuslichen Sorgen ab und ließ ihm volle Freiheit, seinen Träumen und Gedanken

[1] Den Titel Madame gab man damals nur den Frauen des höchsten Adels und den Frauen aus dem Volke, während die des mittleren Adels und des Bürgertums mit Mademoiselle angeredet wurden.

nachzuhängen. Diese Ehe, die zu einer Zeit geschlossen wurde, da die Gattin noch nicht die Selbständigkeit der modernen Frau besaß, mutet in jeder Hinsicht ganz französisch an: denn die Lebensgewohnheiten eines Volkes gründen sich auf die Instinkte der Rasse, die nur bestehen und gedeihen kann, wenn sie dem Zwange des ererbten Blutes gehorcht.

Im Jahre 1568 verlor Montaigne seinen Vater durch den Tod. Peter Eyquem, der ein Alter von zweiundsiebzig Jahren erreichte, erlebte die Kinder seines Lieblingssohnes nicht, den er, nach der Sitte der Zeit, zum Universalerben eingesetzt hatte, mit der Einschränkung, daß er, als Oberhaupt des Hauses, seinen Geschwistern das ihnen gebührende Erbteil auszahlte. Thomas Eyquem[1] bekam den Edelsitz Beauregard; Peter Michel, der in früher Jugend Soldat geworden war, die Güter zu La Brousse; Arnold, der von einem Onkel den kleinadligen Namen Saint-Martin übernommen hatte, die Besitzungen auf der Insel Macau. Der jüngste Bruder, Bertrand Charles, der erst acht Jahre zählte, erhielt in der Folge Gut und Namen des Edelsitzes Matecoulon; er begleitete später seinen berühmten Bruder auf dessen italienischer Reise. Die drei Schwestern Jeanne, Leonore und Maria wurden mit Geld abgefunden. Der Haupterbe übernahm das Schloßgut Montaigne, dessen Verwaltung er zunächst als Last empfand. Der Witwe Peter Eyquems wurde das nunmehrige Stammschloß der Familie als Witwensitz angewiesen; sie besaß aber kein Recht, sich in die Verwaltung des Hauses und der Güter zu mischen.

Aus Dankbarkeit gegen den »besten Vater«, den es je gegeben, übersetzte er ein Werk Raimunds de Sebunda, *Theologia universalis, sive liber creaturarum*, ins Französische. Das Buch erschien im Jahre 1569, einige Monate nach dem Tode Peter Eyquems, mit einer Widmung, auf die ich

[1] Er heiratete später die Stieftochter La Boëties, Jacquette d'Arsac, und nahm den Titel eines Herrn von Beauregard und Arsac an.

zurückkommen werde. Der Übersetzer konnte den Druck seines ersten schriftstellerischen Versuches nicht selbst überwachen und erbat später, in seinen »Essais«, die Nachsicht der Leser für die zahlreichen Druckfehler.[1]

Im Juli des Jahres 1570 gab Montaigne seine Stellung als Parlamentsrat auf. Die juristischen Gutachten und Urteile, die in den Archiven zu Bordeaux vorhanden sind, zeigen, daß er seines Amtes nicht mit allzugroßem Eifer gewaltet hatte. Sein Nachfolger war Florimond de Raymond, der später den Ruhm eines außerordentlichen Redners erwarb. Montaigne benutzte die erste Zeit der Freiheit, um die nachgelassenen Schriften seines Herzensfreundes herauszugeben und der Welt zu beweisen, daß sie in dem jungen Rechtsgelehrten und Hellenisten einen der tiefsten Geister der Welt verloren habe.[2] Aber auch bei dieser Gelegenheit verleugnete er seine angeborene Vorsicht nicht: er begnügte sich, die Übersetzungen Stephans drucken zu lassen, während er die Herausgabe seiner übrigen Prosawerke, deren Inhalt üble Wirkung haben konnte, auf eine ruhigere Zeit verschob. Auf dem Titel waren zuerst auch die Verse des Freundes angekündigt; aber das Urteil einiger Dichter, denen sie Montaigne vorgelegt hatte, war so ungünstig, daß er schwankend wurde. Ein Jahr später erst faßte er den Entschluß, die Verse des Verklärten trotzdem zu veröffentlichen:[3] es war der letzte Dienst, den er dem Andenken des vergötterten Freundes erweisen konnte.

[1] Eine verbesserte Ausgabe erschien 1581 bei Gourbin in Paris.

[2] *La Mesnagerie de Xenophon, les Regles du Mariage de Plutarque, Lettre de consolation de Plutarque à sa femme, le tout traduit du grec en français par feu M. Etienne La Boétie, item un discours sur la mort dudit seigneur de La Boétie par M. de Montaigne. A Paris, Frédéric Morel, in -8°, 1571.*

[3] 1571, bei Frédéric Morel, Kleinoktav, 19 Seiten.

5

Montaigne war achtunddreißig Jahre alt, als er ein neues Leben begann. Der Umstand, daß er sich nicht sofort auf sein väterliches Schloß zurückzog, sondern an den Hof nach Paris ging, läßt darauf schließen, daß er sich zunächst mit dem Gedanken tragen mochte, eine politische Rolle zu spielen. Die Zeit war einer solchen Hoffnung nicht ungünstig: die Protestanten waren zwar in dem schleichenden Bürgerkrieg, der immer wieder aufs neue ausbrach, unterlegen; allein die königliche Regierung sah sich trotzdem solchen Schwierigkeiten gegenüber, daß die Königin-Mutter Katharina von Medici es für angezeigt hielt, einzulenken, und so wurde denn am 8. August 1570 der Friede von Saint-Germain geschlossen, der den Protestanten in ganz Frankreich, mit Ausnahme des Hofes und der Stadt Paris, Religionsfreiheit zusicherte und ihnen als Pfand die vier Städte La Rochelle, Montauban, Cognac und La Charité auslieferte. Im gleichen Monat traf Montaigne in Paris ein, wo er zahlreiche Freunde und Nachbarn bei Hofe fand. Eine glänzende Zukunft schien sich vor dem begabten, klugen Manne aufzutun; um so mehr mußte es seine Freunde überraschen, daß er sich plötzlich, im April 1571, entschloß, in die Heimat zurückzukehren. Was war die Ursache dieses unerwarteten Entschlusses? Hatte Montaigne, der im vorhergehenden Jahre den Kanzler L'Hôpital in seinem Exil zu Vignay besucht hatte, mit klarem Blick erkannt, daß der Friede zwischen den Hugenotten und der Krone für die Königin-Mutter nur ein Mittel war, um Wachsamkeit und Mißtrauen der Protestanten einzulullen, damit der schwache König bei der ersten Gelegenheit den vernichtenden Schlag um so sicherer führen konnte? Wollte er sich für die Zukunft aufsparen, indem er es vermied, Partei zu nehmen und dadurch seiner weichen Natur Gewalt anzutun, die allen blutigen und unblutigen

Gewaltmaßregeln widerstrebte? Wir dürfen annehmen, daß der Mann, der, wie er selbst gesteht, das gesellige Wesen »bis zur Ausschweifung« liebte, nicht leichten Herzens auf das glanzvolle Leben am Hofe der Valois verzichtete; aber die Bartholomäusnacht, die bald darauf Europa in Schrecken und Empörung versetzte, zeigte ihm, daß er recht daran getan hatte, sich unverbraucht und ungefährdet in die Stille seines Schlosses zurückzuziehen. Montaigne, der sich gerne gehenließ, war weder ein Staatsmann noch ein Soldat, obwohl eine Stelle im 13. Kapitel des dritten Buches der »Essais« den Gedanken nahelegt, er habe im Heere des Königs Dienste getan: »Keine Beschäftigung ist so angenehm als die eines Kriegers. Sie ist edel in ihrer Ausführung (denn die stärkste, großmütigste und erhabenste aller Tugenden ist die Tapferkeit) und edel in ihrer Ursache. Wer weiß etwas Nützlicheres und allgemein Gerechteres, als die Beschützung der Ruhe und Größe seines Vaterlandes. Es ist etwas Reizendes und Angenehmes in der Gesellschaft so vieler edlen, jungen und tätigen Männer; in dem täglichen Anblicke tragischer Schauspiele; in der Freiheit dieses ungekünstelten Umganges und der männlichen, ungezwungenen Lebensart; in der Mannigfaltigkeit tausend verschiedener Handlungen; in der herzerhebenden Harmonie der kriegerischen Musik, die uns ermuntert und Ohr und Seele erwärmt; in der Ehre, welche mit dieser Übung verknüpft ist; selbst in ihrer lästigen Beschwerlichkeit, welche Plato so gering achtet, daß er in seiner Republik Weiber und Kinder daran Anteil nehmen läßt. Man übernimmt freilich eine Rolle oder ein Wagestück, je nachdem man dieselbe für glänzend und auffallend hält, man wird gern Soldat und verdient Entschuldigung, daß man sogar sein Leben dafür aufopfert.«

Allein diese Stelle stammt aus dem späteren Alter Montaignes und ist in Wirklichkeit nur das allgemeine Bekenntnis eines Edelmannes, der oft genug bei kriegerischen Anlässen im Feldlager des Heeres geweilt hatte, Glanz und Pomp des Kriegs aus eigener Anschauung kannte und die entschwundene Zeit im Lichte der Verklärung sah. Wer die Bücher leidenschaftlich liebt, leistet keinen schweren Verzicht, wenn er sich in die Gesellschaft der erlauchtesten Geister zurückzieht, die sich von Jahrhundert zu Jahrhundert in einem Menschen grüßen: wir verdanken dieser Einsamkeit eines Büchermenschen die beiden ersten Bücher der »Essais«.

Die hohe Verehrung, die Michael Montaigne dem Andenken seines Vaters zollte, ließ ihn zunächst auch den Versuch machen, seiner auch als Landwirt ebenbürtig zu werden; allein der Denker, dessen bequeme Natur sich keinen Zwang auferlegen mochte, sah bald ein, daß er nicht geeignet war, seine Geschäfte mit der erforderlichen Geschicklichkeit und Gewissenhaftigkeit zu verwalten. Sein eigenes Urteil aus einer späteren Zeit ist deutlich genug: »Was mein eigenes Vergnügen betrifft, so machen mir weder das Bauen, welches man für so anziehend hält, noch die Jagd, noch die Gärtnerei, noch die anderen Ergötzlichkeiten des Landlebens großen Spaß... Diejenigen, welche, wenn sie mich von meiner Unfähigkeit zu häuslichen Geschäften sprechen hören, mir ins Ohr raunen, das komme daher, weil ich sie für verächtlich halte, mich nicht darum bekümmere, die Ackerwerkzeuge oder die Jahreszeit und Ordnung verschiedener Verrichtungen zu kennen, zu wissen, wie man meinen Wein keltert, wie man Fruchtbäume pflanzt, Namen und Gestalt der Kräuter und Früchte zu erlernen, im gleichen die Bereitung der Speisen, wovon ich lebe, die Namen und den Preis der Zeuge, worein ich mich kleide, indem mir höhere und wichtigere Wissenschaften am Herzen lägen, die machen mich toll. Das ist Narrheit und viel mehr Dummheit als rühmliche Sache. Ich möchte lieber ein guter Stallmeister sein als ein guter Meister der Logica... Ich wünschte, mein Vater hätte mir statt eines andern Stücks seiner Erbschaft die leidenschaftliche Wärme hinterlassen, womit er in seinen letzten Jahren seine Wirtschaft besorgte. Seit achtzehn Jahren, daß ich Güter bewirtschafte, habe ich's noch nicht über mich erhalten können, meine Kauf- und Lehnbriefe nachzusehen, noch die wichtigsten Geschäfte, welche notwendig durch meine Hände und durch meinen Kopf gehen müßten. Nicht aus philosophischer Verachtung der vergänglichen Dinge dieser Welt, so geläutert sind meine Gesinnungen nicht, und ich schätze jene wenigstens so hoch, als sie nach Marktpreis wert sind, sondern wirklich aus tadelhafter kleinmütiger Faulheit und Nachlässigkeit. Ich weiß nicht, was ich nicht lieber täte, als einen Kontrakt lesen. Nicht lieber, als bestäubte Akten umwühlen, wie ein Knecht meiner Geschäfte, und noch viel ungerner Fremder Angelegenheiten, wie so viele Menschen um Liedlohn tun. Mir kommt nichts teurer zu stehen als Sorgen und Mühe und nichts ist mir lieber als das süße Nichtstun und Armunterschlagen. Ich wäre, glaube ich, mehr dazu gemacht, auf fremde Kosten zu leben, wenn das ohne Verbindlichkeit und Dienschaft geschehen könnte.« (III, 9.) Gelegentliche Bemerkungen in den »Essais« lassen durchblicken, daß er anfangs von Sorgen um die Zukunft dieses Gutes gequält wurde, das sein Vater zu einem prächtigen befestigten Edelsitze umgeschaffen hatte: er suchte Ersparnisse zu machen, die dann später, als die Verhältnisse dank der Verwaltungstalente seiner Frau und seiner Mutter, gleich blieben, die beste Verwendung auf Reisen fanden. Wir besitzen aus Montaignes Bibliothek das Exemplar eines Werkes von Beuther, »Ephemeriden«,[1] einer Art Kalender, auf dessen leere Blätter der Schloßherr die wichtigsten Ereignisse seines Lebens einzutragen pflegte. Von seinem eigentlichen Haushaltungsbuch ist nur das erste Blatt des ›Mémorial des affaires de feu Messire Michel de Montaigne après le décès de Monsieur son père‹ erhalten geblieben.[2] ›Mademoiselle de Montaigne‹ schenkte ihrem Gatten fünf Töchter, von denen nur eine, Eleonore, am Leben blieb. Montaigne wußte, wie er selbst gesteht, nichts mit kleinen Kindern anzufangen; er lebte, nachdem er auf jeden Ehrgeiz verzichtet hatte, ganz für

[1] *Beutherus, Ephemeris historica; ejusdem de annorum mundi concinna dispositione libellus. (Parisiis, 1551.)*

[2] Auf der Bibliothek zu Bordeaux

sich in seinem Turme, wo er seine Bibliothek untergebracht hatte und das Getriebe eines großen Gutshofes, Schloß und Garten, die Hühnersteige und Wirtschaftsgebäude von luftiger Höhe aus überblicken konnte: »Meine Bücher stehen drei Treppen hoch in einem Turm. Eine Treppe hoch befindet sich meine Kapelle; zwei Treppen hoch meine Kammer und Nebenzimmer, wo ich mich oft niederlege, wenn ich allein bin. Über der Bibliothek befindet sich mein Kleidervorrat. In vorigen Zeiten war es der unbesuchteste Ort in meinem ganzen Hause. Ich bringe daselbst die meisten Tage des Lebens und die meisten Stunden des Tages zu. Des Nachts bin ich da niemals. Hinter derselben befindet sich ein ziemlich hübsches Kabinett, worin ich des Winters Feuer haben kann. Und wenn ich nicht mehr die Aufsicht als die Aufgabe fürchtete, welche Aufsicht zu vermeiden ich manche Unternehmung aufgebe, so könnte ich ganz leicht eine Galerie von hundert Fuß lang und zwölf Fuß breit rund umher und gerades Fußes daran hängen: denn ich habe gefunden, daß, zu anderm Gebrauche, die Mauer schon bis zu der Höhe aufgeführt ist, wie es zu diesem Baue nötig wäre ... Die Figur meiner Bücherstube ist rund und hat keinen andern leeren Raum als nötig ist, meinen Tisch und meinen Stuhl zu fassen. Und so seh ich auf einmal in die Runde um mich her alle meine Bücher, welche in Borden von fünf Reihen gestellt sind. Der Turm hat drei schöne und freie Aussichten und sechzehn Schritt Raum im Durchschnitt. Des Winters bin ich daselbst weniger anhaltend: denn mein Wohnhaus liegt auf einem Hügel, wie sein Name besagt, und der Turm ist vor allem dem Winde ausgesetzt. Aber eben das gefällt mir daran, daß er ein wenig steil und abgelegen ist, teils weil das zu meiner Leibesbewegung dient, teils auch, weil mich solches vor allzuvielem Überlaufe schützt. Hier ist mein ordentlicher Aufenthalt. Dessen Herrschaft suche ich rein und frei zu erhalten und solche keiner Gemeinschaft unterwürfig werden zu lassen, heiße sie eheliche, oder kindliche oder bürgerliche.« (III, 3.)

Auf dem Altarbilde der Kapelle im ersten Stock war der Sturz Luzifers dargestellt, und rechts und links davon hatte Montaigne sein Wappen anbringen lassen: vierblätterige Kleeblätter auf azurnem Grund, mit einer Löwenklaue und einem Löwenrachen im gegenüberstehenden Felde. Der Turm hat die Schicksale der Zeit überdauert, und die Balken der Decke des Bibliothekzimmers bewahren heute noch das Andenken an den Einsiedler, der den Stoff zu seinem Werke in seinem Ich fand. Montaigne hatte sie mit Sentenzen beschreiben lassen, die seiner Weltanschauung entsprachen: einige sind dem Prediger entnommen, dessen weltmännischer Pessimismus seiner eigenen Laune am besten zusagen mochte; andere sind aus den Episteln des heiligen Paulus, aus den »Hypotyposen« des Sextus Empiricus und dem »Florilegium« des Stobäus, aus Plato, Epiktet, Herodot, Plinius, Lucretius, Horaz, Persius oder Martial ausgewählt.[1] Das kleine Nebengemach, das einen Kamin enthielt, war mit Malereien im Geschmack der Zeit geschmückt, deren Stoffe den Metamorphosen des Ovid entnommen waren, die einst den jungen Montaigne entzückt hatten. Die Bibliothek, die allmählich auf tausend Bände anwuchs, enthielt alle damals bekannten römischen Dichter und Schriftsteller; von den Griechen Pindar, Homer, Xenophon, Plutarch, Diogenes Laërtius; die italienischen Dichter und Historiker, Dante, Boccaccio, Petrarca, Ariost, Tasso, den Corteggiano des Baldassare die Castiglione, die zeitgenössischen französischen Dichter, von denen Montaigne Ronsard und du Bellay sehr hoch schätzte, obwohl er im allgemeinen, soweit die Franzosen in Frage kamen, der Volksdichtung den Vorzug gab,[2] und neben der Bibel eine Anzahl der besten römischen,

[1] Siehe Anhang.

[2] *La poësie populaire et purement naturelle a des naïfvetez et graces; par où elle se compare à la principale beaulté de la poësie parfaicte, selon l'art; comme il se veoid es villanelles de Gascoigne, et aux Chansons qu'on nous rapporte, des nations qui ont cognaissance d'aulcune science, ny mesme d'escripture: la poësie mediocre, qui s'arreste entre deux, est desdaignee, sans honneur et sans prix.* (»Die populäre und bloß natürliche Dichtkunst ist voll einfältiger Anmut, wodurch sie sich mit der

italienischen, französischen Geschichtswerke.[1] Eine lateinische Inschrift an der Mauer besagte, daß Michael Montaigne im Jahre des Heiles 1571, im achtunddreißigsten Lebensjahre, am 28. Februar, also an seinem Geburtstage, der Dienstbarkeit der Gerichtshöfe und der öffentlichen Ämter müde, in voller Manneskraft sich in den Schoß der gelehrten Jungfrauen zurückgezogen habe, wo er den Rest seines schon zur Hälfte verflossenen Lebens in Ruhe und Sicherheit zu verbringen gedenke, wenn es das Schicksal gestatte, und so habe er diesen ererbten Ruhesitz und dies süße Versteck erbaut und seiner Freiheit, seiner Ruhe und seiner Muße geweiht.[2] Eine andere Inschrift war dem Andenken La Boëties, dem süßesten, sanftesten Genossen gewidmet, dem an Gelehrsamkeit, Schönheit, Vollkommenheit das Zeitalter nichts an die Seite stellen konnte.[3] Und nicht minder bedeutsam als diese Inschriften ist die Tatsache, daß Montaigne überall sein Wappen anbringen ließ, inmitten der Embleme des Sankt

vornehmsten Schönheit der vollendeten Kunstdichtung vergleichen läßt. Wie man an den gascognischen Hirtenliedern und Volksliedern solcher Nationen sieht, die keine Kenntnis von irgendeiner Wissenschaft und nicht einmal von der Kunst des Schreibens haben: mittelmäßige Gedichte, die so zwischen beiden sind, haben keinen Wert und bleiben verächtliche Ware.«) (1, 54.) Die Bezeichnung *poësie populaire*, Volksdichtung, stammt von Montaigne.

[1] Pierre Villey hat in seinem zweibändigen Werke *Les sources et l'évolution des Essais de Montaigne* (Paris, Hachette, 1908) eine Liste der Bücher zusammenzustellen versucht, die Montaigne benützt hat. (Seite 59–270.) Ein Teil der Montaigneschen Bibliothek ist erhalten und befindet sich auf der Nationalbibliothek zu Paris, welche den Rest der bedeutsamen Bücherei 1870 von dem Montaigne-Forscher Dr. Payen erwarb.

[2] An. Chr[isti 1571] Æt. 38 Pridie Cal. Mart., Die Suo Natali Mich. Montanus, Servitii Aulici Et Munerum Publicorum Iamdudum Pertaesus, Dum Se Integer In Doctarum Virginum Recessit Sinus, Ubi Quietus Et Omnium Securus [Quan]tillum Id Tandem Superabit Decursi Multa Iam Plus Parte Spatii; Si Modo Fata Duint Exigat Istas Sedes Et Dulces Latebras Avitasq. Libertati Suae, Tranqillitatiq. Et Otio Consecravit.

[3] *Dulcissimi suavissi mique sodalis et conjunctissimi, quo nihil melius videt nostra aetas, nihil doctius, nihil venustius, nihil sane perfectius, Michaël Montanus, tam charo vitae praesidio misere orbatus, dum mutui amoris, gratique animi [quo] nec[tebantur] memor, singulare [ali]quod extare cuperet monumentum, quando [nihil posset] signific[antius] posuit eruditam hanc [et mentis] praecipuam supellectilem, suas delicias.*

Michaelsordens, den ihm Karl IX. am 18. Oktober 1571 verliehen hatte. Das helle Auge, das auf dem Schmuck des Raumes weilte, konnte zur gleichen Zeit die Symbole weltlicher Würde, die Klage des Predigers *Vanitas vanitatum, omnia vanitas:* und den Seufzer des Römers Persius *Quantum in rebus inane!* umfassen. Aus solchen Widersprüchen ist der Mensch zusammengesetzt, und Montaigne wäre nicht der unsterbliche Vollender seiner Bekenntnisse geworden, wenn er diese lebendigen Widersprüche nicht als allgegenwärtige Leibhaftigkeit seines innersten Wesens und Gemütes empfunden und in schönster Gelassenheit ausgesprochen hätte.

In dieser ausgesuchten Bücherei, die wie ein goldener Turm in einem herrlichen Gelände stand, verbrachte der bequeme Denker, lesend und träumend, seine schönste Zeit. Hier versah er einzelne Stellen seiner Lieblingsautoren, die ihn zur Produktion reizten, mit Anerkennungen, aus denen ganz allmählich die zwei ersten Bücher der »Essais« entstanden. »Da schlendere ich herum und picke bald aus diesem bald aus jenem Buche einen Spruch, der mir gefällt, nicht um ihn aufzubewahren, denn ich habe keine Vorratskammer, sondern ihn in dieses überzutragen; wo er gleichwohl die Wahrheit zu sagen, ebensowenig mir gehört als an seiner ersten Stelle.« (I, 24.)

Hier wird ihm ganz allmählich seine Lebensaufgabe klar: »Wer sein eigenes Werk tun wollte, würde finden, daß das erste, was er zu lernen habe, darin bestehe, zu wissen, was er ist und was seine besonderen Eigenschaften; und wer sich selbst kennt, hält fremdes Werk nicht mehr für sein eigenes: er liebt sich und sucht vor allen Dingen an seiner Ausbildung zu arbeiten; enthält sich der vergebenen Beschäftigungen und unnützer Gedanken und Aufgaben. Wie die Torheit, wenn man ihr auch gewährt, wonach sie gelüstet, nicht zufrieden ist: so begnügt sich die Weisheit mit dem, was gegenwärtig ist, und ist niemals mißvergnügt über sich selbst.« (I, 3.)

Wir wissen genau, wie der Mann aussah, der in diesem friedlichen Raume seine Zeit verbrachte, halb Büchermensch und halb Weltmann, welcher vielleicht nur deshalb nicht zum Handeln kommen konnte, weil er zu gleicher Zeit alle die geheimen und offenen Widersprüche sah, die nun einmal jede Erscheinung offenbart: denn dieses Leben ist, was man auch sagen möge, auf eine unerbittliche Polarität gegründet, um in der Sprache einer späteren Zeit zu reden, die mehr im Geiste als in der Wirklichkeit lebt. Montaigne war, wie er uns in dem bemerkenswerten 17. Kapitel des zweiten Buches seiner »Essais« selbst erzählt, um diese Zeit ein gesunder kräftiger Mann unter Mittelmaß, von gedrungenem Wuchse, mit vollem Gesichte, breiter Stirn und sanften, gütigen Augen, kleinen Ohren und zierlichem Munde, mit weißen Zähnen, frischer Gesichtsfarbe und kastanienbraunem, spitz zugeschnittenem Bart. Er erspart uns nicht die Bemerkung (III, 13), daß seine Brust und seine Beine stark behaart waren und daß ihn ein Kitzeln an den Ohren, *une doulce gratification de la nature*, zwang, sich oft zu kratzen: auch in solchen Bemerkungen offenbart sich, wie in seinem Sinn für Freundschaft, ein Zug antiken Wesens, das alle menschlichen Natürlichkeiten ohne Scheu berührt, oder man merkt den Südfranzosen, dessen Schloß auf römischem Kulturboden stand. Montaigne war von Jugend auf weitsichtig: zum Lesen bediente er sich einer Art Vergrößerungsglas. In Kleidung und Gehaben ließ er sich wie ein Büchermensch gehen: es kam vor, daß ihn fremde Besucher nicht als Herrn erkannten und nach diesem fragten. Diesem gesunden Aussehen entsprach das gleichgestimmte Wesen dieses merkwürdigen Schloßherrn, der nicht nur Tag für Tag an sich selbst Entdekkungen machte, sondern auch den heiteren Mut besaß, sie in der anmutigsten Sprache festzuhalten.

Die Klugheit, mit der Montaigne seine kostbare Ruhe in den Gefahren der aufgeregten Zeit zu wahren wußte, ist ganz einziger Art; er nahm nach außen hin nicht Partei: sein Haus stand allen Männern offen, mochten sie Protestanten oder Katholiken sein; aber die Schrecken des Religionskrieges, der Frankreich zerfleischte, empfand der halbe Einsiedler in seiner Landbibliothek mit wachsender Betrübnis: »O des ungeheuren Krieges! Andere Kriege wirken auswärts, dieser gegen sich selbst, zerfleischt und zerstört sich durch sein eigenes Gift. Er ist von einer so bösartigen, verheerenden Natur, daß er sich selbst mit allen übrigen aufreibt und durch seine Wut zerfleischt. Wir sehen ihn öfters durch sich selbst zerstört als durch den Mangel an irgendeinem notwendigen Bedürfnis, oder durch die Stärke des Friedens. Alle Manneszucht ist daraus verbannt. Er soll den Aufruhr dämpfen, und ist selbst voller Aufruhr; will den Ungehorsam strafen, und gibt davon das Beispiel; wird zur Verteidigung der Gesetze geführt, und ist offenbare Rebellion gegen seine eigenen. Wohin ist es mit uns gekommen? Unsere Arznei befördert die Ansteckung.« (III, 12.)

Die Lage im Süden Frankreichs rechtfertigte die schwersten Besorgungen des reifenden Weisen, der mehr als einmal in Gefahr war, in seinem eigenen Hause erschlagen zu werden. Durch die Bartholomäusnacht, die man, um den richtigen Gesichtspunkt zu wahren, als rein politischen Akt betrachten muß, war der leidenschaftliche Groll der Protestanten zu hellen Flammen angefacht worden: in der Dauphiné, in Poitou, in der Auvergne, im Süden, wo der rege König von Navarra, der nachmalige hochbegabte Heinrich IV. von Frankreich, als Führer zu der Sache des Evangeliums hielt, brachen Aufstände aus, zu deren Bekämpfung der Herzog von Montpensier mit einem königlichen Heer ausgeschickt wurde. Der Herzog benutzte die angesehene Stellung Montaignes, um die königlichen Maßregeln in Bordeaux zu rechtfertigen: er sandte den ehemaligen Parlamentsrat in die Stadt, wo ihm, als einem königlichen Boten, am 11. Mai 1574 in der Versammlung seiner früheren Kollegen Sitz und Redefreiheit gewährt wurde. Montaigne setzte den Herren des Parlaments die politische Lage auseinander. Offenbar war dem Herzog viel daran gelegen, die Einwohner von Bordeaux auf die Gefahr eines hugenottischen Angriffs aufmerksam zu machen. Die Lage des Königtums war insofern kritisch genug, als Karl IX. an tödlicher Krankheit daniederlag und sein Bruder und Nachfolger, der Herzog von Anjou, der zum König von Polen gewählt worden war, in seinem Wahlkönigreiche weilte. Eine Folge der Montaigneschen Gesandtschaft war zunächst die Vermehrung der Besatzung des Schlosses Trompette, das Bordeaux beherrschte. Der Tod Karls IX., der am 30. Mai der Schwindsucht erlag, ließ denn auch die Stadt vollkommen ruhig. Selbst dieser Akt der Treue gegen den katholischen König vermochte die Achtung, die man dem ehemaligen Parlamentsrate auch bei den Protestanten entgegenbrachte, nicht zu erschüttern: in seinem Innern war kein Platz für den Fanatismus, den Katholiken und Hugenotten in blutigsten Ausschreitungen und Kriegen betätigten. Im Jahre 1576 ernannte ihn Heinrich III. zu seinem Kammerherrn, und im Jahre darauf verlieh ihm Heinrich von Bourbon, König von Navarra, die gleiche Auszeichnung.

Mitten im blutigen Trubel dieser wüsten Kriegsjahre, die mehr als einmal sein Haus, das »nur von den Sternen bewacht war«, und sein Leben, das keiner Partei gehörte, in Gefahr brachten, entstanden die ersten Bücher der »Essais«, deren erste Ausgabe in zwei Bänden im Jahre 1580 zu Bordeaux erschien.[1] Der erste Band hatte 496, der zweite 650 Seiten.

Der Erfolg des Buches war groß, und Montaigne beeilte sich, als treuer Untertan, sein Werk dem König zu überreichen: Heinrich III., der, als Sohn der kunstsinnigen Mediceerin, nicht ohne Geschmack war, sprach dem Autor seine Glückwünsche aus, und der feine Gascogner gab eine Erwiderung, die den Inhalt des Buches in treffendster Weise

[1] *Essais de Messire Michel seigneur de Montaigne, chevalier de l'ordre du Roy et Gentil-homme ordinaire de sa Chambre. Livre premier et second. A Bordeaux par S. Millanges, imprimeur ordinaire du Roy. MDLXXX Avec privilege du Roy.* Die Mehrzahl der Exemplare ist ohne Buchhändlerzeichen; an dessen Stelle steht ein Schmuckzeichen. Nur einige Exemplare haben das Verlegerzeichen: Gottvater auf der Weltkugel, von Engelsköpfen umgeben, mit dem Wahlspruch: *Ministrabant ei millia millium.*

andeutete: »Sire, ich muß also Eurer Majestät gefallen, da mein Buch Euch angenehm erscheint; denn es enthält nichts anderes als eine Abhandlung über mein Leben und meine Taten.«

6

Während Montaigne in seinem geliebten Turm sein Ich entdeckte, hatte sich seine Gesundheit zusehends verschlechtert: der Mann, der diese als kostbarstes aller Güter über alles schätzte, hatte von seinem Vater ein Steinleiden, »die schlimmste, heftigste, schmerzhafteste, tödlichste und unheilbarste Krankheit«,[1] geerbt, deren er sich auf seine eigene Weise, ohne die verhaßten Ärzte, zu entledigen gedachte. Er hatte einen größeren Glauben an Mineralwasser als an die Pulver und Pillen der Medicaster seiner Zeit: »Ich frage die Ärzte nicht gern um Rat, wenn mir etwas zustößt. Denn diese Leute tun groß, wenn sie einen in die Klemme bekommen. Sie schlagen einem die Ohren voll mit ihren Vorherverkündigungen: und einmal, da sie mich überraschten, als mich die Krankheit schon abgemattet hatte, haben sie mich schändlich mit ihren Lehrsätzen und Doktormienen mißhandelt, und bald mit großen Schmerzen, bald mit nahem Tode bedrohet. Das schlug mich nicht nieder und brachte mich nicht aus meiner Fassung, aber es ärgerte und verdroß mich doch. Wenn es auch meinen Verstand nicht veränderte und verwirrte, so griff es solchen wenigstens doch an. Und das ist immer Mühe und Kampf.« (III, 13.) Der Fünfundvierziger, der die ersten Anzeichen des tödlichen Übels verspürte, war übrigens im allgemeinen wenig geneigt, seinen Vergnügungen um seiner Gesundheit willen zu entsagen: »Gesund oder krank habe ich immer gern die Gelüste befolgt, wovon ich mich gedrungen fühlte. Ich räume meinen Begierden und Verlangen ein großes Recht ein. Ich mag nicht gern Übel durch Übel heilen. Ich hasse die Mittel, welche beschwerlicher sind als die Krankheit. Wollte ich mich, weil ich mit Steinschmerzen geplagt bin, auch des Vergnügens berauben,

[1] II, 37.

Austern zu essen, so erlitte ich zwei Übel statt eines. Die Krankheit zwickt auf einer Seite und die Verordnung auf der andern. Da wir einmal das Wagestück bestehen, uns zu verrechnen, so wagen wir einmal etwas für das Vergnügen.« (III, 13.)

Vielleicht war aber seine Krankheit, die ihn übrigens nicht hinderte, gelegentlich stundenlang zu Pferd zu sitzen, ein willkommener Vorwand, seiner Einsiedelei einmal zu entfliehen und das Leben von einer anderen Seite kennenzulernen; denn nichts löst den Menschen mehr von seiner Umgebung los, als der Zwang, sich einer fremden Gegenwart hinzugeben und, nötigenfalls, ganz Aug und Ohr zu sein. Es ist kein Zufall, daß die meisten der antiken Philosophen ihr Leben auf Reisen verbracht haben. Wir wissen nicht, ob auch die Unlust an den Verhältnissen der Heimat, die dauernd in das Wirrsal blutiger Glaubenszwiste verstrickt blieb, dazu beigetragen haben mag, den bequemen Schloßherrn zu einer Reise nach Italien zu verlocken. Einen äußeren Grund dazu besaß Montaigne in dem Gelöbnis einer Wallfahrt nach Loreto, das er während einer Krankheit seiner einzigen überlebenden Tochter Leonore getan hatte, oder in dem Umstand, daß er kurz zuvor schon Kuren in den Bädern Aigues-Caudes und Banières, in Preissac bei Dax und Barbotan versucht hatte. Seine häuslichen Verhältnisse waren, dank der Umsicht seiner Frau, in glänzendem Zustande; mit Befriedigung konnte der Gutsherr schreiben: »Derjenige, welcher mir ein Haus zur Verwaltung überließ, prophezeite, daß ich es herunterbringen würde, weil ich zu wenig häuslich gesinnt und zu prachtliebend wäre. Er irrte sich; denn ich befinde mich ebenso wohl, wo nicht noch ein wenig besser, als da ich mein Hauswesen antrat. Und doch habe ich weder Dienst- noch Nebeneinkommen.

Wenn übrigens das Glück mir keinen außerordentlichen und gewalttätigen Schaden zugefügt hat, so habe ich ihm auch keine großen Vorteile zu verdanken. Alles, was es an Gaben meiner Familie reichte, geschah vor meiner Zeit, vor mehr als hundert Jahren. Ich für mein eigenes Teil besitze kein wesentliches und solides Vermögen, das ich seiner Freigebigkeit schuldig wäre. Es hat mir einige luftige Ehren- und Titulargunst bezeigt, worin nichts Wesentliches liegt: und in der Tat hat es mir solche auch nicht bewilligt, sondern angeboten. Gott weiß es, daß ich immer für das Wesentliche bin, daß ich nur die Realität, und zwar die ziemlich massive, zu meinem Hauptzweck mache, und daß ich, wenn ich es bekennen darf, den Geldgeiz nicht weniger entschuldige als den Ehrgeiz, den Schmerz ebenso gern vermeide als den Schimpf, die Gesundheit nicht weniger achte als die Gelehrsamkeit und den Reichtum ebenso hoch als den Adel.« (III, 9.)

»Meine zweite häusliche Epoche war, da ich Geld hatte. Nachdem ich dazu gelangt war, sparte ich sehr bald für meine Umstände einen ansehnlichen Notpfennig zusammen. Denn ich meinte, man habe noch wenig, solange man nicht mehr habe, als die laufenden Ausgaben erfordern, noch daß auf solche Einnahmen zu rechnen stünde, die erst künftig fallen, so ausgemacht sie übrigens auch sein möchten. Denn, sagte ich, wie nun, wenn mir dieser oder jener Zufall überkäme? Und zufolge dieser eiteln und törichten Einbildungen tat ich dann sehr klugliche Vorkehrungen, durch mein unnützes Zurücklegen gegen alle Zufälle; und konnte auch wohl jemandem, der mir zu Gemüt führen wollte, daß die Möglichkeit der Zufälle ins Unendliche ginge, antworten: wenns dann auch nicht gegen alle zureichte, so würde es doch gegen einige und manche dienen. Dies Sparen ging nun nicht ohne viel Sorgen ab.

Ich machte daraus ein Geheimnis, und so dreist ich oft bin, ein Langes und Breites von mir selbst zu schwätzen, so sprach ich doch von meinem Gelde nicht anders als im Traume; wie diejenigen tun, welche sich arm träumen, wenn sie reich, und reich, wenn sie arm sind, und ihr Gewissen von der Aufrichtigkeit freisprechen, sich merken zu lassen, was sie eigentlich haben. Schändliche und lächerliche Vorsichtigkeit! Tat ich eine Reise, so meinte ich, niemals Geld genug bei mir zu haben; und mit je mehr Geld ich mich beladen hatte, um so mehr hatte ich meine Furcht vermehrt: bald traute ich der Sicherheit der Heeresstraße nicht; bald nicht der Treue der Leute, welche mein Gepäck führten; und niemals war ich über meine Sachen ruhig (und ich kenne andre, denen es nicht besser geht), als wenn ich sie unter meinen eigenen Augen hatte!

Ließ ich meine Schatulle daheim, was setzte es da nicht für Argwohn und quälendes Mißtrauen, welches ich, was noch das Ärgste war, mir nicht einmal merken lassen durfte! Nach dieser Seite hingen stets meine Gedanken...

In diesen Umständen war ich einige Jahre. Ich weiß nicht, welcher gute Geist mich herausriß und mir den ganzen Spartopf, wie Dionysius dem Bürger von Syrakus, zum freien Gebrauch übergab.

Das Vergnügen einer gewissen Reise, die mit großen Kosten verbunden war, hatte mich diese einfältige Grille unter die Füße treten lassen, wodurch ich in eine dritte Art von Lebensweisheit verfallen bin (ich spreche nach meinem Gefühle), die gewiß viel angenehmer und viel ordentlicher ist. Sie besteht darin, daß ich meine Ausgaben mit meiner Einnahme gleich laufen lasse. Zuweilen ist die eine ein wenig voraus, zuweilen die andre; aber so, daß sie sich immer leicht einholen können.« (I, 40.)

Jedenfalls waren die Verhältnisse Montaignes, seinem eigenen Geständnis zufolge, so, daß er als großer Herr auftreten konnte, der gewohnt war, »nicht nur mit nötiger, sondern auch mit anständiger Equipage zu reisen.« (III, 9.) Die Fahrt, die er zur Herstellung seiner Gesundheit unternahm, führte ihn über die Bäder von Plombières, Baden an der Limmat, durch die Schweiz, Deutschland und Tirol nach Italien, nach Rom und Lucca.

Das Reisetagebuch, das er zuerst einem Begleiter in die Feder diktierte, ist eine wichtige Ergänzung der »Essais«: sie zeigt den Denker im Verkehr mit der Fremde und in ungewohnten Verhältnissen, und wir sind, als Leser, in der Lage, das Wesen des Weisen Tag für Tag zu beobachten. Der gleiche Mann, der in seinem Bibliotheksturme die Gedanken schweifen läßt und seine Meinungen mit dem Behagen eines gelassenen Gemütes vorträgt, wird unterwegs zum unbefangensten Beobachter, der die Fremde ohne jedes Vorurteil auf sich wirken läßt.

Wir kennen aus den »Essais« die Gesinnung, die er auf die Reise mitnahm.

Montaigne ist der erste Kosmopolit unter den Franzosen, und als solcher genießt er fremdes Land und fremde Leute mit klaren Augen und offenem Gemüte. Der alternde Mann läßt uns keinen Zweifel über seine kosmopolitische Gesinnung: »Nicht weil es Sokrates gesagt hat, sondern weil es in Wahrheit meine Sinnesart ist, vielleicht nicht ganz ohne Schwärmerei, achte ich alle Menschen für meine Mitbürger und umarme einen Polen so innig wie einen Franzosen, indem ich dieses Nationalband dem großen und allgemeinen Bande der Menschheit nachsetze. Ich halte gar nicht meinen Himmel für den blausten... Die Natur hat uns frei und ungebunden in die Welt gesetzt; wir kerkern uns ein in ein fremdes Land.« (III, 9.)

Die Charakteristik, die er von den Franzosen, als geborenen Stubenhockern, entwirft, ist ewig und für alle Zeiten mustergültig: »Ich schäme mich immer, wenn ich unsere Landsleute sehe, die in ihre eigene Sitte so verliebt sind, daß sie über alles stutzig werden, was damit nicht übereinkommt. Sie scheinen außer ihrem Element zu sein, wenn sie über die Grenzen ihres Dörfleins hinausgehen. Wo sie hinreisen, halten sie sich an ihre Gebräuche und Weisen, und verabscheuen die fremden. Finden sie einen Landsmann in Ungarn, so tun sie entsetzlich fröhlich über den Fund, einigen und heften sich auf das innigste aneinander, und verdammen dreistweg die barbarischen Sitten, welche sie sehen. Warum sollten sie nicht barbarisch sein, sie sind ja nicht französisch? Und noch sind die die geschicktesten, welche dergleichen kennengelernt haben und böse davon zu reden wissen. Denn die meisten reisen nur aus, um wieder heimzukehren; reisen mit einsilbiger und ungesprächiger Klugheit bedeckt und verwahrt, und beschützen sich vor der Ansteckung einer unbekannten Luft. Was ich von ihnen sage, erinnert mich an etwas Ähnliches, das ich zuweilen an unseren jungen Hofleuten bemerkte. Sie halten sich nur zu Leuten ihres Gelichters. Sie betrachten uns als Menschen von der andern Welt, mit Geringschätzung oder Mitleiden. Man nehme ihnen ihr Gespräch über die Mysterien des Hofs, so sind sie wie Fische außer dem Wasser. Ebenso unwissend und unanstellig für uns, als wir es für sie sind. Man sagt sehr wahr, daß ein Biedermann allenthalben daheim ist. Ich hingegen wallfahrte, weil ich unserer Sitten und Gewohnheiten übersatt bin. Nicht um Gascogner in Sizilien zu suchen; ich lasse deren genug in meiner Heimat zurück. Ich suche vielmehr Griechen und Perser; an die schließe ich mich an; sie betrachte ich; darauf gehe ich aus, und darauf lege ich mich. Noch mehr! Mich deucht, daß ich wenig Sitten angetroffen hätte, die schlechter wären als die unsrigen. Ich bette mich mit wenigem, denn kaum habe ich meine Wetterfahnen aus dem Gesichte verloren.« (III, 9.)

Die Reise ist ihm, was er auch sagen möge, nicht eine willkommene Gelegenheit, von seiner Persönlichkeit loszukommen, sondern sie erst recht zu genießen, weil sie neue Menschen, das heißt neue Möglichkeiten, deren wechselndes, schwankendes Wesen zu studieren, vor die Augen bringt. Montaigne reist mit dem Behagen eines vornehmen Herrn, den seine Krankheit nicht hindert, täglich, im Gefolge einer leichten Jugend, zu Pferd zu steigen und dabei vor sich hinzuträumen, daß er, um ein Jahr lang einer angenehmen, seligen Ruhe froh zu werden, von einem Ende der Welt zum andern laufen könne. »Außer diesen Gründen scheint mir das Reisen eine nützliche Übung zu sein. Die Seele ist dabei in beständiger Tätigkeit, neue und unbekannte Gegenstände zu bemerken. Und ich weiß keine bessere Schule, das Leben zu bilden, als unablässig eine große Verschiedenheit anderer Lebensweisen, Sinnesarten und Gebräuche vor Augen zu haben und sie eine so unterbrochene Mannigfaltigkeit von Formen unserer Natur kosten zu lassen. Der Körper ist dabei weder müßig noch angestrengt, und diese leichte Bewegung erhält ihn in Atem. Ich bleibe zu Pferde, ohne abzusteigen, so ein Steinpatient ich auch bin, und ohne müde zu werden, acht bis zehn Stunden.« (III, 9.)

Montaigne war siebenundvierzig Jahre alt, als er am 22. Juni 1580 seine Reise antrat. Nachdem er seine Pflicht als Höfling erfüllt und den König begrüßt hatte, kam er einer andern Pflicht nach, indem er die Leiche seines Freundes, des Herrn von Gramont, der am 2. August vor La Fère, das die Königlichen belagerten, eine tödliche Wunde empfangen hatte, nach Soissons überführte, wo dessen Witwe, die »große Corisande« weilte, der er die Sonette seines Herzensfreundes gewidmet hatte. (I, 28.) In Beaumont-sur-Oise traf er mit seinen Reisebegleitern zusammen, mit denen er am 5. September aufbrach. Die Gesellschaft, die aus seinem jüngsten, zwanzigjährigen Bruder, dem Herrn von Matecoulon, Bernhard von Cazalis, Charles d'Estissac, der Empfehlungsbriefe des Königs und der Königin-Mutter Katharina von Medici an den Herzog von Ferrara mit sich führte, aus dem Herrn du Hautoy und dem üblichen Gefolge von Dienern, Lakaien und Troßknechten bestand, war stattlich genug; aber es waren, was man nicht vergessen möge, junge, unerfahrene Leute, in deren Gesellschaft Montaigne reiste, und man darf annehmen, daß die jungen Herren wenigstens nicht in der Lage waren, die Gedanken des Philosophen durch müßige Gespräche zu stören.

Moderne Menschen, die sich ihrer historischen Bildung freuen, mögen von dem Tagebuch, das Montaigne anfangs seinem Diener diktierte und später selber führte, in mancher Hinsicht enttäuscht sein. Der Philosoph ist, als Mann seiner Zeit, weder sentimental noch romantisch; er reist mit der treuherzigen Unbefangenheit eines Menschen der Renaissance, der die berühmten Leute aufsucht, sich Belehrung erholt – denn gedruckte Reiseführer gibt es nicht – und Land und Leute mit den offenen Augen eines Weltbürgers ansieht. Seine Bemerkungen sind rein sachlich: er beobachtet Tracht und Sitten, Essen und Trinken, Städte und Dörfer mit den Augen eines Mannes, der das Beste überall anzuerkennen weiß. Als vornehmer Herr legt er Gewicht darauf, überall eine Spur seines Aufenthaltes zu hinterlassen, und so hängt er denn an den Badehäusern, beim Abschied, sein Wappenschild auf. Als unbefangener Reisender verkehrt er überall mit hervorragenden Vertretern der beiden Konfessionen, mit Lutheranern und Katholiken: er hört ihre Auseinandersetzungen an, ohne ein Urteil abzugeben, und die Kühle seines Blicks wird in keiner Weise durch die Erinnerung an die übeln Verhältnisse in seiner Heimat getrübt. Sein Bestreben ist, nicht aufzufallen: soweit es an ihm liegt, paßt er sich den Sitten der Stadt an, in der er sich grade aufhält: in Augsburg, das ihm sehr wohl gefiel, trug er zum Beispiel eine verbrämte Mütze.[1]

Obwohl Italien das Ziel seiner Reise ist, zieht es ihn nicht mit der Gewalt der Ungeduld dahin: er fühlt sich wohl in Deutschland, obwohl dem Franzosen Kamin und Bettvorhänge fehlen. Seine Reiselaune stört nicht seinen altgewohnten Hang, sich überall und immer seinen Gedanken zu überlassen. Sein Diener bemerkt: »Ich glaube wirklich: wenn er allein, nur mit seiner Familie, gewesen wäre, dann wäre er lieber nach Polen oder Griechenland zu Fuß gegangen als den Weg nach Italien einzuschlagen: aber das Vergnügen, das er beim Besuch unbekannter Länder gefunden hätte – er war so empfänglich dafür, daß er die Gebrechlichkeit seines Alters und seiner Gesundheit vergaß –, konnte er keinem seiner Gefährten mitteilen, und jeder dachte nur an die Rückreise.

[1] *Journal du voyage*, p. 123. Reisetagebuch (7. Band der Bodeschen Ausgabe), S. 105.

Er pflegte zu sagen, wenn er nach einer schlaflosen Nacht am Morgen sich erinnere, daß eine neue Stadt oder eine neue Gegend auf ihn warte, dann stehe er voll Verlangen und ohne Beschwerde auf. Ich sah ihn nie frischer und nie seine Schmerzen geduldiger tragen, als wenn er unterwegs oder im Wirtshaus voll Spannung auf das war, was kommen werde; dann suchte er jede Gelegenheit, mit den Fremden in Unterhaltung zu kommen, das lenkte ihn von seinem Leiden ab. Wenn man ihm vorhielt, daß er die Gesellschaft oft die Kreuz und Quer führe, so daß man nicht selten wieder dem Ausgangspunkt nahe kam – das tat er, wenn er von einer Sehenswürdigkeit hörte, und er änderte seine Pläne nach den Gelegenheiten, die sich boten –, so antwortete er, daß er für seine Person sich aus keinem andern Ort etwas mache als aus dem, wo er gerade sei, und daß er seinen Weg nicht verlieren noch verderben könne, da er ja nur den Wunsch habe, in unbekannten Gegenden zu reisen, und daß er von seinem ursprünglichen Plan nicht im geringsten abwiche, vorausgesetzt, daß er nicht denselben Weg zweimal mache und dieselbe Stadt zweimal besuchte. Was Rom betreffe, nach dem die anderen immer ausschauten, so verlange es ihn um so weniger danach, als jedermann dort gewesen sei; auch wisse jeder Lakai davon oder von Florenz oder von Ferrara[1] Nachricht zu geben. Es ginge ihm wie denen, die eine hübsche Novelle oder ein gutes Buch lesen und Angst haben, zu schnell ans Ende zu kommen; genau so habe er ein so großes Vergnügen am Reisen, daß er hasse, den Ort des Ausruhens nahe zu wissen. Es sei schade, daß er nicht allein auf und davon gehen könne – dann würde er ganz seiner Neigung folgen.«[2]

Zunächst zog es den bequemen Reisenden nach Venedig, das einst seinem verklärten Freunde Boetius als Muster und Idealbild einer Republik vor der Seele geschwebt hatte;[3] aber

[1] D. h. überhaupt von Italien.
[2] *Journal*, p. 154; Reisetagebuch, S. 140.
[3] *Essais* I, 27.

die Stadt, über deren außerordentliche Schicksale eben damals die Dämmerung der Geschichte hereinzubrechen begann, machte keinen besonderen Eindruck auf ihn. Die Tatsache, daß vornehmste Damen das Gewerbe einer Kurtisane trieben, nahm er als Landessitte hin. Die bekannte Veronika Franca, die zu den *principali et più honorate corteggiani* der erlauchten Republik gehört hatte und aus einer Aspasia zu einer Muse geworden war, schickte ihm den Band Briefe, den sie kurz vorher veröffentlicht hatte,[1] und Montaigne ließ dem Überbringer zwei Taler überreichen, ein Preis, den die »Edelfrau« früher für andere Gunstbezeigungen zu empfangen pflegte. Aus einer Bemerkung in den »Essais« (II, 12) erfahren wir ferner, daß Montaigne in Ferrara den unglücklichen Tasso besuchte, der seit März 1579 in dem St. Annenspital gefangen saß, das er erst im Juli 1586 verlassen sollte.

Die Romantiker Stendhal[2] und Chateaubriand[3] haben Montaigne vorgeworfen, daß er nicht von den Kunstschätzen Italiens begeistert gewesen sei. Sie übertragen die Forderungen einer historisch empfindenden Zeit, die in Italien ein ungeheures Erbe großer Werke genießt, auf einen nüchternen, ruhigen Mann, der kein Kunstschwärmer, sondern vor allem Weltmann und Philosoph war und in den Werken Tizians, Tintorettos, Raphaels und Michelangelos nur den Schmuck eines reichen Daseins, nicht aber den unerhörten Ausdruck edelster schöpferischer oder dämonischer Kräfte sah. Montaigne hat, um es kurz zu sagen, wie so viele Philosophen, kein eigentliches Verhältnis zur Kunst; er steht den italienischen Städten, in denen alles Leben ist, mit der freien Gelassenheit eines Denkers oder eines Soldaten gegenüber, der die Mannigfaltigkeit des reichsten Daseins rein als

[1] *Lettere familiari a diversi della S. Veronica Franca.* (Kleinquart, VIII 87 pp.) Das Schriftchen ist dem Kardinal Ludovico von Este unter dem 2. August 1580 gewidmet.

[2] *Promenades dans Rome,* II, p. 237.

[3] *Mémoires d'outre-tombe, passim.*

Gegenwart empfindet: ja, er ist in dieser Hinsicht der typische Franzose, dessen Phantasie von einem hellen, klaren Verstande überwacht wird. In Rom, wo er zuerst in dem bekannten Gasthof zum Bären abstieg und dann in der Straße Monte Brianzo ein bequemes Haus, dicht am Tiber, bezog, sucht er vor allem das alte Rom, dem er im Grunde seine eigentliche Weltanschauung verdankt. Er weiß da, wie er in den »Essais« erzählt, trefflich Bescheid: »Ich war bekannt mit der Geschichte Roms lange vorher, ehe ich mit der Geschichte meiner Familie bekannt ward. Ich kannte das Kapitol und seinen Aufriß, bevor ich den Louvre kannte, und den Tiber früher als die Seine. Die Leben und Taten des Lucullus, Metellus und Scipio sind mir mehr im Kopf herumgegangen, als irgendeines Mannes von unserer Nation. Sie sind verstorben. Aber mein Vater ebensogut wie sie. Der hat sich von mir und dem Leben ebensoweit in achtzehn Jahren entfernt, als jene in sechzehn Jahrhunderten. Dennoch stehe ich durch Andenken in einem solchen genauen Verhältnis, Freundschaft und Gesellschaft mit ihm, daß eine völlige und lebhafte Einigkeit unter uns obwaltet. Ich bin von Natur geneigt, mich mehr um die Toten als Lebenden zu bekümmern. Sie können sich selbst nicht mehr helfen. Es deucht mich also, daß sie meiner Hilfe um so mehr bedürfen.« (III, 9.) Aber als Lebender gab er sich dem Vergnügen, Rom zu studieren, mit dem ganzen Behagen eines Kenners hin. Im Anfang hatte er einen französischen Führer genommen, »der aber aus irgendeiner unsinnigen Laune seines Amtes überdrüssig wurde; darauf setzte sich es der Herr von Montaigne in den Kopf, durch eigenen Eifer und mit Hilfe von verschiedenen Karten und Büchern, die er sich abends vorlesen ließ, des Stoffes Herr zu werden. Am Tag ging er immer an Ort und Stelle, um das Neugelernte zu verwerten, und nach wenigen Tagen hätte er seinen Führer selbst mit Leichtigkeit führen können.«[1] Eine Stelle im dritten Buch der »Essais« schildert die Ein-

[1] *Journal*, p. 220; Reisetagebuch, S. 205.

drücke, die dieses Reiseleben in seiner Seele hinterließ: »Selbst das Rom, welches wir noch vor uns sehen, verdient, daß man es lieb habe. Es ist so lange und durch so viele Banden mit unserer Krone verbündet. Es ist die einzige allgemeine Stadt. Die höchste Obrigkeit, welche darin befiehlt, wird auch anderwärts dafür erkannt. Es ist die Hauptstadt aller christlichen Nationen. Der Spanier sowohl als der Franzose sind beide daselbst in ihrer Heimat. Unter die Fürsten dieses Staats zu gelangen, braucht man nur der Christenstadt irgendeines Orts anzugehören. Keinen Ort unterm Monde hat der Himmel so beständig mit einem so günstigen Einfluß begabt. Selbst die Ruinen dieser Stadt haben etwas Großes und Prächtiges.«

In seinem Tagebuch bemerkt er allerdings an der gleichen Stelle, »von dem alten Rom bekäme man nichts zu sehen als den Himmel, unter dem es einst gelegen war, und den allgemeinen Grundriß seiner Lage. Das Wissen, das er von ihm habe, sei ein abstraktes, das auf die Einbildungskraft angewiesen sei; aber nichts böte sich den Sinnen unmittelbar dar. Wer sagt, man sähe wenigstens die Ruinen Roms, behaupte zu viel; denn die Ruinen eines so kolossalen Organismus stünden in seinem Gedächtnis ehrfurchtgebietender als die Trümmer, die er da vor sich sehe: das sei nichts als ihr Grabstein.«

»Die Bauten des bastardhaften Roms, die man gegenwärtig den alten Maßen anpasse«,[1] erinnerten ihn, »so sehr sie auch unser eigenes Jahrhundert begeistern müßten, doch genau an die Nester, die Spatzen und Krähen zu Hause in Frankreich an die Gewölbe und Wände der von den Hugenotten zerstörten Kirchen klebten. Wenn er die Ausdehnung überblicke, die dies Grab heute einnehme, so fürchte er, man mache sich von seiner Größe falsche Begriffe und die Grabstätte sei selbst wieder zum größeren Teil begraben. Daß aus so dürftigem Material, wie zerbrochene Töpfe und Ziegeln es darstellen,

[1] Die Bauten der Renaissance und des beginnenden Barockstils.

einst ein Hügel von einer so außerordentlichen Größe werden konnte, daß er an Höhe und Breite verschiedenen natürlichen Hügeln gleichkommt,[1] (er hielt ihn für gleich hoch wie den Kegel, auf dem das Schloß Gurson steht, und für doppelt so breit),[2] das sei eine besondere Absicht des Schicksals, um der Welt durch ein so neues und außerordentliches Zeugnis von Größe, seine eigene Mitwirkung an Ruhm und Übergewicht dieser Stadt zu beweisen.«[3]

Im übrigen tut er, was alle Reisende tun: er küßt dem Papste (Gregor XVII., der ein Jahr darauf, 1582, den Kalender änderte) den Fuß; er hört ein Pontifikalamt in St. Peter an und wundert sich, wie Luther, doch ohne dessen sittliche Entrüstung, über das Benehmen der Porporati, die eine rein weltliche Amtshandlung zu verrichten schienen; er besucht die Synagoge und wohnt einer Beschneidung bei, die er ausführlich schildert.[4] Bei seiner Einfahrt waren ihm, nach römischer Gepflogenheit, seine Bücher, unter denen sich auch ein Exemplar der »Essais« fand, abgenommen worden: Montaigne erhielt sie am Montag nach Palmsonntag zurück: »Am Abend dieses Tages wurden mir meine ›Essais‹ zurückgegeben, nachdem die gelehrten Mönche ihre Aussetzungen daran ausgelassen hatten. Der *Maestro del sacro palazzo*[5] verstand kein Wort unserer Sprache und hatte auf den Bericht eines französischen Bruders geurteilt. Er gab sich mit den Entschuldigungen, die ich auf jeden einzelnen der ihm von diesem Franzosen an die Hand gegebenen Einwände vorbrachte, so zufrieden, daß er es meinem Gewissen überließ, die Stellen, die von schlechtem Geschmack zeugten, zu

[1] Der Monte Testaccio, der etwa 35 m hoch ist und meist aus zerbrochenen Amphoren besteht, die hier am Tiber ausgeladen wurden.

[2] Schloß in Périgord, zwei Meilen n. ö. von Schloß Montaigne, Wohnsitz des Grafen Foix, dessen Gattin Diana Montaigne das 25. Kap. des 1. Buches der »Essais« gewidmet hatte.

[3] *Journal*, p. 221, Reisetagebuch, S. 206, 207.

[4] *Journal*, p. 223, Reisetagebuch, S. 206.

[5] Das Haupt der römischen Zensur war stets ein Dominikaner. Der Zensor Montaignes hieß Sisto Fabri.

finden und zu verbessern. Ich bat ihn ganz im Gegenteil, bei dem Gutachten des Zensors zu bleiben, und gab auch einige Irrtümer zu, wie: das Wort Schicksal gebraucht,[1] ketzerische Dichter angeführt,[2] Julian entschuldigt zu haben.[3] Ferner gehörte, wie ich zugab, hierher die Bemerkung, daß man im Augenblick des Betens von jeder Neigung zum Bösen frei sein müsse;[4] daß alles, was über die einfache Tötung hinausgeht, Grausamkeit sei,[5] daß man ein Kind dazu erziehen müsse, alles zu tun[6], und anderes mehr. Ich sagte, das wäre meine Meinung und ich hätte sie im Glauben ausgesprochen, daß sie nicht zu den Irrtümern gehörte; bei anderen leugnete ich, daß der Zensor meine Auffassung verstanden haben könne. Der Maestro, ein gewandter Mann, entschuldigte sich eifrig und wollte mich fühlen lassen, er schließe sich nicht sehr dieser Verbesserung an, auch verteidigte er mich geschickt in meiner Gegenwart gegen einen anderen, auch einen Italiener, der mich angriff. Dagegen behielten sie mein Exemplar der französischen Übersetzung der Schweizer Geschichte aus dem bloßen Grunde zurück, weil der Übersetzer Ketzer ist, wobei noch nicht einmal sein Name genannt wird.[7] Aber es ist erstaunlich, wie sie bei den Leuten in unserer Heimat Bescheid wissen; und das Beste ist, daß sie mir sagten, daß die Vorrede verurteilt worden war.«[8]

Montaigne kümmerte all dies wenig, zumal sein Werk erst durch ein Dekret vom 12. Juli 1676 auf den Index gesetzt

[1] *Essais* I, 56. Schicksal ist kein christlicher Begriff.

[2] II, 17. Bèze und Buchanan.

[3] Apostata. II, 19.

[4] I, 56. Der Zensor beanstandete eine der schönsten und vornehmsten Stellen der »Essais«. Montaigne kümmerte sich so wenig darum, daß er später den Zusatz machte: »Die Fassung eines Menschen, der in aller Andacht ein verruchtes Leben führt, scheint gewissermaßen noch verdammlicher zu sein als die Fassung eines Menschen, der aus einem Stücke ist und liederlich.«

[5] II, 11.

[6] Daß man es auch mit der Ausschweifung bekannt werden lassen müsse. I, 25.

[7] Wahrscheinlich Simler, *La République des Suisses,* das 1577 französisch erschienen war.

[8] *Journal,* p. 250. Reisetagebuch, S. 233.

wurde, *ubicumque et quocumque idiomate impressus.* Auch hier, auf den Trümmern des alten Roms, vergaß der Denker die Befriedigung seiner Eitelkeit nicht: »Ich suchte darum und wandte alle meine fünf Sinne an, um den Titel eines römischen Bürgers zu erlangen, wäre es auch nur wegen der Ehre und zur Erinnerung an die religiöse Bedeutung der Stadt gewesen. Ich fand dabei Schwierigkeiten, überwand sie aber, ohne jemandes Gunst in Anspruch genommen zu haben, oder auch nur den Rat eines einzigen Franzosen. Der Papst entschied selbst auf Vortrag seines Majordomus Philippo Musotti, der mir seine ganz besondere Freundschaft zugewandt hatte und sich dieser Sache angelegentlich annahm. Ein vorläufiger Brief darüber wurde mir am 13. März 1581 ausgestellt, dem am 5. April der endgültige folgte: er war, auch in der Gunst der Worte, genau so gehalten wie der des Herrn Jacomo Buoncampagno, Herzogs von Sora und Sohnes des Papstes. Es ist ein bloßer Titel und doch habe ich viel Freude darüber empfunden, als ich ihn erhalten hatte.«[1]

Den Wortlaut des Bürgerbriefes hat Montaigne im 9. Kapitel des 3. Buches seiner »Essais« mitgeteilt. Er fügt die Bemerkung bei: »Da ich kein Bürger irgendeiner Stadt bin, so ist's mir doch nicht unlieb, es von der edelsten Stadt zu sein, die jemals war und sein wird.«

Den Frühling des Jahres 1581 verbrachte Montaigne nicht in Rom, sondern in den Bädern von Lucca, wo er Besserung seines immer heftiger auftretenden Steinleidens erhoffte. Auf der Hinreise machte er die gelobte Wallfahrt nach Loreto, wo er nach einiger Mühe die Erlaubnis erhielt, als *Ex-voto* ein Gemälde aufhängen lassen zu dürfen, auf das in Silber vier Gestalten geheftet waren: »die der Mutter Gottes, meine eigene, die meiner Frau und meiner Tochter. Unter meiner Gestalt standen auf dem Silber die Worte: *Michael Montanus, Gallus Vasco, Eques*

[1] *Journal*, p. 267. Reisetagebuch, S. 249.

Regii Ordinis 1581; unter der meiner Frau: *Francisca Cassaniana uxor;* unter der meiner Tochter: *Leonora Montana filia unica.*[1]

Wir sehen aus dieser Wallfahrt, wie Montaigne der Zweifler der katholischen Religion gegenüberstand: er kommt einem alten Gebrauch nach, vielleicht weil er einen Wunsch seiner Frau und Tochter zu erfüllen gedachte, oder auch, weil er, als Edelmann, in der Beobachtung einer Sitte nur eine äußerliche Pflicht erblickte. Wir begreifen aber auch, daß ein solches Verhalten später, zur Zeit der Aufklärung, die kein Verhältnis zu den historischen Mächten des Lebens besaß, die heftigste Kritik herausforderte.[2]

Das Tagebuch, das er während seines Aufenthaltes in den Bädern von Lucca führte, enthält nur Aufzeichnungen über seine Kur: die Laune des Weltbürgers ist trüber geworden, und der Gedanke an seinen Herzensfreund Boetius überschattet hie und da das Gemüt des Hassers jeder Melancholie. Zuweilen gewährt sich der Kranke einige Zerstreuungen: er gibt seinen Mitkurgästen einen Ball mit öffentlichen Preisen, dem auch die berühmte Improvisatorin Divizia, eine Bäuerin, anwohnt; oder er macht zuweilen einen Ausflug nach Florenz, nach Pistoja, nach Pisa, deren Nähe einen guten Reiter lockte. Doch dieser Kuraufenthalt sollte plötzlich ein jähes Ende nehmen: am 7. September liefen Briefe aus Bordeaux ein, die vom 2. August datiert waren und die Mitteilung enthielten, daß er am Tag vorher zum Bürgermeister der Stadt erwählt worden sei. Diese unvermutete Wahl schnitt zunächst alle weiteren Reisepläne des Leidenden ab: Montaigne kehrte sofort nach Rom zurück, vielleicht mit dem Hintergedanken, wie er sich mit Schicklichkeit dieser unvermuteten Würde entziehen könne. In Rom fand er die offizielle Be-

[1] *Journal*, p. 286. Reisetagebuch, S. 269.

[2] Grimm, *Correspondance littéraire*, Mai 1774. Der Protestant Grimm, der keine Tatsachen, sondern Gesinnung von dem Verfasser der »Essais« verlangte, ärgerte sich darüber, daß Montaigne von den Hugenotten als Kirchenstürmer sprach.

stätigung seiner Wahl durch die Schöffen vor, mit der Bitte um sofortige Heimkehr. Montaigne trat nun die Heimreise in aller Gemächlichkeit an: er berührte Mailand, überschritt, halb im Sattel, halb im Tragstuhl, den Mont Cenis und traf am 30. November auf Schloß Montaigne ein. Hier erwartete ihn ein königliches Handschreiben, das jedem weiteren Bedenken und Zaudern ein Ende machte: es enthielt in aller Form den Befehl, das Bürgermeisteramt unter Verlust der königlichen Gnade sofort anzutreten, und der Empfänger zögerte als treuer Staatsbürger und Kammerherr keinen Augenblick, der Aufforderung Heinrichs III. auf der Stelle Folge zu leisten. Die Reise des Philosophen hatte, wie er selbst am Schlusse seines Tagebuches bemerkt, siebzehn Monate und acht Tage gedauert.

7

Die Stadt Bordeaux, das römisch-gallische *Burdigala*, hatte bis zum Jahre 1261 das Recht der Selbstverwaltung besessen: der Bürgermeister wurde von den Schöffen gewählt. Während der englischen Herrschaft (1154–1453) ernannte der König von England den Bürgermeister, und als die Guyenne wieder französisch wurde, tat dies der König von Frankreich. Im Jahre 1550 verlieh Heinrich II. der Stadt, die durch den Salzsteueraufstand im Jahre 1548 ihre Privilegien verloren hatte, aufs neue das Recht, ihren Bürgermeister selbst zu wählen. Montaignes Vater, der von 1530–1546 das Amt eines ersten Schöffen und Profossen bekleidet hatte, war, wie erwähnt, einer der ersten Wahlbürgermeister. Das Amt war ein reines Ehrenamt, das zwei Jahre währte; die eigentliche Verwaltung der Stadt oblag den Schöffen.

Montaigne selbst erzählt im zehnten Kapitel des dritten Buches der »Essais«: »Der Rat von Bordeaux erwählte mich zum Maire seiner Stadt, als ich fern von Frankreich und noch ferner von solchen Gedanken war. Ich verbat es. Man belehrte mich aber, daß ich unrecht habe, und der Befehl des Königs kam hinzu. Es ist ein Amt, das um so herrlicher scheinen muß, weil dabei kein anderer Gehalt oder Gewinn ist, als die Ehre der Verwaltung. Es dauert zwei Jahre, kann aber durch eine neue Wahl verlängert werden, was jedoch selten geschieht. Bei mir geschah es und war vorher nur zweimal geschehen. Vor einigen Jahren dem Herrn von Lansac[1] und neuerdings dem Herrn von Biron,[2] Marschall

[1] Königlicher Rat und Finanzminister, der auch mit Stephan de La Boëtie befreundet war. Vgl. Montaignes Widmung der nachgelassenen Werke seines Freundes, Bodesche Übersetzung Band 6, S. 279.

[2] Armand de Gontaud, zuerst Baron und später Herzog von Biron (1524–1592), heimlich dem Protestantismus zugetan, aber aus politischen Gründen dem König ergeben. In der Bartholomäusnacht schützte er die Protestanten, die sich zu ihm ins Arsenal geflüchtet hatten. Später, als Marschall von Frankreich, welche Würde er

von Frankreich, an dessen Stelle ich kam. Mir folgte Herr von Matignon,[1] gleichfalls Marschall von Frankreich. Ich war ganz ruhmselig über eine solche Genossenschaft, *uterque bonus pacis bellique minister.* Das Glück wollte durch diesen sonderbaren Umstand, den es selbst veranlaßte und der gar nicht unbedeutend war, teil an meiner Erhebung nehmen. Denn Alexander wies die Gesandten von Korinth, die ihm die Bürgerschaft ihrer Stadt antrugen, verächtlich ab; als sie ihm aber vorstellten, auch Bacchus und Herkules stünden auf ihrer Rolle, nahm er das Anerbieten mit freundlichem Danke an.

Bei meiner Ankunft gab ich mich treulich und gewissenhaft, wie ich mich fühle, zu erkennen: ohne Gedächtnis, ohne wachsamen Fleiß, ohne Erfahrung und ohne starke Tätigkeit, so auch ohne Haß, ohne Ehrfurcht, ohne Geldgier und ohne Gewalttätigkeit, damit die Bürger richtig unterrichtet wären und wüßten, was sie von meiner Anführung hätten. Und weil die Kenntnis von meinem seligen Vater und sein ehrenvolles Andenken sie allein zu diesem Schritt gebracht hatten, so fügte ich mit klaren Worten hinzu, daß es mir leid tun sollte, wenn irgend etwas einen so starken Eindruck auf meinen Willen machte, als ehdem ihre Angelegenheiten und ihre Stadt auf den seinigen gemacht hätten, während er solche, in eben der Stelle, wozu sie mich berufen, regierte.«

Das ist deutlich genug: der Bürgermeister, der es nicht vergißt, daß er seine Würde zwischen zwei Marschällen bekleidet, ist zwar geneigt, sein Amt nach besten Kräften zu führen, aber keinesfalls darin aufzugehen: der Maire und Montaigne waren, wie er selbst bemerkt, allemal zwei auffallend verschiedene Personen. Er kann sich, wenn er sich selbst

1577 erhielt, schloß er sich Heinrich IV. an, dem er den größten Dienst dadurch leistete, daß er die Schweizer in der Armee festhielt. Er fiel 1592 bei der Belagerung Epinays durch einen Kanonenschuß. Er war Pate Richelieus.

[1] Jacques de Cryon, Graf von Matignon (1525–1597). Der hochgebildete Soldat, der als der reichste Edelmann Frankreichs galt, suchte sich unabhängig zwischen den Parteien zu erhalten. Im Jahre 1588 schonte er absichtlich den König von Navarra in dem Treffen bei Nérac.

treu bleiben will, keiner Partei anschließen. Die Leute sagen vielleicht: »Er gehört zur Liga, denn er bewundert die Geschicklichkeit des Prinzen von Guise.[1] Er staunt über die Tätigkeit des Königs von Navarra, er ist also ein Hugenott. Er hat dieses oder jenes gegen die Sitten des Königs einzuwenden, er ist also in seinem Herzen ein Aufrührer.« Das alles stört die Seelenruhe des Schloßherrn von Montaigne nicht; er weiß, daß alle öffentlichen Handlungen ungewissen und verschiedenen Auslegungen bloßgestellt sind, weil gar viele Köpfe darüber urteilen, und so hatte er es denn keineswegs eilig, den Aufenthalt in seinem Bibliotheksturme mit dem Leben in der Stadt zu vertauschen, deren Verwaltung ihren geregelten Gang weiter ging: das erste Schreiben, das wir von der Hand des Bürgermeisters Montaigne besitzen, ist eine Bitte an die Schöffen, seine Abwesenheit noch ein wenig entschuldigen zu wollen: es ist vom 21. Mai 1582 und läßt zum mindesten darauf schließen, daß er die Geschäfte der unruhigen Stadt in guten Händen wußte.

Welcher Art war nun die Bedeutung, die der Amtsführung Montaignes bei Hof und im Lande beigemessen wurde? Sein Vorgänger, der Marschall Biron, ein alter Fuchs, hatte es nicht verstanden, zu dem König von Navarra, der als Statthalter in der Guyenne saß, in ein erträgliches Verhältnis zu kommen, und auch die Stadt, die dem Befehl des alten

[1] Gemeint ist Heinrich I., Herzog von Guise, der Sohn des Herzogs Franz von Lothringen (geb. 1519), der wegen einer Stirnnarbe den Beinamen *le Balafré* führte und am 18. Februar 1563 vor Orleans von dem Protestanten Poltrot de Méré meuchlings erschossen wurde. Die Guisen betrachteten den Admiral von Coligny als Urheber dieses Überfalls. Heinrich I. (geb. 31. Dezember 1550) nahm dafür Rache, indem er den Admiral in der Bartholomäusnacht ermorden ließ. Im Jahre 1576 vereinigte er die katholischen Magnaten zur Heiligen Liga. Seine Macht und sein Einfluß stiegen mit der Zeit so, daß er den Plan hegen konnte, Frankreich in seine Gewalt zu bringen. Der Aufstand, den er im Mai 1588 in Paris erregte *(Jour des Barricades)*, gab die fanatisierte Hauptstadt in seine Hände; aber er hatte nicht den Mut, sich zum König ausrufen zu lassen. Er kehrte in sein Gouvernement, in die Champagne, zurück und wohnte auch 1588, in vollständiger Verkennung seiner Lage, der Versammlung der Generalstaaten in Blois bei, wo ihn Heinrich III., der von dem gewalttätigen, hochstrebenden Manne alles zu fürchten hatte, am 23. Dezember 1588 ermorden ließ. – Maria Stuart war seine Tante.

Soldaten unterstand, war mit seiner Amtsführung, insofern sie sich durch große Strenge auszeichnete, sehr unzufrieden. Der galante König von Navarra lebte mit seiner Gemahlin Margarete,[1] der Schwester Heinrichs III., deren Sittenlosigkeit allgemeines Ärgernis gab, in ständigem Unfrieden; aber das Paar war einig, sobald es galt, dem Marschall eines anzuhängen, der die Machenschaften des hochbegabten Béarners mit der Erfahrung eines alten Haudegen durchkreuzte – *de brave à brave malaisément la concorde y règne!* – und den gekrönten Hugenottenführer sogar zwang, bei dem Bruder Heinrichs III., dem Herzog von Anjou, um eine Vermittlung bei dem König nachzusuchen. Der König von Frankreich sah das gespannte Verhältnis zwischen seinem Schwager und dem Marschall aus politischen Gründen ungern, und so mochte denn die Wahl Montaignes, der die Verhältnisse in der wichtigsten Stadt des Südens gründlich kannte, seinen Ratgebern als geeignetes Mittel erscheinen, die ganze Gegend, wo die Zwistigkeiten zwischen Katholiken und Hugenotten eine beständige Bedrohung der königlichen Macht waren, zu beruhigen. Auch Heinrich von Navarra war mit der Wahl Montaignes zufrieden, und vielleicht darf man die Vermu-

[1] Margarete von Valois, am 14. Mai 1553 geboren und die spätere Gemahlin Heinrichs IV. (geb. 13. Dezember 1553), war sicherlich die sittenloseste Frau der Zeit. Es steht außer allem Zweifel, daß sie mit ihren drei Brüdern, den Königen Franz II., Karl IX. und Heinrich III. in blutschänderischem Verhältnis lebte. Die Zahl ihrer Geliebten, zu denen auch Heinrich von Guise zählte, den sie wirklich geliebt zu haben scheint, war Legion. Durch ihre Vermählung mit Heinrich von Navarra hofften die Valois den gekrönten Hugenottenführer in ihre Gewalt zu bekommen. Die Hochzeit fand am 18. August 1572 statt, und sechs Tage darauf brach die Bartholomäusnacht über die Hugenotten herein. Das Leben der ränkevollen Königin war eine Kette fortwährender Skandale, so daß Heinrich IV. nach seiner Thronbesteigung daran denken mußte, sich von seiner Gemahlin zu trennen, die nach langen Verhandlungen in die Scheidung willigte (10. November 1599). Margarete von Valois starb am 27. März 1615 in Paris. Sie hatte die künstlerischen Neigungen ihres Geschlechtes geerbt. Ihre Denkwürdigkeiten *(Mémoires de Marguerite de Valois suivis des Anecdotes inédites de l'Histoire de France pendant les XVe et XVIIe siècles, tirées de la bouche de M. le Garde des Sceaux du Vair et autres, publiées avec notes par Ludovic Lalanne, Paris, Jannet, 1858),* in welchen sie sich möglichst schön hinzustellen sucht, sind eine hochwichtige Quelle zur Sittengeschichte der Zeit.

tung hegen, er habe auf die Bequemlichkeit des Bürgermeisters insoferne Hoffnungen gesetzt, als sie ihm vielleicht gestatten könnte, sich des wichtigsten Platzes im südlichen Frankreich ohne Fährlichkeiten zu bemächtigen. Die erste Amtszeit Montaignes, die nur durch eine Reise nach Paris unterbrochen wurde, verlief ziemlich ruhig. Seine ersten Verfügungen machen dem Menschen Montaigne alle Ehre: den Jesuiten, die sich auch in Bordeaux niedergelassen hatten, war bei ihrer Besitzergreifung des Priorats St. James die Verpflichtung auferlegt worden, die Findelkinder der Stadt auf Kosten des Ordens zu erziehen; die Väter der Gesellschaft zogen es aber vor, diese Pflicht zu umgehen, indem sie einen Vertreter bezahlten, der seinen Verpflichtungen schlecht nachkam, so daß die Kleinen massenhaft wegstarben. Der neue Maire sorgte dafür, daß die Kinder in gute Pflege kamen.

Im Januar 1582 wurde, trotz Einspruchs des Parlaments, ein königlicher Gerichtshof in Bordeaux eingesetzt, dem die Pflicht oblag, die Parteien durch eine sorgfältigere Rechtsprechung zu versöhnen. Die Richter wurden aus den französischen Parlamenten gewählt, und es fanden sich ausgezeichnete Männer darunter, wie der spätere Geschichtsschreiber Jacques-Auguste de Thou, der über Montaignes Charakter und Geschäftskenntnis das schmeichelhafteste Urteil fällt.[1] Der Zweck, dem der neue Gerichtshof dienen sollte, wurde nicht erreicht: unter der erregten Bürgerschaft entstand eine wahre Prozeßwut, und auch Montaigne bekam es mit einem gewissen Bertrand von Straßburg zu tun, ohne daß wir wüßten, ob die Klage gegen den Privatmann oder den Bürgermeister gerichtet war. Als der Gerichtshof, nach zweijähriger Tätigkeit, seinen Sitz nach Agen verlegte, nahm sein Präsident, Antoine Loisel,[2] in den schmeichelhaftesten Worten Abschied von Montaigne, und der Druck seiner Rede *De l'œil des rois et de la justice* trägt eine Widmung, worin er in

[1] *Mémoires de la vie de Jacques-Auguste de Thou, conseiller d'état et président à mortier du Parlament de Paris. Rotterdam, 1777, p. 58.*

[2] Berühmter Advokat (1536–1617).

Montaigne nicht nur den Beamten, sondern die Zierde Frankreichs feiert. Der Geehrte überreichte dem Rechtsgelehrten später als Gegengabe ein Exemplar der dritten Auflage seiner »Essais«.

Nach Beendigung seiner Amtszeit, die ziemlich ruhig verlief, wurde Montaigne zum zweitenmal auf weitere zwei Jahre als Bürgermeister gewählt. Die Wahl wurde diesmal bestritten, aber von Heinrich III., der mit den Diensten seines Kammerherrn zufrieden war, bestätigt. Mit dem dritten Amtsjahre begannen für Montaigne, der sich der Wahl nicht entziehen konnte, die Schwierigkeiten: die eigentliche Verwaltung der Stadt lag, wie schon erwähnt, in den Händen der geschworenen Schöffen (*jurats*), und der Bürgermeister war im Laufe der Zeiten zu einer repräsentativen Persönlichkeit geworden: er ritt bei Festen im Gefolge von vierzig Bogenschützen, welche in Scharlach gekleidet waren, in einem weiß und roten Samtgewande einher, während die Schöffen bei feierlichen Anlässen in seidenen oder damastenen Talaren auftraten. Die politische Lage der Zeit gab nun dem Bürgermeisteramte die alte Bedeutung zurück: die Heilige Liga der Katholiken, die 1576 auf Schloß Joinville gegen die Hugenotten geschlossen wurde und überall den rücksichtslosesten Romanismus vertrat, drohte durch ihre kriegerischen Erfolge den ganzen Süden aufzuwiegeln. Dazu kam, daß das Volk über den Ämterkauf und die ungerechte Steuerverteilung murrte, welche, wie es allgemein hieß, besonders die ärmeren Klassen belaste und die Wohlhabenden, die sich auf allerlei Privilegien berufen konnten, ausnehme. Montaigne brachte diese Klagen des Volkes in einer Beschwerde (*remontrance*) an den König am 31. August 1583 vor: sie ist, in ihrer verhüllten Offenheit, ein Zeichen seines Freimutes und seiner staatsmännischen Gesinnung, die auch ein offenes Wort nicht scheut. Der Sprecher forderte eine gerechtere Verteilung der Steuern, und zwar so, daß der Wohlhabendere auch die größere Last trage, und wies auf die übermäßige Vermehrung aller Ämter hin, die das arme Volk über alle Maßen belaste, ohne Gewähr zu bieten, daß es auch sein Recht finde.[1]

Wir wissen nicht, wie der König die Ausführungen des erprobten Mannes aufnahm, der, neben seinen politischen Pflichten, die Interessen der Stadt niemals außer acht ließ: denn die Geschicklichkeit, mit der er in seine Steuerrede lokale Interessen, wie den Bau des Leuchtturms von Corduan und das Verhalten des Kommandanten des festen Schlosses La Trompette, das die Stadt beherrschte, einflocht, zeigt, daß er die Schwierigkeiten seiner Stellung mit deren Pflichten in vortrefflicher Weise in Einklang zu setzen wußte.

Um dieselbe Zeit regelte er auch, im Einverständnis mit den Schöffen, die Statuten der Zünfte und billigte die Haus- und Studienordnung des Kollegiums de Guyenne, dessen Leiter Elias Vinet seine pädagogischen Ansichten in einem Schriftchen *Schola Aquitanica* niedergelegt hatte.[2]

Inzwischen war die politische Lage im südlichen Frankreich wieder unsicherer geworden. Das Verhältnis Montaignes zu dem König Heinrich von Navarra, dem kriegstüchtigen erprobten Haupt der Hugenotten, war zwar das beste; – der Bürgermeister benützte es, um die Schiffahrt auf der Garonne zu regeln – aber es war auch voller Gefahren, die nur ein kluger Mittler beschwichtigen konnte. Heinrich hatte sich am 17. Dezember 1783 der Stadt Mont-de-Marsan bemächtigt, und der Statthalter des Königs von Frankreich, der

[1] Die *Remontrance* wurde am 21. Januar 1856 von Jules Delpit in dem *Courrier de la Gironde* veröffentlicht; sie ist abgedruckt in dem Werke von Paul Bonnefon, *Montaigne et ses amis* (Paris, Armand Colin, 1898), II, S. 71–73.

[2] *Burdigalae, apud S. Millangium, typographum regium. M. D. LXXXIII.* 63 Seiten in Kleinoktav. Das Schriftchen, von dem nur ein Originalexemplar auf der Nationalbibliothek zu Paris bekannt ist, wurde unter dem Titel *Programme d'études du Collège de Guyenne au XVI siècle* 1886 neu aufgelegt. Es ist von Wichtigkeit für die Kenntnis der humanistischen Pädagogik. Die Zahl der Klassen war nicht genau begrenzt. Jede Klasse konnte nach Bedürfnis in Unterklassen zerlegt werden. Zur Zeit seiner Blüte besaß das Kollegium zwölf Klassen. In den untersten lernten die *alphabetarii* lesen; Hauptgegenstand des Studiums war Latein. In den obersten Klassen wurde der *primarius* zum Rhetor in lateinischer Sprache herangebildet. Philosophie oder Dialektik, die zur *licence ès arts* gehörten, wurden nicht gelehrt.

Marschall Matignon, sah darin einen gewalttätigen Eingriff in die Rechte seines Herrn: er verstärkte die Besatzungen von Bazas und Condom, um auf alle Fälle gerüstet zu sein. Der König von Navarra, der sich nicht stark genug fühlte, um den offenen Kampf zu wagen, benützte Montaigne, um dem Marschall die Überzeugung beizubringen, daß er nur die friedlichsten Absichten habe. Die beiden Männer, der König und der Marschall, waren als Soldaten wahlverwandte Naturen, und Montaigne, der die Regententalente des künftigen Herrschers von Frankreichs aufs höchste schätzte, suchte in seiner maßvollen Weise zu vermitteln. Da starb am 10. Juni 1584 zu Chateau-Thierry der unvermählte Bruder des kinderlosen Königs Heinrich III., der Herzog von Anjou, und Heinrich von Navarra wurde durch diesen Schicksalsfall präsumtiver Erbe des französischen Throns. Der neue Thronerbe, der nun auch mit der Gesinnung der Katholiken in ganz anderer Weise rechnen mußte, hatte alle Ursache, die öffentliche Meinung nicht durch Gefechte und Scharmützel zu beunruhigen: es kam eine ruhige Zeit, die Montaigne, dessen Gesundheit inzwischen nicht besser geworden war, auf seinem Schlosse verbrachte. Am 19. Dezember 1584 war der künftige König Heinrich IV. sein Gast. Der Schloßherr gedenkt des ehrenden Besuches in dem Exemplar der »Ephemeriden« Beuthers, in das er die Ereignisse des Tages einzutragen pflegte: »Der König besuchte mich auf Montaigne, wo er niemals gewesen war, und wurde daselbst zwei Tage von meinen Leuten, ohne einen einzigen seiner Offiziere, bedient. Er litt weder Vorkostung,[1] noch gebrauchte er sein Tafelzeug – *(il n'y souffrit ni essai, ni couvert)* – und er schlief in meinem Bette. Mit ihm waren der Prinz von Condé, die Herren von Rohan, von Turenne, von Rieux, von Béthune und sein Bruder, de La Boulaie, Lusignan, Clervan, Savignac, Ruat, Salleboeuf, La Roque (Bénac), La Roche, Rous,

[1] Weil er keine Furcht vor Vergiftung hatte. Der König gab also seinem Wirt ein Zeichen höchsten Vertrauens.

Aucourt, Luns (Lons) Frontenac, Fabas, Vivians mit Sohn, La Burte, Forget, Bissouse (de Viçoze), Saint-Seurin, Auberville; der Leutnant der Kompanie des Fürsten, sein Stallmeister und ungefähr zehn andere Herrschaften schliefen da, ferner die Diener, Pagen und Soldaten seiner Leibwache. Ungefähr ebenso viele schliefen in den benachbarten Dörfern. Am Tag darauf ließ ich einen Hirsch in meinen Wäldern los, der ihn (den König) zwei Tage in Atem hielt.«

Montaigne zählt die adeligen Herren, die mit dem König seine Gäste waren, nicht umsonst auf: es gereichte dem geadelten Kaufmannssprossen offenbar zu besonderer Genugtuung, die Blüte des französischen Adels zu beherbergen und zu bewirten.

In Béarn, wohin sich der König von Montaigne aus begab, ging der galante Fürst anderen Vergnügungen nach, die seiner neuen Stellung gefährlich werden konnten, weil sie seiner Würde Eintrag taten. Die Geliebte des gekrönten Hugenotten war damals die schon erwähnte »schöne Corisande«, die verführerische Witwe Philipps von Gramont, der Montaigne das Kapitel seiner »Essais« gewidmet hatte, das die 29 Sonette seines Freundes Boëtius enthielt. Montaigne sah es ungern, daß die Leidenschaft des Königs für die Gräfin das Verhältnis zu seiner Gemahlin Margarete nur noch trüber gestaltete, und er nahm sich die Freiheit heraus, seiner reizenden Freundin Vorstellungen zu machen und ihr nahezulegen, daß sie gut tun werde, auf den königlichen Geliebten zu verzichten. Es ist begreiflich, daß der Warner, den nur das Staatsinteresse leitete, kein geneigtes Ohr bei der schönen Frau fand, die indessen ihrem alten Freunde in unveränderter Gesinnung zugetan blieb. Auch im übrigen schien ihm der Aufenthalt des königlichen Thronerben in Béarn, wo dieser von eifrigen Hugenotten umgeben war, nicht für das Gemeinwohl förderlich zu sein. Die katholische Liga, an deren Spitze die gewalttätigen Guisen standen, stellte einen andern Thronfolger in der Person des Kardinals von Bourbon, des Onkels des Königs von Navarra, auf, und Montaigne, den diese Verhältnisse aufs tiefste betrübten, suchte den Béarner mit dem Marschall Matignon auszusöhnen, zumal auch das Verhalten der Königin Margarete, die einsam und verachtet zu Nérac lebte, Anlaß zu Befürchtungen gab. Die zügellose Frau stand in eifrigem Briefwechsel mit ihrem königlichen Bruder in Paris. Ihr Gemahl ließ eines Tages ihren Boten und Sekretär abfangen, und aus dessen Geständnissen schien hervorzugehen, daß sie sich mit dem Plan trug, ihren Gatten zu vergiften. Die Königin flüchtete daraufhin nach Agen, wo sie treue Anhänger fand, und Heinrich von Navarra, der nun in seiner heikeln Doppelstellung gezwungen war, noch feinere Schachzüge zu tun, um sich zu erhalten, sah sich neuen Schwierigkeiten gegenüber, zumal die Heilige Liga in dem Kommandanten des Schlosses La Trompette zu Bordeaux, dem gewalttätigen Baron de Vaillac, ein gefügiges Werkzeug besaß und hoffen konnte, die Stadt eines Tags in ihre Gewalt zu bekommen. Da ließ der Marschall Matignon, der dem Äußersten vorbeugen wollte, das Parlament, den Bürgermeister und die Schöffen in seinem Hause versammeln und nahm dem Kommandanten Vaillac, mit der Bewilligung Montaignes, in einer richtigen Theaterszene das Kommando über das Schloß ab: Bordeaux blieb im Besitz Heinrichs III. und vor weiteren Wirren behütet, trotzdem die Liga einen bedeutenden Anhang in der Stadt besaß. Im Mai hielt Montaigne die übliche Waffenschau der Bürgerschaft ab, über deren königstreue Gesinnung allerlei Bedenken herrschten. Montaigne gedenkt dieser bedeutsamen Parade in einem Zusatz zu dem 23. Kapitel des ersten Buches seiner »Essais«:

»Man ratschlagte darüber, eine Hauptmusterung von verschiedenen bewaffneten Truppen zu halten. Dies ist der Ort heimlicher Rache, und man findet keinen, wo solche mit mehr Sicherheit ausgeführt werden könnte. Es war ein öffentlicher und bekannter Anschein vorhanden, daß es dabei für einen und den anderen nicht gar zu gut abgehn möchte, denen es hauptsächlich oblag, die Mannschaft zu besichtigen. Man brachte viele Meinungen vor, wie bei einer schwierigen

Sache, die von Wichtigkeit und großen Folgen wäre. Die meinige ging dahin, man habe sich vor allen Dingen zu hüten, den geringsten Verdacht zu zeigen: vielmehr müsse man mit geradem Kopf und freier Stirn durch die Glieder gehn; und anstatt, wie einige hauptsächlich der Meinung gewesen, irgend etwas beiseite zu setzen, man müsse vielmehr die Hauptleute ersuchen, ihre Mannschaft wissen zu lassen, daß sie ihre Feuerung ordentlich und rasch zu machen hätten zu Ehren der Anwesenden, und ihr Pulver nicht zu schonen. Dies diente der verdächtigen Mannschaft als ein Ehrenwort und erzeugte von der Zeit an ein gegenseitiges, nützliches Vertrauen.«

Im gleichen Monat verließ der Marschall Matignon Bordeaux, um die Königin Margarete aus der Nähe zu überwachen, und auf Montaigne lastete nun die ganze Verantwortlichkeit für die aufgeregte Stadt: er empfand sie als schwerste Bürde. Dazu brach im Monat Juni die Pest aus. Die Hälfte der Bevölkerung, die sich damals auf etwa 40000 Seelen belief, wurde hinweggerafft; wer nur irgend konnte, mied den verödeten Platz. Auch Montaigne hatte Bordeaux verlassen und betrat es auch nicht bei seiner Amtsniederlegung. Sein Verhalten, das nicht dem entspricht, was wir Amtspflicht nennen, hat vielfach Tadel gefunden; die Zeitgenossen hingegen hatten daran nichts auszusetzen, und wir sind nicht in der Lage, uns an der Hand von Dokumenten ein abschließendes Urteil über das Fernbleiben des Bürgermeisters zu bilden. Tatsache ist, daß er auf seinem Schlosse blieb, als die Pest auch die Umgegend heimsuchte, während seine Familie von Ort zu Ort vergebens einen ruhigen Ort suchte, bis ihr das Erlöschen der Epidemie, im Dezember 1585, die Heimkehr nach Montaigne gestattete, wo es inzwischen unruhig genug zugegangen war: das Schloß stand Tag und Nacht den Plünderern offen, und sein Besitzer gestand später, im Rückblick auf diese üble Zeit: »Tausendmal habe ich mich mit der Überzeugung schlafen gelegt, man würde mich diese Nacht verraten und umbringen, bedang nur beim Schicksal, daß es abgehen möchte ohne Schreck und langsame Marter, und rief nach meinem Abendsegen.« (III, 9.)

Beim Rückblick auf seine Amtstätigkeit durfte sich Montaigne sagen: »Ich hatte nur zu bewahren und fortzupflanzen, welches die Geschäfte sind, die im stillen und ohne Geräusch verrichtet werden. Etwas Neues einzuführen ist sehr glänzend. Aber in dieser Zeit, wo wir nichts Angelegentlicheres zu tun haben, als uns gegen alle Neuerungen zu verteidigen; ist das verbotene Arbeit. Es ist zuweilen ebenso verdienstlich, sich von gewissen Dingen zu enthalten, als sie zu unternehmen und auszuführen. Dabei ist aber weniger Trompetenschall; und das wenige Verdienst, was ich habe, liegt vielleicht alles auf dieser Seite. Kurz zu sagen, alle Gelegenheit und Veranlassung bei diesem Amte stimmen ganz gut zu meiner Gesinnung, welches mir denn sehr lieb und angenehm war. Möchte wohl ein Mensch deswegen krank sein, um seinen Arzt recht geschäftig zu sehen? Und müßte man nicht dem Arzt die Rute geben, der uns die Pest an den Hals wünschte, um uns seine Kunst zu zeigen? Ich habe niemals den gottlosen, obwohl ziemlich gewöhnlichen Wunsch gehabt, daß die Unruhen und Krankheiten der Verhältnisse dieser Stadt meine Verwaltung ehren und in ein hohes Licht stellen möchten. Ich habe von Herzen gern ihre Unschwierigkeit und Leichtigkeit auf meine Schultern genommen. Wer sollte mir nicht für die sanfte, stille Ruhe, die während meiner Amtsführung vorwaltete, Dank wissen? Wenigstens kann er mir den Anteil nicht rauben, der auch mir während dieser Zeit am Glücke gebührte. Und ich bin nun einmal so, daß ich ebensogern glücklich sein mag als weise und daß ich das, was mir gelingt, ebensogern der bloßen Gnade Gottes als der Vermittelung meiner eigenen Ratschläge verdanke. Ich hatte der Welt meine Untätigkeit in öffentlichen Geschäften offenherzig genug kund gemacht... Ich habe mir bei dieser Verwaltung freilich selbst nicht einmal Genüge geleistet. Aber so ungefähr bin ich doch dahin gelangt, zu leisten, was ich mir versprach; auch habe ich das übertroffen, was ich denen versprach, mit welchen ich zu tun hatte. Denn ich verspreche gern etwas weniger als was ich vermag und was ich hoffe leisten zu können. Ich bin versichert, daß ich niemanden beleidigt oder zum Hasse Anlaß gegeben habe, sondern daß man mich dort ungern vermißt; ob ich gleich nicht ängstlich danach strebte... Andere sagen, die Zeit meiner Verwaltung sei hingegangen, ohne merkwürdige Spuren zu hinterlassen. Gut das! Man klagt meine Unterlassung zu einer Zeit an, wo fast jedermann des Zuvieltuns überwiesen war. Bei Dingen, die ich mit Entschlossenheit angreife, habe ich ein Ansehen von Mut und Hitze, diese Hitze aber ist eine Feindin der Beharrlichkeit. Wer sich meiner bedienen will, wo ich ihm nutzen kann, der gebe mir Geschäfte, wozu Kraft gehört und Freiheit, welche geradewegs und in Kürze ausgeführt werden können. Erfordert die Ausführung lange Zeit, Spitzfindigkeit, viel Mühe und Kunst und krumme Wege, so tut man besser, man wendet sich an einen andern. Alle Ämter, welche wichtig sind, sind deswegen noch nicht schwer. Ich war darauf vorbereitet, mich ein wenig härter anzugreifen, wenn es sehr nötig gewesen wäre. Denn es steht in meinem Vermögen, ein wenig mehr als gewöhnlich, und als ich gerne tun möchte, zu tun. Soviel ich weiß, versäumte ich kein Geschäft, das meine wohlverstandene Pflicht von mir forderte. Diejenigen, welche der Ehrgeiz unter die Pflichten mischt, und ihnen sein Siegel aufdrückt, habe ich leicht vergessen. Das sind solche, welche am meisten in Aug und Ohr zu fallen pflegen und den Menschen zufriedenstellen. Es ist dabei mehr Schein als Gehalt. Die Menschen meinen, man schlafe, wenn man kein Geräusch macht. Meiner Gemütsart ist alles Lärmen und Aufsehen zuwider. Ich ersticke gern eine Unruhe, ohne mich selbst zu beunruhigen, und möchte gern Unordnung bestrafen, ohne mich dabei zu ärgern. Ist es nötig, daß ich in Zorn und Flamme ausbreche, so nehme ich davon das Ansehen und die Larve an. Meine Sitten sind weichlich, und viel mehr kahnig als sauer. Ich tadle keine Obrigkeit, welche schläft, wenn nur diejenigen, die unter ihrer Aufsicht stehen, ebensogut schlafen als sie. Die Gesetze schlafen auch. Ich, meinesteils, lebe nur ein sanft hingleitendes Leben, schattig und stumm.« (III, 10.)

Später kommt er noch einmal auf seine Amtsführung zurück:

»Alle öffentlichen Handlungen sind ungewissen und verschiedenen Auslegungen bloßgestellt, denn gar zu viele Köpfe urteilen darüber. Einige sagten von meiner Bürgermeisterführung (und ich will hier wohl ein Wort darüber sprechen, nicht weil es der Rede wert ist, sondern weil es zu einem Pröbchen meines Betragens in solchen Dingen dienen kann), ich habe mich dabei betragen wie ein Mann, der zu schwer in Bewegung zu setzen ist und sich der Sachen nicht mit gehöriger Wärme annimmt, und die haben gar großen Schein für sich.

Ich versuche es, meine Seele und meine Gedanken in Ruhe zu erhalten. Und wenn sie sich zuweilen durch einen starken, tiefen Eindruck in Unordnung bringen lassen, so geschieht das gewiß gegen meinen Willen.

Aus dieser natürlichen Untätigkeit muß man gleichwohl keinen Beweis für mein Unvermögen ziehen wollen (denn Mangel an Sorgfalt und Mangel an Verstand sind zwei verschiedene Dinge), noch weniger aber daraus schließen, ich sei unerkenntlich und undankbar gegen die Bürgerschaft gewesen, welche alle äußern Mittel, die sie in Händen hatte, hervorsuchte, mir ihr Wohlwollen zu bezeugen, sowohl bevor sie mich kannte als nachher. Auch tat sie weit mehr für mich, da sie mir mein Amt abermals auftrug, als da sie mir solches zuerst beilegte. Ich will ihr alles mögliche Liebe und Gute. Und gewiß, hätte sich die Gelegenheit dazu gezeigt, so würde ich nichts unterlassen haben, um ihr Dienste zu erweisen. Ich war für sie so tätig als für mich selbst. Es ist eine gute kriegerische, großmütige Bürgerschaft, dabei gleichwohl des Gehorsams und der Zucht fähig, wovon sich ein guter Gebrauch machen läßt, wenn sie gut angeführt wird.« (III, 11.)

Jedenfalls beweisen diese Ausführungen, daß er das Bedürfnis fühlte, sich vor sich selbst zu rechtfertigen und den Zeitgenossen die Beweggründe darzulegen, die ihn bei seiner Amtsführung geleitet hatten.

8

Die Stimmung, in der Montaigne sein früheres Leben wieder aufnahm, mochte der Freude verwandt sein, die ihn einst, beim Abschied von Parlament und Hof, in seinen geliebten Bibliotheksturm begleitet hatte. Er gab sich mit erneutem Genusse seiner Lieblingsbeschäftigung, der Lektüre hin, und wie früher befruchtete das Altertum seinen Geist. Der Ehrenbürger Roms studierte zum ersten Male Tacitus, zu dem er in der Folge immer wieder zurückkehrte. Der Politiker und Freund des Königs von Navarra sah sich unter den zeitgenössischen Historikern um: er las die *Histoire des roys et princes de Poloigne*, die François Balduin aus dem Lateinischen des Jean Herburt Fulstin übertragen hatte, die *Chronique de France*, die Denis Sauvage herausgegeben hatte, und die *Mémoires* des Olivier de la Marche. Dazwischen versah er seine »Essais« mit sechshundert Zusätzen und Erweiterungen und ging daran, den zwei ersten Büchern ein drittes anzufügen, das für die Kenntnis seines Wesens von größter Wichtigkeit ist.

Zu Beginn des Jahres 1588 begab sich Montaigne nach Paris, um die »Essais« in ihrer neuen Gestalt dem Druck zu übergeben. Unterwegs wurde er, wie er in einem Brief an den Marschall Matignon erzählt,[1] im Walde von Villebois von Ligisten überfallen, die ihm sein Gepäck, sein Geld und seine Papiere abnahmen und den Reisenden mit Tod bedrohten; nur seinem offenen freimütigen Benehmen hatte er es zu danken, daß ihm die politischen Straßenräuber seine ganze Habe zurückgaben. Vier Monate darauf kam die neue Auflage der »Essais« heraus. Paris war damals im Besitz der Liga. Montaigne, der dem königlichen Hofe in Rouen einen kurzen

[1] *Feuillet de Conches, Causeries d'un curieux, Paris 1803, t.* III, *p. 319.* Bodesche Übersetzung, B. 6, S. 317.

Besuch abstattete, wurde bei seiner Rückkehr am 10. Juli 1588 in die Bastille gesteckt, aber durch Vermittelung der Königin-Mutter, die den Fehlgriff sofort erkannte, noch am gleichen Abend wieder auf freien Fuß gesetzt. Solche Belästigungen, die jedem Rechte Hohn sprachen, waren unter der Herrschaft der Guisen an der Tagesordnung, und Montaigne durfte sich glücklicher schätzen als der Dichter Rapin (1535–1608), der eines Tages Knall und Fall seines Amtes als Profoß des Justizgebäudes enthoben und aus Paris verjagt wurde. Der Denker war milder als der racheschnaubende Poet, der durch seine Beiträge zur *Satire Menippée* an seinen Verfolgern Rache nahm und bewies, daß eine gelungene Satire zuweilen soviel wert sein kann wie ein gewonnenes Gefecht.[1]

In Paris machte Montaigne die Bekanntschaft des Fräuleins Marie Le Jars de Gournay, die zu den leidenschaftlichsten Bewunderinnen der »Essais« gehörte und deren Verfasser persönlich kennenzulernen wünschte. Aus der flüchtigen Bekanntschaft mit der schöngeistigen Dame entwickelte sich bald die innigste Freundschaft: der Philosoph, der mit seiner Frau in mustergültiger Konvenienzehe lebte, aber in seiner häuslichen Einsamkeit doch mancherlei Anregung entbehren mochte, hatte endlich die verständnisvolle Wahltochter (*fille d'alliance*) gefunden, die er sich wünschte, und diese fand sich durch die väterliche Zuneigung des berühmten Mannes hochbeglückt.

Das Fräulein von Gournay war am 6. Oktober 1565 als Tochter eines königlichen Schatzmeisters geboren, dem zugleich die Schlösser Gournay, Remy und Moyenneville unterstanden. Ihr Vater starb jung; er hinterließ sechs Kinder im

[1] Die beste Ausgabe dieses Pamphlets ist 1726 in drei Bänden in Regensburg bei Mathias Kerner erschienen. Die *Satire Menippée*, die 1593 erschien, ist ein Sammelwerk verschiedener Autoren (Pierre le Roy, Gillot, Nicolas Rapin, J. Passerat, Florent Chrétien und Pierre Pithou) und als Ganzes der Ausdruck der Pariser Volksstimmung, die sich zwar durch Heftigkeit der Sprache, aber keineswegs durch Adel der Gesinnung oder hohen Flug auszeichnet. Ihre literarische Bedeutung wird heute noch in Frankreich überschätzt.

zarten Alter, und seine Witwe, die gleichfalls dem Adel entstammte, sah sich durch die Kriegsnöte in schwierigster Lage. Sie zog sich nach Gournay-sur-Aronde zurück, und hier, in der Stille des Landlebens, erwarb sich ihre älteste Tochter Marie ohne jeden Lehrer eine ausgezeichnete Bildung. Hier fielen ihr auch die »Essais« in die Hand, und die Begeisterung, mit der sie das Buch las, erweckte in ihr den Wunsch, dem Philosophen persönlich nahe zu treten. Wir wissen, daß Montaigne die Freundschaft höher stellte als die Liebe, und das Verhältnis, das sich nun zu dem schöngeistigen Fräulein entspann, kam einem Bedürfnis seines Herzens entgegen. Er besuchte seine Wahltochter einige Male in Gournay, und eine Stelle in den »Essais« (II, 17) verriet auch der Öffentlichkeit, was er von dem Fräulein von Gournay hielt, die übrigens, aus vornehmer Bescheidenheit, diese Stelle, welche zuerst in der posthumen Ausgabe der »Essais« 1595 erschien, im Jahre 1635 aus der Ausgabe entfernte, die sie zum Ruhme ihres geistigen Vaters veranstaltete. Da lesen wir: »Sie wohnt in meiner Zurückgezogenheit und Einsamkeit, wie ein besserer Teil meiner selbst. Sie allein bleibt mir auf der Welt. Wenn die mannbare Tugend Recht zur Erwartung geben kann, so wird diese Seele eines Tages der schönsten Hoffnungen fähig sein; besonders aber jener Vollkommenheit der hochheiligen Freundschaft, von der wir noch nicht lesen, daß sich ihr Geschlecht wird dazu emporschwingen können... Das Urteil, welches sie von meinen ersten Versuchen fällte, ein Mädchen, und in diesem Jahrhundert, so jung, so isoliert, und die bekannte Heftigkeit, mit der sie mich lange liebte und nach mir verlangte, durch die bloße Hochachtung, die sie ihretwegen von mir faßte, ehe sie mich gesehen hatte, sind Umstände, welche Ehrfurcht gebieten. Hierin besteht ungefähr alles, was ich bis dahin von außerordentlicher und nicht gemeiner Größe erkannt habe.« (II, 17.)

Am 15. Oktober 1588 wurden die französischen Generalstaaten[1] in Blois eröffnet, und Montaigne, dessen Aufenthalt in Paris mit kurzen Unterbrechungen sieben Monate gedauert hatte, wohnte den Verhandlungen als einfacher Zuschauer bei. Als guter Patriot verfolgte er die Verhandlungen, die dem jammervollen Bürgerkrieg ein Ende machen sollten, mit eifrigster Teilnahme. In Blois traf er unter seinen Bekannten auch den Historiker de Thou, und das Gespräch, das uns dieser in seinen *Mémoires* überliefert,[2] zeigt, daß Montaigne die Religionskriege nur als politische Machtäußerung der Parteien betrachtete: er war sich vollkommen darüber klar, daß nur die Furcht, seine Anhänger zu verlieren, den König von Navarra abhielt, zur Religion seiner Väter zurückzukehren. Das Wort Heinrichs IV., *Paris vaut bien une messe*, erscheint von diesem Standpunkt aus nicht als gallisches Bonmot, sondern als der übermütige Ausdruck einer staatsmännischen Einsicht, die sich auch eines Witzwortes bedienen mag, wenn Zeit und Umstände es erfordern. Montaigne konnte keinen Zweifel darüber hegen, daß Frankreich nicht zur Ruhe kommen würde, solange sich zwei Männer wie der Herzog von Guise und der König von Navarra, deren hohe Begabung er ohne jedes Vorurteil würdigte, mit ihren ungemessenen Hoffnungen gegenüberstanden. Das Benehmen des stolzen Herzogs gegen Heinrich III. trieb den jämmerlichen verlotterten König endlich zur Tat: bald nach der Abreise Montaignes von Blois, am 23. Dezember 1588, wurde der hochfahrende Magnat auf Anstiften Heinrichs III. in den königlichen Gemächern ermordet. »Die Bestie ist tot

[1] In den Generalstaaten *(Etats-Généraux)* waren ursprünglich nur die Abgeordneten des Adels und der Geistlichkeit vertreten. Philipp der Schöne, der herrschsüchtigste der Valois, berief 1302 auch die Abgeordneten des mächtig aufstrebenden Bürgertums in die Versammlung: man hieß sie den *troisième ordre* oder *tiers état*. Die Rolle und Bedeutung der Generalstaaten, die in der Regel nur zur Bewilligung außerordentlicher Subsidien einberufen wurden, waren wechselnd. Der Kanzler L'Hôpital, der sie 1561 und 1562 versammelte, suchte sie zur Durchführung seiner Reformpläne zu verwenden. Mit der Erstarkung des Königtums nahm der Einfluß der *Etats-Généraux* ab, die von 1614 bis zum Ausbruch der Französischen Revolution überhaupt nicht mehr einberufen wurden.

[2] Mémoires, p. 136.

und tot das Gift«, hatte der König ausgerufen, als er den gelungenen Anschlag erfuhr; aber er sollte bald am eigenen Leibe erfahren, daß er der Volksleidenschaft durch ein böses Beispiel nur gezeigt hatte, wie man sich eines Gegners durch Meuchelmord entledigen konnte: sechs Monate darauf fiel er selbst unter den Dolchstichen des fanatischen Mönchs Jacques Clément. Wir wissen nicht, wie Montaigne über diese Tat dachte, die dem König von Navarra zwar den Weg zum Thron eröffnete, ihm aber auch die gefährliche Pflicht auferlegte, die Liga, die nun ganz Frankreich in offene Empörung trieb, zu vernichten. Im Süden war der Marschall Matignon der königlichen Sache treu geblieben. Montaigne sah von seinem Turm aus dem Zwist der Parteien zu, in den sich nun auch die Jesuiten mengten, indem sie die Lehre verkündigten, das Volk könne nach Belieben Könige machen oder absetzen, während die Hugenottischen Prediger auf einmal die Legitimität verteidigten. Diese Vermengung der Theologie und der Politik, um einer Parteisache willen, war nicht geeignet, Montaignes Sympathien zu gewinnen; schon im Anfang seiner »Rettung des Raymond Sebond« um 1576 hat er seiner Empörung klaren Ausdruck gegeben: »Wir finden es befremdlich, wenn in dem Kriege, der gegenwärtig unsern Staat drückt, das Glück sich bald auf die eine, bald auf die andere Seite neigt und sich überall auf die gewöhnliche Art bezeigt... Das Recht, das an einer Seite ist, befindet sich dabei nur als Zierat, als Hülle, es wird dabei wohl angeführt, aber man achtet es nicht, man beherbergt es nicht, man ist nicht davon innig durchdrungen. Es befindet sich dabei wie im Munde eines Advokaten, nicht wie im Gemüte und Gedanken der Partei. Gott steht mit seiner außerordentlichen Hilfe dem Glauben und der Religion bei, nicht unseren Leidenschaften. Menschen sind davon die Anstifter und bedienen sich dazu der Religion. Es sollte gerade das Gegenteil sein. Man begreife nur, ob wir nicht mit unsern Händen die Religion behandeln, um, wie aus Wachs, so viele widrige Figuren aus einer so geraden, so unabweichlichen Regel zu bilden? Wo hat man das deutlicher gesehen als in Frankreich zu unsern Zeiten? Diejenigen, welche links gegriffen haben, und die, welche rechts; die, welche sagen schwarz, und die, welche sagen weiß, drehen und wenden die Händel so völlig gleich nach ihren gewalttätigen und ehrsüchtigen Absichten, betragen sich so gleichförmig im Fortschritte ihrer Sittenlosigkeit und Ungerechtigkeit, daß sie die vorgebliche Verschiedenheit in ihren Meinungen über solche Punkte, wovon die Vorschrift und Führung unseres Lebens abhängt, zweifelhaft machen, so daß man schwerlich daran glauben kann ... Man sehe nur die greuliche Unverschämtheit, mit welcher wir uns die göttlichen Wahrheiten wie Fangbälle zuwerfen, in und mit welchem Leichtsinne verlassen und wieder annehmen, je nachdem das Glück uns in diesen allgemeinen Stürmen bald hierhin verschlägt, bald dorthin.«

Heinrich IV., der, wie sein philosophischer Freund bemerkt, »die Schwere der Zufälle wie nur irgendein anderer wog und größer im Unglück als im Glück war« (III, 10), zeigte jetzt, daß Montaigne klug getan hatte, sich zu seiner Partei zu schlagen. Wir besitzen einen Brief Montaignes, vom 18. Januar 1590, dessen Inhalt uns genau verrät, mit welchem Auge er die Kämpfe des Königs betrachtete: der Südfranzose nimmt nun offen Partei für den Staatsmann, dessen Glück er durch seine Persönlichkeit verbürgt fand. Er erinnert den Fürsten daran, daß Volksgunst sich wie eine Welle ergieße *(les inclinations des peuples se manient à ondées)* und verspricht ihm, daß die Gunst, einmal gewonnen, sich durch ihre eigene Gewalt entfalten werde; er ermahnt ihn zur Milde, weil diese sicherste Gewähr biete, daß Frankreich endlich durch dessen Siege leichter den Frieden finden werde, und schließt mit dem Wunsche, der König möge ihn bald an einen Ort berufen, wo er die Ruhe nach seinen mühesamen Taten finden möge, und zwar nach Paris.[1] Diese Sprache gereicht dem Denker zur

[1] *Feuillet de Conches, Causeries,* III, p. 355. Bodesche Übersetzung, B. 6, S. 319–322.

höchsten Ehre. Jedoch sollte er den Triumph Heinrichs IV. und seinen Einzug in Paris nicht erleben. Dem König selbst schien damals daran gelegen zu sein, den bewährten Mann als Ratgeber in seine Nähe zu ziehen, und er stellte ihm sogar eine Geldentschädigung in Aussicht; aber Montaigne, der gerade an einem Fieberanfall daniederlag, lehnte ab, indem er in seinem Antwortschreiben vom 2. Dezember 1590 darauf hinwies, daß er nie eine Belohnung für seine Dienste angenommen habe, daß er aber, wenn er je zu Paris in der Nähe der Majestät weile und sein Beutel leer sei, kühn genug sein werde, es dem Könige zu sagen.[1] Der Brief ist nicht von Montaignes eigener Hand geschrieben: die Schatten des Abends hatten sich tief auf das Leben des Vereinsamten gesenkt, der nun seine letzten Kräfte dazu verwandte, sein Werk mit weiteren Noten und Anmerkungen zu versehen.

Am 7. Mai 1590 verheiratete sich seine einzige Tochter Eleonore im Alter von neunzehn Jahren mit dem Ritter François de la Tour. Der alternde Schloßherr, dem weder das Bauen noch die Jagd, noch die Gärtnerei, noch das Landleben überhaupt besonderes Vergnügen machte, scheint an diese Heirat allerlei Wünsche und Hoffnungen geknüpft zu haben; schon früher hatte er geschrieben: »Einer meiner gegenwärtigen Wünsche wäre der, einen Eidam zu finden, der es verstände, meine alten Jahre bequem zu betten und einzulullen; dessen Händen ich die Führung und den Gebrauch meiner Geschäfte und meines Vermögens zu höchster Machtvollkommenheit übergäbe, daß er damit mache und verfahre wie ich selbst, und von dem meinigen gewinne, was ich davon gewinne: nur daß er es mit einem wirklich dankbaren Herzen und als Freund übernähme. Aber leider leben wir in einer Welt, wo Treue und Glauben selbst unter eigenen Kindern unbekannt ist.« (III, 9.)

Der Schloßherr fand in seinem Schwiegersohn nicht den Mann, der geneigt war, ihm die Bewirtschaftung seines Gutes

[1] *Feuillet de Conches,* Causeries, III, p. 350. Bode, S. 322.

abzunehmen; das junge Paar zog nach Saintonge, wo Montaigne am 13. März 1591 eine Enkelin geboren wurde.

Wir besitzen wenig Nachrichten über dessen letzte Lebenszeit. Von bekannten Männern, mit denen er in Verbindung stand, sind nur Justus Lipsius,[1] mit dem er einen Briefwechsel führte, und Pierre Charron zu erwähnen. Dieser wird auch heute noch als Verfasser des öfters aufgelegten Werkes *De la Sagesse* genannt, obwohl er keineswegs zu den hervorragenden Geistern der Zeit gehört. Er wurde als Sohn eines Buchhändlers 1544 in Paris geboren, war zuerst Advokat und wurde dann Priester und Prediger der Königin Margarete von Navarra. In seinem ersten Hauptwerk, *Traité des trois vérités,* stellt er die Behauptung auf, es gebe nur einen Gott; dieser Gott sei nur von den Christen erkannt worden und werde nur so, wie es sein Wille sei, von den Katholiken verehrt. Die Abhandlung *De la Sagesse* ist eine Kompilation aus Bodin,[2] Montaigne und Guillaume du Vair.[3] Als Dokument der Zeit ist sie nicht ohne Bedeutung: seine Ansicht von der Güte der Natur (II, ch. 3) ist die Meinung eines Mannes der Renaissance; als Christ verkündet er den elenden Zustand

[1] Just Lips (1547–1606), der große Philolog, dem Montaigne mancherlei Anregung verdankt. Seine *Manuductio ad Stoicam philosophiam,* die allerdings erst später erschien, wurde viel gelesen. Montaigne gedenkt seiner *Politicorum sive civilis doctrinae libri sex* im 25. »Essai« des ersten Buches. Als Politiker trat Lipsius, ganz wie Montaigne, für die Einheit der Staatsreligion ein. (IV, 9.)

[2] Jean Bodin (1530–1593), dessen Werk *De la république* (1567) als erster Versuch einer wissenschaftlichen Staatslehre gelten kann; er war einer der heftigsten Gegner des römischen Rechts. Auf der Ständeversammlung zu Blois 1576 verteidigte er die Rechte des Volkes und die Gewissensfreiheit. In einigen seiner Theorien über die Monarchie ist er Vorläufer Montesquieus. Über sein Leben ist wenig bekannt.

[3] Ein Geistesverwandter Pascals (1556–1621), der als Graf-Bischof von Lisieux, erster Präsident des Parlaments der Provence und Siegelbewahrer der französischen Krone eine öffentliche Rolle spielte. Übersetzer Aeschines', Demosthenes', Ciceros und des Handbüchleins der Moral von Epiktet. Sein *Traité de l'Eloquence française et des raisons pourquoi elle est demeurée si basse* verrät schon die Bestrebungen der künftigen Klassizisten. Als Philosoph zuerst Stoiker (in seinem *Traité de la philosophie des Stoïques),* dann später (in seinem *Traité de la sainte philosophie)* reiner Christ. Seine Schriften sind Vorläufer der späteren Jansenisten-Bewegung, die eine zweite Reformation in Frankreich herbeizuführen suchte. (Vgl. *E. Cougny, Guillaume du Vair, d'après des documents nouveaux,* Paris 1857.)

des Menschen; als Plagiator Montaignes predigt er den Glauben an die Vernunft und den Willen des Menschen; und als Theologe gehört er zu den Rationalisten, die da meinen, man könne den Glauben auf die menschliche Vernunft gründen.

Montaigne starb als Philosoph. Stephan Pasquier[1] erzählt vom Hörensagen, Montaigne, der an einer Bräune litt, sei drei Tage sprachlos gelegen und habe, als er sein Ende nahen fühlte, ein paar Edelleute unter seinen Nachbarn zu sich gebeten, um ihnen Lebewohl zu sagen; er habe dann in seinem Schlafzimmer die Messe lesen lassen und seinen Geist aufgegeben, als er bei der Wandlung den Versuch machte, sich zu erheben. Die anderen Freunde Montaignes, der Dichter Pierre de Brach[2] und Florimond de Raymond, wissen nichts von diesem Tod zu berichten, der übrigens in keinem Widerspruch zu dem Leben des Philosophen stünde: wer eine Wallfahrt nach Loreto macht, zu Ostern beichtet, dem Papst den Pantoffel küßt und die Religion seines Volkes für die beste erklärt, weil sie die Landesreligion ist, mag die Formen dieser Religion beachten, in denen sich, seiner eigensten Meinung nach, vielleicht eine geheime Weisheit offenbart. Der Denker stand in seinem sechzigsten Lebensjahre, als er am 13. September 1592 aus dem Leben schied.

Montaignes Leiche wurde am 1. Mai 1593 in der Kirche der Feuillants beigesetzt und später, bei einem Umbau im Jahre 1611, in die Krypta einer Seitenkapelle übertragen. 1800 wurde der Sarg in feierlichem Zuge in das Museum überführt; es stellte sich indessen heraus, daß man einer Nichte Montaignes diese Ehrung erwiesen hatte. Das Denkmal, das ihm seine Witwe errichten ließ, zeigt Montaigne auf dem viereckigen Sarkophage in der Rüstung eines Ritters liegend; die

[1] *Lettres, liv.* XVIII, *1*. Der berühmte Jurist und Historiker (1529–1615) war ein eifriger Gegner der Jesuiten und Vorkämpfer der französischen Religionseinheit.

[2] Herr de la Morte-Montusson, Advokat und Dichter (1549 bis ?). Als großer Bewunderer Tassos übertrug er (1596) vier Gesänge des »Befreiten Jerusalems« ins Französische. Als Lyriker nimmt er eine ausgezeichnete Stellung unter seinen Zeitgenossen ein.

Hände sind gefaltet, der Helm liegt zu Häupten und die Handschuhe zur Seite. Zwei Grabschriften, die eine in griechischer, die andere in lateinischer Sprache, feiern im Stil der Zeit die Verdienste des Philosophen. Der Verfasser der griechischen Inschrift ist der Parlamentsadvokat Jean de Saint-Martin: sie verkündet, daß der Weise den Skeptizismus Pyrrhons mit dem christlichen Dogma verschmolzen habe. Die lateinische Inschrift feiert den Charakter Montaignes, seine sanften Sitten, seinen feinen Geist, die Überlegenheit seines Urteils, seine Freundschaft mit den größten Königen und den Führern der Partei des Irrtums, sein schönes Leben und seinen schönen Tod.

Montaignes Witwe, Françoise de la Chassaigne, überlebte ihren Gatten um fünfunddreißig Jahre; sie überlebte auch ihre Tochter, die ihren ersten Gatten 1594 verloren hatte und 1608 eine zweite Ehe mit Charles de Gamaches eingegangen war und 1616 starb. Ihr einziges Kind aus dieser Ehe, eine Tochter namens Marie, war der Trost der Großmutter, die 1623 im Alter von dreiundachtzig Jahren auf Schloß Montaigne starb, das bis 1800 im Besitze der Nachkommen des Philosophen blieb.

Das Fräulein von Gournay blieb dem Andenken ihres »Vaters« treu und trat auch zu dessen Witwe und Tochter in herzlichste Beziehungen. Im Einverständnis mit der Familie veranstaltete sie 1595 eine Ausgabe der »Essais«, der Montaignes letztes Handexemplar zugrunde lag. Montaigne hatte die letzten Jahre seines Lebens darauf verwendet, die Ausgabe von 1588 mit erneuten Zusätzen, Anmerkungen und orthographischen und stilistischen Verbesserungen zu versehen: dieses Exemplar, das sich jetzt auf der Stadtbibliothek zu Bordeaux befindet, ist vollkommen erhalten, aber im 18. Jahrhundert durch einen Buchbinder stark beschnitten worden. Fräulein von Gournay, die damals gerade in Paris weilte, bekam nicht das Original in die Hände, sondern nur eine Abschrift, deren Text der Dichter Peter de Brach festgestellt hatte: denn ein Vergleich der Gournayschen Ausgabe mit dem Original in Bordeaux zeigt kleine Abweichungen und Zusätze, die in dem Handexemplar fehlen. Hatte Montaigne weitere Zusätze auf einzelnen losen Blättern gemacht, die der Herausgeberin von seiner Witwe übermittelt wurden? Hat sich diese das Recht herausgenommen, einzelne Stellen, die sie durch ihre Kühnheit erschrecken mochten, zu mildern? Wir sind auf Vermutungen angewiesen. Die Herausgeberin selbst erklärte in der Vorrede, sie sei den Absichten des Denkers mit abergläubischer Verehrung nachgekommen. Die Zeit wußte übrigens nichts von philologischer Treue, und die Abweichungen von dem letzten Handexemplar sind zu unbedeutend, um auf die verdienstvolle Arbeit Peter de Brachs und des Fräuleins von Gournay einen Schatten zu werfen. Es gibt Leser, die die Ausgabe von 1580 der letzten Ausgabe vorziehen, weil jene die größere Klarheit der Gedankenführung im einzelnen aufweise; aber die posthume enthält viele sehr wertvolle Zusätze, die wir ungern missen möchten, und Montaignes Überarbeitung bewies auf alle Fälle, daß er, als Denker und Stilist, mit der früheren Form seiner »Essays« nicht zufrieden war.

Nach der Veröffentlichung der »Essais« verbrachte Fräulein von Gournay längere Zeit auf Schloß Montaigne. Ihr Jugendwerk, der Roman *Le Proumenoir de M. de Montaigne*,[1] hat einigen Einfluß auf die Entwicklung des französischen Romans geübt. Ihre weitere Tätigkeit als Schriftstellerin brachte sie auch mit dem Hofe in Verbindung. Ohne schöpferisches Vermögen, übertrug sie die regellose Art Montaignes, den Büchern und den Dingen beizukommen, auf alle möglichen Gebiete. Im Jahr 1622 veröffentlichte sie eine Abhandlung über »Die Gleichheit zwischen Männern und Frauen«, die mehr durch Gefühlsgründe als durch klare Beweisführung bemerkenswert ist. 1626 erschienen ihre gesammelten Schriften unter dem merkwürdigen Titel *L'Ombre de la Demoiselle Gournay*, eine wirre Nachahmung der

[1] Paris, 1594, bei Abel l'Angelier.

Montaigneschen »Essais«. Als Kritikerin nahm sie gegen die neuen Poeten Partei, die in bewußte Reaktion gegen die Natürlichkeit Montaignes oder die Poesie Ronsards traten und in Malherbe ihren Führer verehrten, der die französische Sprache zu einem Element rhetorisch-klassischer Bildung umschmiedete und der ersten Hälfte des beginnenden Jahrhunderts bestimmende Formgesetze gab. Die gebildete Gesellschaft machte sich über die gelehrte Schriftstellerin bisweilen lustig, brachte aber ihrem Charakter die höchste Achtung entgegen. In ihren letzten Lebensjahren trat sie auch in Beziehungen zu dem Kardinal Richelieu, der ihr eine Pension von zweihundert Talern aussetzte und, wie Tallemant des Réaux erzählt, auch ihre Dienerin und ihre Katze Peillon mit einer Jahresrente bedachte. Fräulein von Gournay starb am 13. Juli 1645 im Alter von neunundsiebzig Jahren. In der Geschichte der französischen Literatur lebt sie als Wahltochter Montaignes und als Bekämpferin Malherbes fort.[1]

[1] Ausführliches über ihre Schriftstellerei in: *La famille et les amis de Montaigne. Causeries autour du sujet par Paul Stapfer.* (Paris, Hachette 1896.)

9

Wir modernen Menschen sind gewohnt, Urheber und Werke nicht zu trennen: wir sind der Meinung, daß die Frucht den Baum, und der Baum die Frucht erkläre. Bei einem Manne, dessen einziges Werk als beständige Konfession, wenn auch nicht ganz im Sinne Goethes oder Rousseaus, aufzufassen ist, verlangt diese Einheit allerdings eine andere Würdigung als bei einem Künstler, der, wie der fragwürdige Gott der Schöpfung, bescheiden hinter seinem Werke verschwindet. Wir müssen jede Äußerung eines solchen Beichtigers, der in voller Entdeckerfreude schreibt, auf ihre Bedeutung prüfen; wir müssen darauf achten, ob irgendein Bekenntnis oder ein Gedanke nur einer flüchtigen Laune entspringt oder der notwendige Ausdruck einer selbstherrlichen Natur ist, die, was sie auch treiben mag, immer wieder auf ihre eigenen heimlichen Bedürfnisse zurückkommt. Jeder Dramatiker weiß, daß jeder Fluß der Gedanken, der in das unsichere Licht des Bewußtseins tritt, einen geheimen Unterstrom mit sich führt, der zuweilen mehr über das innerste Wesen einer Gestalt verrät als das, was in hellem Licht vor aller Augen liegt. In diesen Unterstrom müssen wir niedertauchen, auf die Gefahr hin, zuweilen eine Perle zu finden, welche ein fremder Zufluß in die stillen Gewässer führte, die nicht immer einem reinen Paradiese oder dem Garten lautersten Glückes entspringen.

Werfen wir noch einmal einen Blick auf das Leben dieses Denkers, der sich selbst enthüllt, um nicht nur der Welt, sondern auch seiner eigenen Seele ein Schauspiel zu geben, das die drückendste Einsamkeit schön und genußreich macht. Wie kommt es, so fragen wir, daß ein Mann der französischen Renaissance sich selbst als Vorbild, ja als Stoff, als Gegenstand eines Werkes empfindet, das doch zunächst den Menschen im allgemeinen und dann erst Ziel und Zweck des eigenen, schwankenden Lebens ergründen will?

Auch hier wird es sich empfehlen, zuerst Abstammung, Rasse und Blut als das Bestimmende zu betrachten und die Zeit, in welche dieser Mensch hineingeboren ist, sowie die Umgebung, in der er aufwächst, reift und lebt, mit dem Blicke des Historikers und Psychologen zu würdigen.

Montaigne ist der Sproß einer alten, bürgerlichen Familie, die den Aufstieg in den Adel unternimmt, ohne dabei auf mehr Schwierigkeiten zu stoßen, als sie etwa einem modernen Großkaufmann oder Fabrikanten begegnen mögen. Der geadelte Schloßbesitzer kann mit Genugtuung und Stolz auf tüchtige Vorfahren hinweisen, und er gedenkt ihrer zuweilen in einer Weise, die den leisen Spott der Hofleute und Enkel des Feudaladels herausfordern mag, ohne daß die offenbare Tüchtigkeit des Mannes dauernd Gefahr liefe, einer groben Lächerlichkeit zu verfallen. Seine rein humanistische Erziehung weist ihn von vornherein in die zahlreiche Gefolgschaft des Rechtsadels, der *noblesse de robe*, die im sechzehnten Jahrhundert schon auf eine ruhmreiche Vergangenheit zurückblicken und die Hoffnung auf eine größere Zukunft, auf steigenden Einfluß hegen darf. Trotzdem er, als gelegentlicher Hofmann, der seine Augenblicke zu wählen weiß, seine schönsten Stunden zu Pferde verbringt und das bunte Feld- und Lagerleben mit den kräftigen Sinnen eines Kriegsmannes erfaßt, merkt man seinem vorsichtigen, nachdenklichen Wesen an, daß seine Ahnen ihr Leben nicht auf Schlachtfeldern oder am Hofe, sondern hinter dem Rechentisch in einer reichen Kaufmannsstadt verbracht haben. Er besitzt zwar, wie er nicht oft genug erzählen kann, kein Talent, sein Gut und sein Vermögen zu verwalten und zu vermehren; aber selbst seine geistigen Neigungen, die sein eigentliches, inneres Schicksal bestimmen, deuten auf tüchtige Vorfahren hin, die gewohnt waren, mit dem Erworbenen vorsichtig umzugehen. Obwohl er in seiner Jugend die üppigen Genüsse, wie sie das Leben einem begüterten Edelmanne bieten kann, mit frischesten Sinnen genießt, schlägt immer wieder die bürgerliche Tüchtigkeit in seinem Wesen durch. Das französische

Königtum, das, als Erbe des römischen Einheitsgedankens, in der Einigung der Nation die einzige Gewähr für seine Macht erblickte, mochte den Aufstieg solcher Geschlechter in die Reihen des Adels gerne sehen: sie lieferten vielfach treuere Leute und frömmere Untertanen als die hochmütigen Erben des Feudaladels, in denen der alte Geist des germanischen Lehenswesens weiterlebte und vor den Übergriffen der Könige immer wieder zur Empörung reizte. Es ist bezeichnend für den Verlauf der ganzen französischen Geschichte, daß das Bürgertum der großen Städte, mit wenigen Ausnahmen, stets gut königlich gesinnt war: in diesem glücklichen Lande, dessen logische Instinkte selbst die Zerrissenheit und Zwistigkeiten des Reformationszeitalters nicht lähmen konnten, halten die Städte treu zum König, und wenn einzelne derselben, wie Paris nach dem Tode Heinrichs III., Parteipolitik treiben, so geschieht dies im Dienste einer geistigen Macht, die den französischen Einheitsgedanken nach einer anderen, nach der religiösen oder kulturellen Seite hin vertritt: Paris hat nie in seinem Verhältnis zum Katholizismus geschwankt, der in dem romanisierten Lande nicht als bloß rein religiöse Macht, sondern zugleich auch als politische Kraft wirkte und den klar gefühlten Zusammenhang mit dem Erbe der alten römischen Munizipien vermittelte. Als Heinrich von Navarra seinem protestantischen Glauben abgeschworen hatte und, nach den Wechselfällen eines langen, erbitterten Kampfes, endlich in Paris einziehen konnte, empfing ihn die Stadt mit einem Jubel, der den klugen Herrscher selbst überraschen mochte.

Wir sind heute, hundert Jahre nach der großen Revolution, in der Lage, die Entwicklung und den Verlauf der Verhältnisse zu überblicken, deren Gestaltung das französische Königtum, im Interesse seiner Hausmacht, anstreben mußte. Um es kurz zu sagen: das romanische Einheitsprinzip steht im Kampfe mit dem germanischen Feudalrecht, dessen Taten und Früchte, wie sie in dem zerrissenen Deutschland vor aller Augen lagen, eine romanisierte Nation nicht zur Nachahmung verlocken konnten. Karl VII. (1422–1461) hatte seine Macht auf jene Mächte und Maßregeln gegründet, die eine dauernde, gesicherte Herrschaft verbürgen: auf ein stehendes Heer, das den kriegslustigen französischen Adel in seine Reihen lockte, und auf regelrechte Steuern, deren Verteilung und Einhebung ein ergebenes Beamtentum erforderten. Die Generalstaaten, die im fünfzehnten Jahrhundert noch ein Bollwerk gegen die Übergriffe der Könige gebildet hatten, wurden mit der Zeit ein Instrument in der Hand der Herrscher, die unaufhörlich an die Abrundung des Landes dachten. Ludwig XI. (1464–1483), der eher einem schlauen französischen Bürger als einem großen König glich, gelang es, seinem ererbten Reiche das ganze südliche Frankreich, das bis dahin aus einzelnen Herzogtümern bestanden hatte, dazu Burgund und andere kleinere Gebiete anzugliedern. Gegen Ende des 15. Jahrhunderts war Frankreich ein zusammenhängender Staat, dem in der Folge nur noch die Bretagne, Lothringen, Flandern, das französische Navarra, die Grafschaft Béarn und die ausgedehnten Besitzungen des Hauses Bourbon in Mittelfrankreich einverleibt wurden. Ludwig der Heilige war noch Oberherr einer Reihe kleiner Feudalstaaten gewesen; Karl VII., unter dem die Jungfrau von Orleans ihre Mission erfüllte, und Ludwig XI. sind Fürsten eines ziemlich homogenen Staates und als solche stets darauf bedacht, die Selbständigkeit der Körperschaften und Städte, die einige Privilegien bewahrt hatten, zu unterdrücken oder abzuschaffen. Die Zentralisierung des Landes, die in Paris ihre Krönung finden sollte, ist von nun an nur noch eine Folge der Zeit: der romanische Geist ist, als politische Triebkraft, in diesem Lande mächtiger als der germanische, der seine schöpferische Kraft in anderer Weise betätigen sollte.

Eine solche Bewegung, die an tausend Bedürfnisse und Interessen rührt, verläuft nicht gleichmäßig. Montaignes Leben verfloß in einer Zeit, da ein Rückschlag gegen die Einheitsbestrebungen der Könige eingetreten war. Franz I., dessen verführerische Persönlichkeit dem nationalen Empfinden der Franzosen in höchstem Grade schmeichelte, hatte, als Gegner Karls v., die erzgepanzerten Scharen des französischen Adels auf die großen Schlachtfelder in Italien geführt, wo der Kampf um die Vorherrschaft im westlichen Europa ausgefochten wurde. In Italien lernte der gallische Adel eine höhere, ja schon überreife Kultur kennen, die zunächst auf die äußere Lebensgestaltung der Franzosen umbildend wirkte und den Sinn für prunkvolle Kleidung, für Schmuck und Glanz, für feine Manieren und geistreiche Tändelei weckte; aber trotzdem die italienische Kultur auf ein gemeinsames Erbe zurückgriff, vermochte sie das bildende Walten und Gestalten des nationalen Geistes in Frankreich nicht zu ersticken oder umzumodeln. Die französischen Künstler waren und blieben national: Maler, Bildhauer, Dichter blieben Franzosen, in denen die Phantasie nie, wie in Italien, jenes Übergewicht erlangte, das zu dämonischer Entwicklung trieb und, wie alles Übermaß, sehr rasch zu völliger, wenn auch langsamer Entartung führte. In dem neueren Gallien ist die Phantasie keine mächtige Herrin, sondern eine bescheidene Magd, die im Dienste klarer Temperamente oder einer Logik steht, welche in dem gesunden Menschenverstande, dem vielberufenen *bon sens*, einen Steurer und Richter besitzt.

Es wäre übrigens nicht ganz richtig, den italienischen Einfluß auf das sechzehnte Jahrhundert in Frankreich als Folge der Kriegszüge Karls VIII. oder Franz' I. zu betrachten: schon früher bestanden, über Lyon, lebhafte Beziehungen zwischen Italien und Frankreich; aber sie waren nicht stark genug, um den nationalen Geist auf seinem vorgezeichneten Wege aufzuhalten. Der große Maler Jean Fouquet (1415–1480), der uns heute näher steht als viele Italiener, ist in seiner Feinheit und seinem gewissenhaften Realismus durchaus Franzose, und Michel Colomb (1413–1512), der große Bildhauer, ist es nicht minder. Die herrlichen Schlösser zu Amboise, Blois, Gaillon, Chambord sind Muster französischer Architektur, die mit Bewußtsein an den gotischen

Grundelementen der Schloßbauten festhält und dem Fremden nur langsames Eindringen gestattet. Da wo der italienische Geschmack rein herrscht, wie in der Ausschmückung des Schlosses zu Fontainebleau, das der größte Bauherr des Jahrhunderts, Franz I., als prunkvollen Ruhesitz für sein Alter aufführen ließ, waren es Italiener, die ihre leichte Kunst übten.[1]

Auch die Franzosen, die sich, als Denker und Schriftsteller, in der zweiten Hälfte des sechzehnten Jahrhunderts mit gesteigertem Selbstbewußtsein auf die Antike stützen, bleiben national. Joachim de Bellay (1525–1560), der anmutige Vorläufer Ronsards, stellte in seiner »Défense et illustration de la langue française (1549)« die Forderung auf, daß auch die Gelehrten ihre Werke in französischer Sprache schreiben sollten; Calvins Hauptwerk, die *Institution chrétienne*, ist ein Meisterwerk klarer französischer Prosa. Es ist bezeichnend für die Stärke der romanischen Überlieferung, daß der Einfluß der griechischen Literatur im Laufe des sechzehnten Jahrhunderts ganz allmählich zurücktrat: schon gegen 1560 war die Romanisierung des französischen Geistes vollendet. Aber selbst die klare Kenntnis, daß in Kunst und Schriften fremde Elemente eindringen und walten, vermochte den schöpferischen Trieb des Volkes nicht in seinen Grundinstinkten zu stören: auch die Baumeister der herrlichen Schlösser zu Ancy-le-Franc, Folembray, Valery, Villers-

[1] Der galante König, dessen Bildung, trotz der fürstlichen Oberflächlichkeit seines Wesens, nicht unbedeutend war, betätigte sich nicht nur als talentvoller Gelegenheitsdichter, sondern auch als glücklicher Sammler: er besaß die büßende Magdalena Tizians, die Gioconda Leonardos, die Leda Michelangelos. Sein Verhältnis zu Benvenuto Cellini ist aus dessen einziger Lebensbeschreibung allgemein bekannt. Katharina von Medici, welche die Sammlerleidenschaft ihres Hauses mit nach Frankreich brachte – de Thou nennt sie gelegentlich *femina superbi luxus* –, besaß 129 Wandteppiche, 71 herrliche Emailstücke aus Limoges und 476 Ölgemälde, eine Bibliothek von 4560 kostbaren Büchern und 776 antiken Handschriften. Ihre Schmucksachen und Geräte verraten den feinsten Geschmack. Als Königin-Mutter war sie Urheberin der Hofetikette, die am Hofe der Valois, dem prunkvollsten der ganzen Welt, sofort in ein System gebracht wurde und dann unter Ludwig XIV. jene Vollendung erlangte, die das Leben des Monarchen zu einem Frondienst machte.

Cotterets, Ecouen, Bury, Saint-Maur gehen nicht von dem beliebten viereckigen Grundplan ab, und nur der ornamentale Schmuck verrät den wachsenden Einfluß der Renaissance. Das Werk des größten Architekten, Pierre Lescot (1510–1578), der Louvre, ist ein Meisterwerk nationaler Baukunst: das ist nicht griechisch, nicht italienisch, das ist französisch in der glücklichen Mischung fremder und einheimischer Elemente, die lange nachwirken sollte. Die berühmten Karyatiden Jean Goujons (am Pavillon de l'Horloge), seine Diana, für die Diane de Poitiers Modell saß, seine Nymphen an der »Fontaine des Innocents«, die »vier Jahreszeiten« am Hotel Carnavalet sind so echt französisch wie die drei Grazien Germain Pilons, oder die Büsten Franz' I. und Karls V. von Jean Cousin, oder die meisterhaften Bildnisse des Malers François Clouet (1500–1572), dessen Schüler die nationale Tradition in glücklichster Weise aufrecht erhalten: und so drängt denn in diesem reichen Lande alles Leben, das, trotz aller tragischen Zerrissenheit, in mächtigem Aufschwung begriffen ist, zur harmonischen Nationalisierung aller Kräfte, die alle Tätigkeit des schaffenden oder handelnden Menschen bedingen und rechtfertigen.

Selbst die religiöse Bewegung verläuft hier anders als in Deutschland, das heißt unter einem Volke, in dem, trotz mannigfacher Mischungen, germanisches Blut vorherrscht: sie hat einen halbwegs politischen Charakter und wendet sich eher an den Bürger eines Einheitsstaates als an den einzelnen.

Die italienische Renaissance stellt das Individuum auf sich selbst, und die frei gewordene Persönlichkeit betätigt das Glück, das sie im Rausch der Freiheit genießt, durch Leben und Schaffen. Nur in der Kunst vermag es sein Höchstes zu geben; nur als Bildner vermag es jene Werke hinzustellen, die das edelste Erbe der Menschheit mehren und für immerdar die größte Verführung zu fesselloser Betätigung in den Schranken des Daseins bilden. Dabei waltet in Italien in allem Tun und Treiben ein dämonisches Element, das den einzelnen, der einzig sein Gefühl und Denken als richtendes Gesetz empfindet, bis an die Grenze seiner Fähigkeiten treibt und keine Hemmung duldet.

In den lebensvollen Gemeinwesen der Halbinsel findet die große Gegenbewegung gegen dieses südliche Heidentum, die wir Reformation nennen, keinen Boden: diese Weltmenschen haben sich mit dem Christentum und dem Papste abgefunden, und selbst eine Gestalt wie Savonarola vermag die Lebensführung des zerrissenen Landes, das in Florenz einen Herd ungeheuersten Schöpfergeistes besitzt, nicht dauernd zu beeinflussen. Aber in Frankreich, wo das germanische Blut sich regte, gelangen Renaissance und Reformation zum Kampfe: der Norden und der Süden schlagen eine jener langen Geisterschlachten, in denen die Toten kämpfen und das Schicksal der Lebendigen bestimmen.

Die äußeren Ursachen der großen Bewegung sind auch in Frankreich die gleichen wie in einem großen Teile Deutschlands: Ämterkauf und Verteilung der Pfründen an Männer, die nicht Geistliche waren, die Sittenlosigkeit der Klöster, Armut und Knechtschaft des niederen Klerus, der Ablaßhandel; auch hier sind es die Humanisten, wie Dolet (1509–1546), der 1546 den Scheiterhaufen bestieg, und Lefèvre d'Etaples, der sechs Jahre später das gleiche Schicksal erlitt, sowie ein Teil des Adels, der seine allmähliche Entrechtung mit wachsender Unzufriedenheit empfand und durch die Einziehung der Kirchengüter eine Besserung seiner Verhältnisse erhoffte, die zu Trägern der Empörung wurden. Der allerchristlichste König, der sich, wo es not tat, der Religion stets zugunsten seiner Machtstellung zu bedienen wußte, fühlte sich verpflichtet, gegen die Neuerer vorzugehen, weil sie den Thron zu bedrohen schienen: überall flammten die Scheiterhaufen auf, und die Sorbonne lieh hilfreichste Hand gegen die Ketzerei, zumal diese aus der Fremde stammte. 1525 wurde ein Schuster in Grenoble als erstes Opfer der beginnenden Unduldsamkeit verbrannt, trotzdem die anmutige Margarete von Navarra, die Lieblingsschwester Franz' I. und Großmutter Heinrichs IV., die Neuerer begünstigte, die dann unter

Heinrich II. mehr und mehr Anhänger unter dem Adel, den Legisten, den Bürgern gewannen und in Genf, wo Calvin seine Herrschaft errichtete, einen Hort und Ruhepunkt ihres Glaubens besaßen. Die schärfsten Maßregeln des Königs, der in den Juristen stets getreue Helfer und Werkzeuge fand, waren vergebens. Im Jahre 1559 bestieg Anne du Bourg, der berühmte Jurist und Lehrer des Boëtius, den Scheiterhaufen. Überall kam es zu offenem Kampfe zwischen den beiden Parteien, trotzdem der hochsinnige Kanzler L'Hôpital einen Augenblick glauben mochte, die beiden Konfessionen durch die Einigung ihrer Glaubenssätze versöhnen zu können. Die Bartholomäusnacht, die überall das ungeheuerste Aufsehen erregte, lähmte die protestantische Bewegung nur für kurze Zeit; der Rückschlag gegen die Hugenotten trat erst dann mit aller Macht ein, als die Nation die schweren Folgen des Bürgerkrieges, der die Einheit des Landes für immer zu gefährden schien, ruhigern Auges überblickte. Dazu kam die Wirksamkeit des Jesuitenordens, der 1534 von Ignaz von Loyola in Paris gestiftet worden war und sich mit ungeheuerer Schnelligkeit ausbreitete. Auf alle Fälle befanden sich die Reformierten, in deren Bestrebungen einzelne Rassentheoretiker die Auflehnung germanischen Geblütes gegen galloromisches Wesen sehen wollen, in einer schiefen Lage, die sie zwang, sogar bei ihren Religionsgegnern, in Spanien, Hilfe zu suchen. Das vorläufige Ende des wechselreichen Kampfes war indessen das Edikt von Nantes und die Erhaltung des Katholizismus als französische Staatsreligion.

Auch die große Bewegung, die wir Reformation nennen, bedeutet eine Befreiung des Geistes: sie löst das Individuum von den Banden geistlicher Mächte, die im Mittelalter wurzeln, los; aber indem sie das religiöse Leben an den Inhalt der Bibel knüpft, bleibt sie zunächst auf halbem Wege stehen. Sie errichtet eine neue Autorität: sie macht zwar den einzelnen zum Richter über sein religiöses Seelenleben, aber sie bindet ihn doch an den Buchstaben eines Buches. Man begreift, daß feine Geister, wie die Humanisten, die sich vor dem bäurischen Gebaren der Neuerer zuweilen das Römerwort *Quid est veritas?* vorhalten mochten, sich von dem Treiben der Parteien abgestoßen fühlen mochten. Montaigne, der unter den Greueln des Bürgerkrieges schwer zu leiden hatte, verhehlt seine Meinung hierüber nicht: »Es ist nicht billig, daß ein Ladenbursche sich damit bei seinen eiteln und nichtigen Gedanken unterhalte und sein Spiel damit treibe! Noch weniger ist es zu billigen, diese heiligen Bücher der hohen Geheimnisse unseres Glaubens im Saale oder in der Küche herumgeworfen zu sehen. Ehedem waren es Geheimnisse, jetzt braucht man solche als Rätsel zum Zeitvertreibe. Es ist nicht im Vorbeigehen und obenhin, daß man ein solches ernsthaftes und ehrwürdiges Studium treiben darf.« (I, 56.)

Dem feinen Humanisten, der selbst im Zweifel eine Möglichkeit des Glücks verehrt, ist die bäuerische Tölpelhaftigkeit, die sich im Alleinbesitz der Wahrheit glaubt, ein Greuel: »Wie phantastisch schien mir die Einbildung derjenigen, die in den vergangenen Jahren die Gewohnheit hatten, jeden, dem ein wenig Klarheit des Verstandes zuteil geworden war und sich dennoch zur römisch-katholischen Religion bekannte, zu beschuldigen, er heuchle, und ihm damit noch eine Ehre zu erweisen glaubten, indem sie, er mochte sagen was er wollte, meinten, er könne nicht fehlen, er müsse inwendig glauben wie sie, die sich Reformierte nennen. Es ist eine traurige Krankheit, sich für so stark zu halten, daß niemand das Gegenteil glauben könne; und noch trauriger, wenn man sich einen solchen verständigen Mann so einbildet, als zöge er, ich weiß nicht was für ein ungleiches gegenwärtiges Glück allen Hoffnungen und Bedrohungen auf das zukünftige Leben vor! Sie können mir auf mein Wort glauben: hätte meine Jugend irgend etwas in Versuchung setzen können, so hätte der Ruhm des Wagestücks und die Schwierigkeiten, die auf einen solchen neuen Übertritt folgten, daran nicht geringen Anteil gehabt.« (I, 56.) Die ungeheuere Erneuerung des geistigen Lebens, die von der Reformation ausging, wird durch solche Erwägungen nicht berührt: denn es gehört nun einmal zum Wesen des menschlichen Geistes, daß er sich auf die Dauer von keinem Dogma gefangenhalten läßt, das seine Grundinstinkte bedroht. Jede Religion, die blühend bleiben will, muß zwar als Leidenschaft in ihren Bekennern walten oder, wie im romanisierten Süden, jene organisierende Macht besitzen, die große Gesellschaftsgebilde mit Gewalt zusammenhält; im Wesen der Reformation aber lag, trotz aller Hemmungen, die Zukunft freier Forschung beschlossen: denn es war unmöglich, daß sich der menschliche Geist, der nun mit Bewußtsein Vergangenheit und Gegenwart ergriff, für alle Zeiten an die Schranken des Wortes binden konnte, mochte es auch den Anspruch erheben, unmittelbar göttlichen Ursprungs zu sein.

Renaissance und Reformation gehören zusammen. Die italienische Renaissance stellt den gewaltigsten Ausbruch schönheitseliger Kräfte dar: sie ist schöpferisch oder, um es kurz zu sagen, in ihren höchsten Hervorbringungen ästhetischer Art. Maß und Schöpfer alles Lebens ist das Individuum, das alle irdischen und himmlischen Dinge in den Kreis seiner Betrachtung zieht und von sich aus alles zu bewegen und zu erklären sucht. Der Gegensatz zwischen Sinnlichem und Geistigem ist für den Augenblick aufgehoben oder wird nicht empfunden: die Persönlichkeit, die in ihren höchsten Vertretern alle Triebe in den Dienst eines ungeheuren Schöpferwillens stellt, erfaßt die Welt mit neuen Sinnen; denn jede neue Kultur geht auf eine neue Form der Sinnlichkeit zurück. Die alten Mythen und Mären des Christentums sind diesem Streben keine feindlichen Bereiche, sondern eine heitere Welt unerschöpflicher Gebilde, aus welcher der Künstler oder Bildner seine Stoffe nimmt, um sie in festlicher Weise zu verklären: die Kunst der Renaissance ist eine Monumentalisierung oder Steigerung des Menschlichen, mag dies eine aus den Gestalten des neuen oder alten Testamentes aufglänzen, dem Michelangelo seine zeitlosen Gestalten entnimmt. Die Entdeckung der Welt und die Entdeckung des Menschen stimmt das unermessene Lebensgefühl nicht herab: es eröffnet dem Betrachter, der noch nicht ahnt, daß sie seine Söhne und Enkel von ihrem erträumten Thron im Weltall herabstößt, nur den Einblick in ungeheure beglückende Fernen und Möglichkeiten. Die Schöpferkraft ist, wenn sie ungehemmt walten kann, an und für sich reinste Seligkeit, und das langsame Sprießen und Reifen des neuen Lebensgefühls während des Mittelalters gestattete, alle Innerlichkeit dieser Zeit in die neue Welt herüberzuretten, welche in der *virtù*, das heißt der umfassendsten Männlichkeit alles Tuns und Strebens ein klar umrissenes Ideal erkennt und zu verwirklichen sucht. Wir sind heute über die Ansicht hinaus, die in der Renaissance nur eine Wiederbelebung des Altertums erblickt: schon ein Blick auf die Kunst des Quattrocento und der französischen Bildner genügt, um die Haltlosigkeit dieser Anschauung zu bezeugen, die nur eines der Mittel einer notwendigen Neubelebung als Ursache der Bewegung ansah. Die Antike ist, wie das dumpfere Mittelalter, nur ein Hintergrund, auf dem sich in Italien die Neugeburt des modernen Menschen in Taten und Werken vollzieht: Natur und Geist stehen hier in einem anderen Verhältnis als im Altertum, und ihre Verschmelzung in der Kunst hat eine andere Bedeutung, weil die Kunst, als Auslegerin der Natur, von nun an auf die freie Persönlichkeit gestellt ist, ob zum Segen oder zum Fluch der Menschheit, mag fraglich bleiben. Der schönste Versuch, Heidentum und Christentum zu versöhnen, ist jene platonische Akademie der Mediceer, in der die beiden geistigen Mächte, die das Schicksal des modernen Menschen bestimmen, als allgemeines Lebensgefühl erfaßt werden, das sich mit allen Organen an das Gegenwärtige klammert und in Leo x. den oberflächlichen, genußsüchtigen Vertreter dieser glänzenden Weltlichkeit sogar auf den päpstlichen Thron schickt. Die politischen Verhältnisse in Italien, wo die Bewegung weltgeschichtlichen Charakter annimmt, sind der neuen Anschauung der Dinge nur förderlich: die kleinen Staaten, in denen sich die einzelnen Individuen in ungeheurem Lebensrausche zerfleischen, sind selbst ganz individuelle Gebilde, in deren Schranken sich Vergangenheit und Gegenwart für den Augenblick zu einer höheren Einheit erheben.

Dabei hindert die höchste Äußerung aller schöpferischen Kräfte, die in dem angeborenen Formsinn der Romanen einen Zügel und ein Maß besitzen, durchaus nicht die Betätigung eines scharfen Verstandes, der sich im Element alles Weltlichen mit der Sicherheit männlichen Geistes bewegt und den alten Satz der Sophisten bestätigt, daß der Mensch das Maß aller Dinge sei. Der *Principe* Machiavellis, der, was man nicht vergessen möge, das Werk eines Dichters ist, bleibt das Hauptdenkmal der Gesinnung, welche alles Weltliche nur vom Standpunkte der Möglichkeiten aus betrachtet, die dem Individuum, als dem Schöpfer von Staaten und Fürstentümern, offenstehen: hier wird der Wille zur Macht, wie jedes andere Vermögen, als eine Tatsache genommen, bei der man von den Maßstäben der christlichen Moral absehen muß, um ihr gerecht zu werden. Doch die Entfesselung des Individuums, das nur dann, wenn es über schöpferische Kräfte verfügt, einen sicheren Halt in seiner eigenen Seele besitzt, macht sofort diese ganze glänzende Welt zu einem neuen Problem: der Glaube an die Güte der Natur kann segnend wirken, aber auch jedes maßlose Eigengelüste rechtfertigen, und eine Gesellschaft bedarf, wenn sie dauern und ihre schöpferischen Kräfte bewahren will, auf alle Fälle einer Moral, die das Verhältnis zwischen Natur und Geist auf irgendeine Weise regelt: denn die Moral selbst ist nicht vom Himmel gefallen und kann keinen anderen Zweck haben, als dieses Verhältnis zu einer Lebensbedingung in einer bestimmten Rasse und zu einer bestimmten Zeit zu machen.

Dem Menschen der Renaissance steht der Mensch der Reformation gegenüber: diese hat dem Individuum im Norden, das sich unter andern Verhältnissen erhalten muß, die religiöse Freiheit wiedergegeben: der langverschüttete Lebensquell der deutschen Mystik bricht an einzelnen Stellen mit Macht wieder empor und spendet Labung und Trost, Erbauung und Beglückung. Das Luthersche Büchlein »Von der Freiheit eines Christenmenschen«, das zu den großen Streitschriften des Reformators gehört, ist von einem Hauch der deutschen Mystik durchweht, dessen innerstes Wesen allerdings nur ganz wenige erfassen mochten. Der Satz »Ein Christenmensch ist ein freier Herr über alle Dinge und niemand untertan« durfte den vielen, die in der Reformation nur die Rechtfertigung ihrer Instinkte sahen, als Schwarmgeisterei erscheinen; in Wirklichkeit aber wandte sich Luther mit dieser Schrift an den innern Menschen: zum ersten Male wieder wird das Wesen des Christentums, dessen Reich nicht von dieser Welt ist, rein erfaßt und mit der Gewalt eines geborenen Sprachschöpfers verkündet.

In Frankreich aber offenbart die Reformation Kräfte und Bedürfnisse einer anderen Rasse: hier versteht es Calvin, der ganzen Bewegung den Stempel einer außerordentlichen, starren Persönlichkeit aufzudrücken, als echter Franzose des wachsenden Mittelstandes, der alle religiösen Dinge und Erlebnisse durch die Logik zu meistern sucht. Ihm fehlt jener germanische Zug zur Mystik, wie er in Luther zuweilen an die glorreiche Zeit der deutschen Prediger des Mittelalters, an Meister Eckehart und den Verfasser der »Deutschen Theologie« gemahnt. Seine Schriften verraten die klassische Zucht des gediegensten Humanismus: sein berühmtes Buch *Institutio christianae religionis*, mit dem Sendschreiben an Franz I., ist ein Muster lateinischer Diktion und scharfer Logik: hier ist alles klar und alles flüssig, und diese ursprüngliche Klarheit wird weder durch Zusätze noch durch Umarbeitungen oder Übersetzungen gefährdet. Die französische Übersetzung, *L'institution de la réligion chrestienne*, die 1541 erschien, verrät die gleiche meisterliche Schulung eines Geistes, dem Äußeres und Inneres, Form und Inhalt keine Gegensätze sind: sie gehört, als Sprachdenkmal, zu den Meisterwerken der Zeit. Calvin ist Historiker und Philologe: er übertrifft Luther in der Kenntnis der alten Sprachen, aber auch in der Hartnäckigkeit, mit der er an der Unfehlbarkeit des Bibelwortes festhält. Seine große humanistische Bildung steht ganz im Dienste eines außerordentlich starren, hartnäckigen Willens, der sein Ziel mit gereizter Unerschütterlichkeit verfolgt und sich deshalb so heftig gebärdet, weil er sich auf Gründe der Vernunft zu stützen glaubt. Er fragt, als Theologe, nach den Gründen alles Daseins, und als Logiker, den das Elend dieser Welt aufs tiefste bewegt, sieht er Ziel und Zweck alles irdischen Strebens in der Erfüllung des göttlichen Willens. Er kann sich seinen Gott, dessen Wesen höchste Aktivität ist, nicht mächtig genug vorstellen, und vor diesem Richtergotte erscheint alles irdische Treiben nur als Verfehlung und Elend: das Calvinische Sündenbekenntnis gibt diesem Gefühl schroffen Ausdruck. Ein Wesen wie der Mensch ist ganz auf die Gnade dieses biblischen Gottes angewiesen; sein ganzes Schicksal hängt von dessen ewigem, geheimnisvollem Ratschluß ab: die einen sind zur Verdammnis, die anderen zur Seligkeit vorausbestimmt. Calvin ist Jurist, und sein Gott waltet überall und immer mit der unerbittlichen Strenge eines Gesetzgebers, der in der Bibel ein für allemal sein Gesetzbuch und seinen Willen geoffenbart hat. Aus dieser Anschauung fließt der ungeheure Buchstabenglaube Calvins, sowie sein hartnäckiger, eifernder Drang, seine dogmatischen Überzeugungen in Artikel zu fassen, die für das religiöse Leben die gleiche bindende Gewalt haben sollten wie ein Gesetzbuch: seine *Ordonnances écclésiastiques* stellten das ganze Gemeinwesen in Genf unter die Gewalt der vier biblischen Ämter, der Pastoren, Lehrer, Ältesten und Diakonen. Der harte Intellektualismus der Calvinschen Schriften ist durch und durch französisch, und nicht minder ist es sein leidenschaftliches Streben, das ganze Dasein nach den Grundsätzen christlicher Moral, ohne Rücksicht auf die allernatürlichsten Triebe, zu gestalten.

Der Wille zur Macht ist in diesem Stockfranzosen und Gegenpäpstlein bis zu einem Grade entwickelt, daß er nichts, auch das Verbrechen nicht, scheut, wenn er in der Gemeinde, oder bei einzelnen, auf Hindernisse stößt: denn das Gefühl des Auserwähltseins, das aber mit christlicher Demut nichts zu tun hat, läßt kein Erbarmen und keine Rücksicht aufkommen. Wer sich als Vollstrecker göttlichen Willens fühlt, darf alles tun; er darf sogar morden: Calvin, den seine Logik tyrannisiert, scheut sich denn auch nicht, den spanischen Arzt Michel Servet auf den Scheiterhaufen zu schicken. Er führt, als geistiger Herrscher eines bedrohten Gemeinwesens, den Kampf gegen das Papsttum mit anderen Waffen als Luther: er geht vor allem auf praktische Gestaltung kleinerer Verhältnisse aus; er muß Politik treiben, weil nur die Macht imstande ist, das Volk in der strengen Zucht des Herrn zu erhalten und zu einer Kampfgenossenschaft zu machen. In gewisser Hinsicht gehört das theokratische Regiment Calvins zu den interessantesten Versuchen, das ganze Leben eines kleinen Gemeinwesens zu moralisieren; aber dieser Versuch gründete sich in der Theorie auf einen Intellektualismus, der nicht einer gläubigen Gemütskraft, wie sie in Luther waltete, sondern dem Forschergeiste der Renaissance entspringt. Wenn wir allerdings fragen, wie man von einem Wesen, das ganz von der unerbittlichen Macht eines düstern Gottes abhängt und keinen freien Willen besitzt, die Übung der Tugend verlangen kann, so erhalten wir keine Antwort: wir stehen vor einer Antinomie, vor der wir nur auf eine Persönlichkeit, als den organisierten Widerspruch, verweisen können. Die Geschichte sagt uns übrigens, daß die Leugnung der Willensfreiheit nicht Willensschwäche bedeutet, wie sich denn gerade ungeheure Willensmenschen – ich erinnere nur an Napoleon – oft als Werkzeug einer höhern Gewalt gefühlt und gegeben haben.

Wir begreifen, daß ein solcher Glaube, der dem unsterblichen Hedonismus aller Menschen aufs tiefste widerstrebt, nicht allen Franzosen zusagen konnte.

Die Frage, ob es ein Glück für die europäische Kulturwelt gewesen wäre, wenn der Calvinismus in Frankreich gesiegt hätte, mag hier unerörtert bleiben. Tatsache ist, daß die Calvinsche Strenge der Mehrzahl des leichten Volkes, das keine schöpferische religiöse Ader besaß, auf die Dauer nicht behagte, und so blieb denn die Reformation in Frankreich ein Zwischenfall, der letzten Endes nur die ungebrochene Einheit der französischen Kultur förderte und beschleunigte.

10

Man wird gut daran tun, die Gesamtheit des reichen Lebens, das dieses wahrhaft große Jahrhundert auszeichnet, niemals außer Augen zu lassen, wenn man die Quellen finden will, welche die gleichmäßige Seele Montaignes gespeist haben. Und noch ein Punkt muß besonders hervorgehoben werden: Montaignes Mutter stammte aus einer Familie portugiesischer oder spanischer Juden. Das jüdische Blut, das sonst so mächtig ist, scheint zwar in dem behäbigen Gascogner, trotz seines offenbaren Skeptizismus, nicht allzustark angeschlagen zu haben; aber sicherlich verdankt er ihm jene erstaunliche Freiheit des Blickes über nationale Schranken hinaus, der ihn vor allen seinen Zeitgenossen auszeichnet. Die ungeheuere Leidensschule der spanischen Juden kam dem epikureisch-gelassenen Weltbürger sehr zugute: schon die Reiselust Montaignes, die fast ganz modern anmutet, darf man getrost auf Rechnung dieser mütterlichen Erbschaft setzen. Sein Bekenntnis, daß ihm jeder Ausländer gleich lieb sei, ist ganz unfranzösisch: darin offenbart sich eher eine Verwandtschaft mit dem weltbürgerlichen jüdischen Geiste, dem die nationalen Vorurteile oft auch da als Beschränkung erscheinen, wo sie Bedingung eines besonderen Lebens sind. Und so wirkt denn sein ganzes Wesen als die Frucht glücklichster Mischung, deren Gleichgewicht sich besonders in den trüben Wechselfällen des Lebens offenbart, welche die Tiefe und den Wert einer Natur unbarmherzig enthüllen: Charakter und Intellekt stehen in einer Harmonie, die uns auf Höhen führt, wo der Mensch, dem schöpferische Kräfte verliehen sind, als Gestalter seiner Seele und seines Werkes zur Ruhe kommen muß, wenn er sich selber treu bleibt.

Versuchen wir einmal, das Wechselspiel der Kräfte, die dieser Seele zur Reife und damit zu ihrem Werke verhalfen, als Psychologen zu belauschen! Wer ein Werk schaffen will, bedarf dazu eines Werkzeuges, und auch bei einem Denker soll man fragen, wie er das Wort meistert: denn es bedeutet mehr als das Gewand seiner Gedanken. Montaigne beginnt als Schriftsteller mit der Übersetzung der *Theologia naturalis sive liber creaturarum* des Raimundus Sebundus, die von bestimmendem Einfluß auf sein Denken wird. In der Widmung des Werkes an seinen Vater rühmt er sich: »Ich habe dem Raymond Sebond, diesem großen Theologen und spanischen Philosophen, mit meiner Hand ein Gewand französischer Art zurechtgeschnitten und geschneidert; und hab' ihm, soweit es an mir lag, die wilde barbarische Haltung abgezogen, die Ihr zuerst an ihm wahrgenommen, so daß er, wie ich meine, nun ganz Schliff und Lebensart hat, um sich in der ganz guten Gesellschaft zu zeigen.« Und in der Tat, die Übersetzung Montaignes ist ein Muster klaren, knappen Ausdrucks. Aber eine solche Arbeit läßt den Geist müßig, und der enttäuschte Hofmann, der sich ganz plötzlich in der Einsamkeit seines Bücherturmes sah, mochte manchmal in Sorge sein, wie er seine Zeit hinbringen sollte: »Als ich mich letzthin in mein Hauswesen zurückzog, mit dem festen Entschlusse, so viel wie möglich mich hinfort mit nichts mehr abzugeben und meine übrige Lebenszeit in stiller Ruhe für mich hinzubringen: da meinte ich, ich könne meinem Geist nicht gütlicher tun, als wenn ich ihn von aller Beschäftigung befreite, damit er sich mit sich selbst unterhalten, sich selbst genießen und an sich selbst erlaben könne; und ich hoffte, das würde ihm jetzt um so leichter sein, da er mit der Zeit gesetzter und reifer geworden. Aber ich finde das Gegenteil: wie ein Pferd, das den Reiter abgeworfen hat, galoppiert er noch ärger, bloß für sich, als er sonst für andere tat. Und er heckt aus keiner anderen Ursache so viel Ungeheuer aus und so viele Traumgestalten, ohne alle Ordnung und Schick, als damit ich die gepfuschten Wunderfratzen der Länge und Breite nach beschauen könne. Ich aber habe angefangen ihn wieder aufzuschüren und hoffe, ihn mit der Zeit dahin zu bringen, daß er sich des Unfugs selbst schämen soll.« (I, 8.)

Was soll dieser »aufgeschürte« Geist, in dem sich dunkle Kräfte regen, in der Einsamkeit beginnen? Soll er seine Enttäuschungen in Amt und Würden, am Hof und im Kriegslager erzählen? Einen Augenblick mochte er daran denken, die Gedanken, die ihn bewegten, in Briefen niederzulegen: »Briefschreiben ist ein Geschäft, zu dem ich, nach der Meinung meiner Freunde, einige Fähigkeiten habe; und ich hätte auch gern die Briefform gewählt, um darin meine Gedanken vorzutragen, wenn ich jemand gewußt, an den ich meine Briefe hätte richten können. Ich hätte dazu, wie mir's wohl ehedem so gut ward, eine sichere Korrespondenz haben müssen, die mich angezogen, ermuntert und unterstützt hätte. Denn so in die Luft hineinzuschwatzen, wie wohl einige tun, das könnte ich höchstens nur im Traume tun, und ebenso war's mir mit erdichteten Korrespondenten bei ernsthaften Sachen; denn ich bin ein geschworener Feind von allem, was nur falsch heißen kann. Ich wäre aufmerksamer und zutraulicher gewesen, hätte ich eine freundschaftliche Adresse gehabt, als so die unendlich verschiedenen Gesichter des Publikums vor Augen zu haben, und ich müßte mich wenig kennen oder mein Werk wäre mir besser gelungen. Ich habe von Haus aus einen eigenen, komischen Stil; aber er ist weder gesucht noch geborgt; für öffentliche Geschäfte nicht tauglich; wie überhaupt meine Sprache zu kurz, zu gedrängt, zu wenig gefeilt, zu abgebrochen und zu individuell ist.« (I, 39.)

Da ihn aber das Schicksal des Freundes beraubt hat, dem er alles anvertrauen könnte, muß er einen anderen Weg suchen, um sich auf seine Weise zu betätigen. Um ihn her fehlt es nicht an bekannten Edelleuten, die es verstehen, ihre Muße würdig zu verwenden: der Held Monluc[1] erzählt seine Feld-

[1] Blaise de Monluc (1502–1577), berühmt durch die Verteidigung Sienas im Jahre 1555; seine *Commentaires* sind das Werk eines klaren Mannes, dessen Blick in die Tiefen des Lebens dringt. Heinrich IV. nannte sie die »Bibel des Soldaten«.

züge, und Jacques Tahureau von Mans, den man in gewisser Hinsicht als einen Vorläufer Montaignes betrachten kann, erheitert sich, nach einem reichen, wechselvollen Soldatenleben, seine ländliche Einsamkeit durch Schriftstellerei.[1] Montaigne bräuchte nur diesen ehrenvollen Beispielen zu folgen; aber er hat keine Eile, und kein innerer Gott zwingt ihn, seinen Gedanken Gestalt zu geben: die ersten »Essais«, die ziemlich mager anmuten, zeugen in keiner Weise von einem schöpferischen Temperament, das überschäumen will und sich verschwenden muß. Er begnügt sich, als Anfänger, einen Gedanken aus irgendeinem seiner Lieblingsschriftsteller herauszugreifen und eine kleine Erläuterung daran zu knüpfen; er liest Seneca und Lucan, die *Mémoires* du Bellays, das Geschichtswerk Guicciardinis, Diodor von Sizilien (in der Amyotschen Übersetzung), die *Annales d'Aquitaine* von Jean Bouchet und das Werk des Ramus *De moribus veterum Gallorum*, sowie die Moralisten und Vulgarisatoren, welche die Lebensweisheit des sinkenden Altertums in Traktätchen und salbungsvollen Abhandlungen feilbieten. Das ganze Jahrhundert, das in seiner zweiten Hälfte den Überschwang der Kräfte verliert, hat moralisierende Neigungen: es will den Schatz des Wissens, den die Humanisten oft genug als Streithälse und Pedanten verwalten, in bequemster Münze besitzen: die *Adagia* des Erasmus, die moralischen Sprüche Catos, die Anthologie des Stobäus, die *Anthologia gnomica* des Henri Estienne, die *Quatrains* von Pibrac, die *Proverbes* von Baïf sind in aller Händen und erfreuen sich des größten Erfolges. Diese Sucht, den Auszug bewährter Weisheit in bequemster Form zu haben, erinnert an die Neigung unserer Tage, die Lebensanschauung unserer Dichter und Denker in Form von Brevieren zu genießen. Montaigne teilt als Leser

[1] *Les dialogues, non moins profitables que facetieus, où les vices d'un chacun sont repris fort aprement, pour nous animer davantage à les fuyr et suyvre la vertu.* Der Erfolg dieser Dialoge war so groß wie der der »Essais«. Tahureau, wie Montaigne ein irreligiöser Geist, steht dem Christentum gleichgültig gegenüber. Seine Religion ist rein utilitarisch.

und Schriftsteller gänzlich den Geschmack seiner Zeitgenossen, und so schmückt er denn seine ersten »Versuche« mit den Sentenzen seiner Lieblingsautoren aus. Sein Meister ist um diese Zeit Seneca, der nicht nur durch seine Weltanschauung, sondern auch durch seinen glänzenden, zugespitzten Stil, den Caligula treffend »arena sine calce« nannte, in hohem Grade bestimmend auf die Entwicklung des Denkers wirkte. In dem einzigen Essay »Wie man es machte auf der Insel Cea« *(Coustume de l'Isle de Cea)* hat er sechzehn Sentenzen Senecas aus den Briefen an Lucilius verwoben,[1] und es ist bezeichnend für den werdenden Denker, daß einer seiner Hauptversuche *Que philosopher c'est d'apprendre à mourir* gänzlich in dem Gedankenkreise des römischen Rhetors wurzelt.

Den unermüdlichen Breviermachern schlossen sich die reinen Moralisten an, welche die Spruchweisheit des altklug gewordenen Altertums durch Wort und Beispiele erläuterten: die *Lectionum antiquarum libri sexdecim* des Rhadiginus (1516), die sehr verbreitet waren, erneuerten die Gattung der »Attischen Nächte« des Aulus Gellius, aber sie verlegten den Schwerpunkt der Abhandlungen in das moralische Gebiet; ein anderes Werk dieser Gattung, die *Forest de diverses lecons* (1542)[2] des Spaniers Pedro di Mexia gehörte zu den verbreitetsten Büchern der Zeit, und die viel gelesenen Briefe des Spaniers Guevara, die unter dem Titel *Epîtres dorées*[3] ins Französische übertragen worden waren, verstärkten diese Vorliebe für popular-philosophische Abhandlungen. Alle diese Autoren, denen keinerlei ursprüngliche Bedeutung zukommt, schöpfen aus derselben Quelle, und Montaigne benützt ihre Ausführungen in seinen ersten Versuchen, wie es

[1] Ich führe einige Beispiele an: *Sapiens vivit quantum debet, non quantum potest.* (Ep. 70.) *C'est ce qu'on dit que le sage vit tant qu' il doit, non tant qui peut. – (Mors) non tantum huius morbi, sed totius vitae remedium est. (78.) Et ce n'est pas la recepte à une seule maladie, la mort est la recepte à tous maux. – Bella res est mori sua sorte. (69.) La plus volontaire mort, c'est la plus belle.*

[2] *La Silva di varia leccion de Pedro di Mexia.*

[3] Siehe Fußnote Seite 11.

unter den schreibenden Humanisten und ihrem Gefolge üblich ist, ohne daß jemand an der schamlosesten Abschreiberei irgendwie Anstoß nähme: wie Molière, wie alle Großen, die zugleich große Könner sind, nimmt er, ohne Zaudern und Bedenken, sein Eigentum, wo er es findet. Auch in der Wahl seiner Stoffe und Themen unterscheidet er sich in keiner Weise von seinen Zeitgenossen, die nicht müde werden, gewisse Leitmotive zu behandeln: dazu gehören Größe und Elend der Menschen, oder die Parallele zwischen Demokrit und Heraklit, wobei man den einen als lachenden, den anderen als weinenden Philosophen nahm, ohne tiefer in Natur und Wesen dieser Denker einzudringen.

Die Form der Montaigneschen Schriften ist also keinesfalls ursprünglich zu nennen: sie entspricht dem Geschmack der Zeit und gestattet unschöpferischen Naturen, ihre Lesefrüchte und Anekdoten, wie sie zur Beleuchtung allgemeiner Wahrheiten dienen mögen, in loser Folge und bunter Mannigfaltigkeit zu verwerten.

Aber während Montaigne seine ersten mageren Versuche niederschreibt und glücklich ist, wenn er eine Wahrheit oder ein zu Herzen gehendes Wort beleuchten darf, macht er eine Entdeckung, die von größter Bedeutung für ihn und für die Zukunft wird: er merkt, daß es unter Büchern und Menschen doch eigentlich nichts Interessanteres gebe als den Schloßherrn Michel de Montaigne selbst, der sich überall, im Leben und in den Büchern, wiederfindet. Allgemein gesprochen: in diesem ganzen Getriebe verwirrender Interessen und Leidenschaften, die das Jahrhundert reich und elend machen, gibt es nur einen würdigen Gegenstand des Studiums: den Menschen selbst, und so schreibt er denn seine Gedanken hin, ohne sich selbst, wenn man ihm glauben darf, allzuwichtig zu nehmen. Der unbefangene Weltmann, den als Schriftsteller oder Baumeister kein lockendes Ideal zu mühsamer Verwirklichung zwingt, läßt seine Feder laufen: er braucht nur seiner eigenen Natur zu folgen, deren Launen und Glücksfälle immer wieder in die Überzeugung münden, daß man am besten tue, dem inneren Drang zu gehorchen, und auf diese Weise wird er, ohne es zu wollen, zu einem der originellsten Schriftsteller: er schafft ein Werk, das bis dahin nicht seinesgleichen hatte; er stellt zum ersten Male einen ganzen souveränen Menschen vor uns hin, ohne daß diese Gestalt, die doch im letzten Sinne ideal bleibt, trotz der offensten Bekenntnisse weder den Zauber, den alles Persönliche atmet, noch das Geheimnisvolle verlöre, das allen organischen Gebilden anhaftet. Über die Philosophie dieser eigentümlich klaren Persönlichkeit werde ich später zu reden haben. Als Denkwürdigkeit einer Seele genommen, weisen Montaignes Bücher auf einen Menschen zurück, der ein Typus und eine Persönlichkeit ist und von der brausenden Zeit alle Anregungen empfängt, die einen vorurteilslosen, aufrichtigen Geist fruchtbar machen können. Er bringt die Beobachtungen, die sich ihm aufdrängen, in kein System; er hat wenig Vorurteile und geht ohne Voraussetzungen an alle Dinge, an Menschen und Bücher, an Könige und Bauern heran. Er scheut sich auch nicht, sich selber zu widersprechen: Was liegt im Grund daran, ob der Montaigne von heute dem Montaigne von morgen gleicht? Er setzt, sorglos und nachlässig, Zug um Zug hin, ohne die Einheit des Gemäldes von vornherein ins Auge zu fassen; aber da er als ganzer Mensch schreibt und denkt, entsteht aus den Einzelzügen zuletzt doch eine Gestalt und ein Antlitz, hinter dem ein Allgemeineres aufleuchtet. Er weiß, daß der Mensch, was er auch tun und denken möge, ein unbegreiflich wandelbares und unbeständiges Wesen ist und daß es schwer hält, ihn unter eine sichere und einförmige Regel zu bringen; aber diese Erkenntnis, die das Unglück eines schwerblütigen Moralisten ausmachen kann, gereicht dem Weltmann zu dauerndem Glück. Zuweilen empfindet zwar auch er die Unbeständigkeit alles Menschenwesens als Last und Störung; er sagt dann wohl: »Wir sind niemals bei uns selbst daheim, sondern immer außerhalb unserer Grenzen. Furcht, Verlangen, Hoffnung treiben uns auf die Zukunft und berauben uns des Gefühls und der Schätzung dessen, was ist, um uns mit dem spielen zu lassen, was sein wird, selbst mit dem, was sein wird, wenn wir nicht mehr sind.« (I, 3.)

Aber der Büchermensch, der beim Lesen sein eigenes Ich entdeckt und in diesem sozusagen eine Abkürzung der ganzen Menschheit erblickt, wagt es im Anfang noch nicht, den ganzen Montaigne mit allen Eigenheiten und Schrullen hinzustellen: auch als Schriftsteller steht er unter dem Zwang ererbter Zucht, die verlangt, daß ein Buch oder eine Abhandlung nach den Regeln der klassischen Kunst gebaut sei, und so ist denn die erste Fassung der »Essais« klarer und übersichtlicher: sie gestattet, dem losen Gedankengang der einzelnen Plaudereien leichter zu folgen. Erst allmählich überwuchert die Lust am Zitieren bei dem einsamen Denker, dem die Wollust der Erkenntnis doppelt schmeckt, wenn er einen Kronzeugen für irgendeine Lieblingswahrheit in seinem geliebten Latein anführen kann: er folgt hierin dem Geschmack der Zeit, der unserer nicht mehr ist. Seine Zitate sind nicht, wie bei unserem klassischen Essayisten, bei Schopenhauer, auf eine Weise mit der Darstellung verwoben, daß sie wie Juwelen hervorglänzen und den Fluß der Rede verstärken; sie wirken im Gegenteil in den meisten Fällen als Ballast und stören den künstlerischen Fluß der Darstellung.

Erst der Erfolg, den die erste Ausgabe der »Essais« bei den Zeitgenossen findet, beflügelt auch sein selbstherrliches Behagen und macht ihm Mut, sein leicht und sicher hingeworfenes Selbstporträt in breitester Weise auszuführen. Nun darf er sagen: »Die anderen bilden den Menschen; ich schildere ihn, und ich stelle einen einzelnen dar, der sehr übel gebildet ist.« (III, 2.) Und: »Alle Welt erkennt mich in meinem Buche und mein Buch in mir.« (III, 5.) »Ich bin dem Leser mein ganzes Bildnis schuldig. Die Weisheit meiner Lehre besteht in völliger Wahrheit, Freiheit und Wesentlichkeit und verachtet, in der Regel ihrer wahren Pflichten, jene kleinen, verstellten, gewöhnlichen und provinzialischen Schliche. Sie ist ganz der Natur getreu, beständig und allgemein.« (Ebenda.) Der

Beichtiger, der auf die Wahrheit der Natur pocht, wird nicht müde, immer wieder auf sich selbst zurückzukommen, ohne sich selbst zu schonen oder das, was er selbst als allzu menschlich empfindet, zu verschönern: er ergänzt das Porträt, das er schon im ersten Buch der »Essais« umrissen hat, durch Züge und Striche, die bald zart geführt, bald kühn hingelegt sind. Da der Bekenner auf ein ehrenvolles Leben zurückblicken darf, befleißigt er sich einer Offenheit, die bis zum schmunzelnden Zynismus geht und in allen Fällen ihr eigenes Behagen genießt: wir hören, was und wie er ißt und trinkt, wie er reist und müßiggeht; wir sehen seine Warzen und Runzeln; wir erfahren ganz genau, an welcher Krankheit er leidet und was an Unschönem und Allzumenschlichem mit diesem Zustand verknüpft ist, und alle diese Ausführungen sind zwischen seine Betrachtungen über die Liebe eingeschaltet, die so gar nichts Romantisches an sich haben und nie daran erinnern, daß sie in einem Lande entstanden sind, wo die Liebeshöfe blühten und die »Dame« ihre erste Vergötterung erfuhr.

Rousseau, der ein krankes Leben zu verteidigen hatte, zählt Montaigne, dem er so unendlich viel verdankt, zu den Menschen der erheuchelten Aufrichtigkeit (*faux sincères*), die nur diejenigen ihrer Fehler eingestehen, welche ihrem Rufe trotz alledem zugute kommen. Man mag über die Offenheit Montaignes verschiedener Meinung sein, und in der Tat hat es nie an Leuten gefehlt, denen diese biedermännische Vertraulichkeit verdächtig erschien; aber eines steht fest: jede Einzelheit, mag sie noch so bedenklich sein oder gar als greisenhafte Schamlosigkeit anmuten, wird bei dem Philosophen durch die Umgebung, in der sie steht, sofort in das Licht allgemeiner Betrachtung gerückt und erhält dadurch eine Bedeutung, die ihr alles Verletzende nimmt. »Beschwert sich die Welt darüber, daß ich zuviel von mir selbst spreche, so beschwere ich mich darüber, daß sie nicht einmal an sich selbst denkt... Ich lege ein niedriges, glanzloses Leben dar... Jeder Mensch trägt die ganze Form des Standes der Menschheit an sich.

(Chasque homme porte la forme entière de l'humaine condition.) Die Schriftsteller teilen sich dem Volke mit durch einen besonderen und auszeichnenden Stempel. So ich, der erste unter allen, durch mein universelles Wesen als Michel de Montaigne, nicht als Grammatiker oder Poet oder Rechtsgelehrter.« (III, 2.)

Solche Sätze sehen sehr klar und unschuldig aus; aber sie sind bei Montaigne voller Hintergründe: diese ganz besondere Form der Ironie, wie sie in derartigen Bekenntnissen waltet, geht nur solchen Lesern auf, die wissen, daß wir, als Dichter und Denker, unsere goldensten Heimlichkeiten oft zur Seite sprechen.

Diesem Verwalter eines schönen Erbes scheint alles erlaubt, was sein eigenes Behagen nicht stört. Er plaudert, ohne sich zu schonen, Dinge über Michel Montaigne aus, die nur durch die Form, in der er sie vorträgt, als Anmut und Ausfluß einer abgeklärten harmonischen Natur wirken: »Nicht bloß der Wind der Zufälle bewegt mich nach seiner Richtung, sondern ich bewege mich noch obendrein und krümme und winde mich selbst nach der Unsicherheit meiner Lage. Und wer nur genau im Anfange darauf merkt, wird sich schwerlich zweimal in völlig einerlei Lage befinden. Ich gebe meiner Seele bald dieses Gesicht, bald ein anderes, je nachdem die Seite beschaffen ist, wohin ich sie kehre. Spreche ich auf verschiedene Weise von mir, so geschieht es, weil ich mich auf verschiedene Weise betrachte. Es finden sich hierbei alle Widersprüche; je nachdem die Wendung ist, je nachdem die Umstände sind. Schamhaft, großprahlerisch, enthaltsam, geil, geschwätzig, einsilbig, tätig, lügenhaft, streng wahr, gelehrt, unwissend, umgänglich und geizig und verschwenderisch: alles das nehme ich in mir selbst wahr, nachdem ich mich aufs Korn nehme. Und ein jeder, der sich sorgfältig genug erforscht, wird sich, selbst nach seinem eigenen Urteile, diese Unbeständigkeit und Mißhelligkeit schuld geben müssen. Von mir selbst habe ich nichts Ganzes aus einem Stücke, nichts Einfaches, nichts Festes ohne Verwirrung und ohne Beimischung anzuführen, nichts, was ich in ein Wort fassen könnte. *Distinguo* ist das allgemeine Glied meiner Logik.« (III, I.)

Nicht immer gewinnt das gewollt biedermännische Gemälde, das Montaigne von sich selbst entwirft, als Kunstwerk genommen durch diese Vertiefungen und Verzierungen, die bald überladen, bald gebrochen anmuten. Montaigne ist als Gedankenbaumeister kein Künstler: es kommt ihm nicht auf den einheitlichen Eindruck des Ganzen an, sondern nur auf die Mannigfaltigkeit des Gebotenen, dessen Einzelheiten er mit dem unverwüstlichen Behagen eines scharfäugigen Weltmannes festhält. Sein Buch ist stets fertig, aber nie vollendet. Im Zwang einer milden, gleichgestimmten Natur, die sich ihrer Vorzüge und ihrer Schwächen in jeder Lage stets bewußt bleibt, überläßt er sich seinem Hang zur Abschweifung, ohne viel zu fragen, ob er ein Kapitel durch die Laune eines Augenblickes unterbreche oder verwickle: »Ich verirre mich, aber viel mehr aus Mutwillen als aus Vergessenheit. Meine Einfälle hängen zusammen, aber zuweilen ein wenig locker. Sie verlieren sich einander nicht aus den Augen; nur ist der Gesichtspunkt manchmal ein wenig verrückt. Ich habe wohl meine Augen auf ein gewisses Gespräch des Plato geworfen, das ziemlich bunt und scheckig ist, mit der Liebe beginnt und hinterher von der Redekunst handelt. Meine Art zu denken fürchtet diese Wandelbarkeit nicht und mag sich gar gerne vom Winde herumkehren lassen, oder wenigstens so scheinen.« (III, 9.)

Er scheut keine Wiederholung: er gibt den alten, knappen Gedanken ein barockes Anhängsel, wenn es ihm gerade Spaß macht, und die »Zuwage« einzelner Kapitel sind nicht selten eine zweideutige oder belastende Gabe: so kommt es, daß man, um den logischen Faden der einzelnen Versuche in seiner Reinheit zu erkennen, zu der ersten Ausgabe der »Essais« greifen muß, die in der letzten Fassung eine schlecht gefügte Mosaikarbeit, *une marqueterie mal jointe* sind, um Montaignes eigenen Ausdruck zu gebrauchen. Dabei wird man gut daran tun, seiner Behauptung, er mache nur Zusätze, keine Verbesserungen – *j'ajoute, je ne corrige pas* –, einiges Mißtrauen entgegenzubringen; denn manchmal verbessert er in der Tat irgendeinen Satz, und so kommt es dann wohl auch vor, daß der greise Montaigne dem jungen dreinredet. Allein das geistvolle Alter hat nun einmal das Recht, geschwätzig zu sein. Im Enthüllen seiner eigenen, universellen Persönlichkeit, mit allen ihren liebenswürdigen Schwächen und Schrullen und Eigenheiten, ist Montaigne der erste moderne Mensch. Er läßt, seinem eigenen Geständnis nach, an sich nichts zu wünschen und zu erraten übrig; er käme selbst aus dem Jenseits zurück, um den Lügen zu strafen, der ihn anders darstellen wollte, als er ist, und wäre es, um ihn zu ehren. Er weiß, daß es zu den Eigenschaften der menschlichen Natur gehört, das Bild der andern zu fälschen, und er verhehlt sich nicht, daß seine Schwächen das Erbgut aller sind: »Unser Wesen ist aus kränklichen Eigenschaften zusammengesetzt; Ehrgeiz, Eifersucht, Neid, Rachgier, Aberglauben, Verzweiflung wohnen uns bei und haben uns in einem so natürlichen Besitz, daß das Bild davon sich sogar an den Tieren wahrnehmen läßt; ja selbst die Grausamkeit, welche ein so unnatürliches Laster ist: denn bei allem unseren Mitleiden fühlen wir doch innerlich eine gewisse sauersüße Empfindung voll boshafter Wollust, wenn wir andere neben uns leiden sehen; selbst Kinder fühlen sie. Und wer den Samen dieser Eigenschaften im Menschen ausrotten wollte, würde die Hauptbedingungen unseres Lebens stören.« (III, I.)

Aber diese Einsichten in das zwiespältige Wesen des Menschen ertöten nicht das allgegenwärtige Bewußtsein, daß er als Sproß einer tüchtigen Familie lebt. »Ich bin in einer Familie geboren, welche ohne Geräusch und Aufsehen lebte, und seit langem Gedenken nur nach Ruhm der Biederkeit strebte.« (III, 10.) Er lebt mit dem Gefühl, daß er dem Glücke mehr verdanke als seiner »weichlichen« Natur, die nicht auf Heroismus angelegt ist: »Um auch ein Wörtlein von mir selbst einfließen zu lassen! Ich habe es zuweilen erlebt, daß meine Freunde meiner Klugheit zuschrieben, was bloßes Glück nur, und etwas für Wirkungen meiner Herzhaftigkeit und meiner Geduld hielten, was bloße Wirkung von Urteil und Meinung war, und mir die Scheu verkehrt anrechneten, bald für bald wider mich. Übrigens fehlt gewaltig viel daran, daß ich bis zu dem ersten und vollkommensten Grade der Vortrefflichkeit gelangt sei, wo die Tugend zur natürlichen Fertigkeit gediehen ist, oder auch nur bis zum zweiten, worin ich noch keine Prüfung bestanden. Ich habe mich noch in keine großen Unkosten gesetzt, um die Begierden zu zähmen, die mir Not und Plage gemacht hätten. Meine Tugend ist so eine Tugend, oder besser zu sagen, eine Unschuld von ungefähr oder durch Zufall! Wäre ich mit heftigern, unordentlichen Neigungen geboren, ich fürchte, ich fürchte! es würde gar erbärmlich um mich ausgesehen haben! Denn ich habe in meiner Seele eben keine große Standhaftigkeit verspürt, um den Leidenschaften zu widerstehen, wenn solche nur irgend ein wenig heftig gewesen wären. Ich kann das Zanken und Streiten mit mir selbst nicht wohl aushalten. Also kann ich mir für nichts Dank wissen, wodurch ich von verschiedenen Lastern frei bin.«

Er weiß, daß die Götter mit uns wie mit Fangbällen spielen und uns von Hand zu Hand gehen lassen, und in diesem Bewußtsein, das jeden Übermut dämpfen mag, hat er keine Lust, sich auf den Kothurn zu stellen, wenn er zu den Lesern spricht, denen er, aus mancherlei Gründen, sein getreues, gehätscheltes Bild hinterlassen möchte: »Schreibe ich etwa anders, wie ich überhaupt gewöhnlich spreche? Stelle ich mich nicht nach dem Leben dar? Wohlan denn! Ich habe getan, was ich gewollt habe. Alle Welt erkennt mich in meinem Buche, und mein Buch in mir. Nun aber habe ich etwas von der Art eines Affen im Nachahmen an mir. Als ich mich noch damit abgab, Verse zu machen (und ich habe nie andere als lateinische gemacht), so sah man solchen ganz deutlich den Dichter an, den ich zuletzt gelesen hatte, und unter meinen ersten Versuchen rochen einige ein wenig stark nach fremdem Boden. Wenn ich zu Paris bin, so spreche ich eine ganz andere Sprache als zu Montaigne. Ein jeder, den ich mit Aufmerksamkeit betrachte, drückt mir gar leicht etwas von dem seinigen ein. Was mir nur einigermaßen auffällt, das mache ich mir zu eigen. Eine dumme Angewohnheit, eine mißfällige Grimasse, eine lächerliche Art sich auszudrücken. Fehler am ersten.« (III, 5.)

Dieser Philosoph, der so gar nichts Starres an sich hat, nimmt weder sein Tun noch sein Lassen allzu wichtig: »Die meisten unserer Beschäftigungen sind Gaukelpossen. Man muß seine Rolle gehörig vorstellen, aber wie die Rolle einer erborgten Person. Man muß aus dem Federbusch, aus Stern und Band keine wesentliche Sache machen, noch aus dem Fremden etwas Eigentümliches. Wir wissen nicht zwischen Haut und Hemd zu unterscheiden. Es ist schon genug, das Gesicht mit Mehl weiß zu machen, die Brust bedarf dessen nicht. Ich kenne Leute, die sich in ebenso viele neue Gestalten und Wesen umformen und verwandeln, als sie Ämter übernehmen; die selbst ihrem Herzen und Eingeweide den Hahnenkamm aufsetzen, und ihre Würde bis auf ihren Leibstuhl mitnehmen.« (III, 10.)

Die Einsamkeit ist diesem Selbstschilderer mehr als ein Schutzmittel, das zarten Seelen den Genuß ihres Wesens ermöglicht: »Ich werfe mich am liebsten in Staats- und Welthändel, wenn ich für mich allein bin. An öffentlichen Orten und im Gewimmel und Gedränge von Menschen raffe ich mich mehr in meine eigne Haut zusammen. Große Menschenmenge drängt mich in mich selbst zurück, und nirgends unterhalte ich mich so spaßhaft, so sonderbar, und selbst so ausgelassen, als an Orten, wo es ehrerbietig und mit feierlicher Klugheit hergeht. Über unsere Torheiten lache ich nicht sowohl als über unsern Weisheitskram. Von Hause aus bin ich eben kein Feind vom Gewühle der Höfe. Ich habe einen Teil meines Lebens daran zugebracht und bin dazu gemacht, mich in großen Gesellschaften ganz munter zu betragen. Nur muß es von Zeit zu Zeit und nach meiner eigenen Wahl geschehen. Die Gemächlichkeit aber, die ich mir anräsoniert habe, wovon ich spreche, nötigt mich mit Gewalt zur Einsamkeit; ja selbst in meinem Hause, mitten unter einer zahlreichen Genossenschaft und häufig wiederholten zahlreichen Besuchen, sehe ich Leute genug, aber selten die, welchen ich mich am liebsten mitteilen möchte. Und ich lasse hier, sowohl für mich als für andere, eine wenig gewöhnliche Freiheit herrschen. Hier fallen alle Zeremonien von Empfangen und Begleiten und andere solche Vorschriften einer lästigen Höflichkeit weg (o der knechtischen und lästigen Höflichkeitsgebräuche!). Jedermann tut hier, wie es ihm gut deucht; wer will, kann sich mit seinen eigenen Gedanken unterhalten. Ich bin hier stumm, nachdenkend und verschlossen, ohne daß es meine Güte beleidigt.« (III, 3.)

Als Bürger und Franzose gehört er zu den ehrenhaften, altväterischen Konservativen, die, ohne Standesvorurteile, in bestem Einvernehmen mit ihren Nachbarn dahinleben, welche den gleichen Boden bebauen und, als Knechte der Scholle, vielleicht glücklicher sind als der gelehrte Edelmann, dem die lastenden Bindungen jeden Glückes aus der Erfahrung bekannt sind. Er liebt die kleinen Leute, weil sie ohne den Ballast des Wissens sich ihres Daseins freuen und mit Ruhe und Ergebung zu sterben verstehen; er hat, als Schloßherr und Denker, gar nichts von dem verletzenden Hochmut des französischen Adels an sich, dem der Bauer, der *vilain*, nur allzuhäufig ein verächtliches Tier war.

Montaignes konservative Gesinnung steht außer Zweifel: »Die vortrefflichste und beste Staatseinrichtung für jede Nation ist, nicht mutmaßlich, sondern wahrhaftig, diejenige, unter welcher sie sich aufrecht erhalten hat. Ihre Form und ihre wesentlichen Vorteile hängen vom Gebrauche ab. Es ist dem Menschen sinnlich eigen, daß er über seine gegenwärtige Lage mißvergnügt ist. Gleichwohl halte ich dafür, daß derjenige töricht und lasterhaft handelt, welcher in einer Demokratie nach einer andern Staatsverfassung sich sehnt.« (III, 9.)

Sein Verhältnis zum Königtum ist, wie schon erwähnt, rein rationalistischer Art: der König ist ihm nur der Verwalter eines großen Erbes, dessen Besitz dem einzelnen Glück und Ruhe verbürgt. Die Fürsten geben ihm, nach seinen eigenen Worten, vollauf, wenn sie ihm nichts nehmen, und tun ihm Gutes genug, wenn sie ihm nichts Übles tun: weiter verlangt er von ihnen nichts. Er weiß sich immer frei zu machen, und so gern er sich, als Edelmann und Kammerherr, von Zeit zu Zeit an den Höfen zeigt, so nimmt er doch den Weg nach Schloß Montaigne immer wieder mit der Freude eines Mannes, dem die äußere und innere Unabhängigkeit über alles geht: »Mich treibt keine Leidenschaft, weder des Hasses noch der Vorliebe gegen die Großen, habe auch keinen weder durch Beleidigungen noch Verbindlichkeiten gebundenen Willen. Ich verehre unsere Könige mit bloß gesetzlicher und bürgerlicher Anhänglichkeit, und treibt mich kein besonderer Eigennutz, weder für noch gegen sie zu sein, wofür ich mir selbst vielen Dank weiß. Auch die allgemeine und gerechte Sache zieht mich nur müßig und ohne Fieberhitze an sich. Ich bin eben nicht zu tiefen und engen Verbindungen und Verpflichtungen geneigt; Wut und Haß liegen nicht in den Pflichten der Gerechtigkeit und sind Leidenschaften, welche bloß denjenigen dienen, welche nicht aus bloßen Vernunftsgründen an ihren Pflichten hängen.« (III, I.)

Ich habe schon erwähnt, wie Montaigne zur Reformation stand: er sah, wie die meisten seiner Landsleute, in der herrschenden Landesreligion eine Einrichtung, die dem einzelnen die Ruhe des Lebens und des Sterbens sichert und in den uralten phantasievollen Zeremonien des katholischen Kultus ein reiches Erbe an tiefsinniger Symbolik besitzt; das heißt, er ist unfähig, die Religion als Leidenschaft zu begreifen: »Mich deucht auch, um es frei heraus zu sagen, es sei ein gut Teil Eigenliebe und nicht wenig Eigendünkel erforderlich, seine eigene Meinung für wichtig genug zu halten, um solche auf Gefahr des öffentlichen Friedens einzuführen und dagegen die mannigfaltigen, unvermeidlichen Übel und diese tiefe Verderbnis der Sitten für nichts zu achten, welche bürgerliche Kriege nach sich ziehen, und also keine Ansichten für wichtiger anzusehn als die Umkehrung der Staatsverfassung in so wichtigen Dingen.« (1, 22.) Gefühle, wie sie der Anblick Roms und das Treiben der römischen Kirchenfürsten oder niedern Kleriker in dem frommen Bauernsohne Luther erweckten, sind diesem Erzromanen eine fremde Welt: er hat nichts vom Mystiker an sich, der das Einssein mit seinem Gott als geheimnisvoll beglückende Quelle höchster Seligkeit empfindet; er betrachtet das Papsttum einfach als starke Macht, mit der es gilt, sich ins beste Benehmen zu setzen. *Que sçais-je?* In allen Gebräuchen und Zeremonien, die dem frommen Protestanten als ausgemachte Götzendienerei erscheinen, sieht er ein reiches Erbe, das durch eine lange Vergangenheit ehrwürdig geworden ist, und Erben sind immer glückliche Leute. Er beichtet und wallfahret, wenn auch nur unter bestimmten Verhältnissen; er schlägt das Zeichen des Kreuzes und enthält sich an den kirchlichen Festtagen des Fleischgenusses; er sagt bei jeder Gelegenheit das Vaterunser her: »Dem Vaterunser aber sollte man den Vorzug geben, ohne Unterlaß im Munde des Volkes zu sein; denn es sagt doch sicherlich alles, was zu sagen ist und was unsere Notdurft bei jeder Angelegenheit bedarf. Es ist das einzige Gebet, dessen ich mich beständig bediene, und ich wiederhole solches, anstatt ein anderes zu brauchen. Daher kommt's denn auch, daß ich kein anderes so gut auswendig weiß.« (1, 56.)

Auch heute noch stehen viele Franzosen ganz ähnlich zum Katholizismus: sie sind oft genug innerlich freie Menschen oder zum mindesten halbe Voltairianer; aber Sitte und Tradition sind zu mächtig, als daß sie den Mut fänden, auch die äußeren Formen der Religionsübung abzulehnen. Montaignes Verhältnis zur Religion erscheint also durchaus utilitarisch: »Die christliche Religion trägt alle Kennzeichen einer großen Gerechtigkeit und Nützlichkeit an sich. Das deutlichste darunter aber ist die angelegentliche Empfehlung des

Gehorsams gegen alle weltliche Obrigkeit und Befolgung aller bürgerlichen Gesetze.« (I, 22.)

Man sieht, dieser Gascogner oder Südfranzose ist eine durch und durch unreligiöse Natur: er sieht auf das Bestreben so vieler Theologen, in der Vernunft eine Rechtfertigerin des Glaubens zu preisen, mit der ironischen Milde eines glücklichen Menschen herab, der im Grunde gar keine religiösen Bedürfnisse kennt. In seinen späteren Lebensjahren, als er Heinrich IV. zuweilen beraten durfte, war er geneigt, die französischen Religionskriege nur als Ausfluß der Machtgelüste einiger bedeutsamer Persönlichkeiten zu betrachten, und der Einfluß dieser Auffassung, die nur halbwegs richtig ist, bestimmt auch heute noch das Urteil vieler Historiker. Montaigne ist und bleibt in allem seinem Tun und Trachten ein ausgesprochener Weltmensch, dessen Deismus rein antik anmutet: er sieht überall nur den Menschen, das heißt ein durchaus bedingtes Wesen, nicht aber die treibenden Ideen, die zur Leidenschaft werden können: »Ich kann mich nicht tief und völlig auf etwas einlassen. Wenn mich mein Wille einer Partei übergibt, verbinde ich mich nicht so gewaltsam mit ihr, daß mein Verstand darunter litte. Bei den gegenwärtigen Verwirrungen unseres Staates hat mich mein Vorteil ebensowenig die guten Eigenschaften unserer Gegner verkennen lassen, als die tadelhaften Eigenschaften derjenigen, mit denen ich es halte. Sie vergöttern alles, was auf ihrer Seite ist. Ich hingegen entschuldige nicht einmal die meisten Dinge, welche auf der meinigen vergehen. Eine schöne Schrift verliert bei mir dadurch nichts von ihren Vorzügen, daß sie gegen mich zu Gericht eingegeben worden. Insofern es nicht auf den Streitknoten ankommt, habe ich mich immer in Gleichgewicht und Gleichgültigkeit erhalten.« (III, 10.)

»Ich habe eine Abneigung vor aller Neuerung, unter welcher Gestalt sie auch auftritt; und meine nicht unrecht zu haben, nachdem ich davon so schädliche Folgen erlebt habe. Jene, die uns seit so vielen Jahren drückt, hat zwar nicht alles selbst gewirkt.« (I, 22.)

»Der große und lange Streit über die beste Form der menschlichen Gesellschaft und über die beste Richtschnur, woran wir uns binden sollten, ist ein Gezänk, das bloß zur Verstandesübung dienen mag; wie es in den Künsten und Wissenschaften verschiedene Gegensätze gibt, deren Wesen in bloßem Zank und Streit besteht und außerdem kein Leben haben würde. Manche Staatsschilderung möge auf eine neue Welt passen; wir haben aber eine Welt vor uns, die schon gemacht und zu gewissen Gewohnheiten gebildet ist. Wir erzeugen solche nicht, wie Pyrrha oder Kadmus. Durch was für Mittel wir auch das Recht erlangen mögen, sie zu bessern und von neuem einzurichten, so können wir sie doch nicht aus ihren alten Falten reißen, ohne alles zu zertrümmern.« (III, 9.) So spricht ein entschlossener Konservativer, der mit Ingrimm gewahr wird, wie fragwürdige Ideen auf absolute Richtigkeit und Geltung Anspruch erheben und als politische Mächte das persönliche Behagen des klassischen Individualisten stören, der indessen seine Rechte erkennt und, wie billig, zu verteidigen weiß: »Was geht die öffentliche Gesellschaft unsere Art zu denken an? Im übrigen aber sind wir schuldig, unsere Handlungen, unsere Bemühungen, unser Vermögen und unsere Lebensart zu ihrem Dienst zu widmen und nach allgemeiner Meinung zu bequemen, wie der gute und große Sokrates es ausschlug, sein Leben zu retten, wenn er der Obrigkeit ungehorsam würde – obgleich einer sehr ungerechten und gottlosen Obrigkeit. Denn, das ist die Regel aller Regeln und das Hauptgesetz aller Gesetze, daß ein jeglicher sich denen unterwerfe, die in dem Lande gelten, wo er sich befindet.« (I, 22.)

Man mag diese außerordentliche Unbefangenheit, insofern sie nicht nach dem Wesen, sondern nur nach dem Nutzen einer Einrichtung fragt, allzubequem oder, vom Standpunkt des Helden oder Moralisten aus, feige nennen; aber man darf nie vergessen, daß solche Äußerungen häufig nur einer Stimmung des Augenblicks entspringen und oft genug mit einer Ironie vorgetragen werden, hinter der sich ein sehr lebhaftes Selbstbewußtsein, oder der Stolz eines reinen Geistesmenschen, versteckt. Aus dem Weltbürger des Geistes, der seine Bauten aus römischen Trümmern aufführt, spricht nur allzuoft ein Stockfranzose, dessen tiefstes Wesen immer wieder zum Vorschein kommt: Montaigne ist, als Mensch und Denker, von jenem tüchtigen Mittelschlage, der sich seiner Grenzen stets bewußt bleibt und in den unschöpferischen Mächten des Gemüts, in reiner Verstandeskühle und leiser Ironie Schützer des Lebens verehrt: ja, eine gewisse Bequemlichkeit, die nicht allzuweit von einem schöngeistigen Epikureertum entfernt ist, mahnt an die Behäbigkeit des Rentners, der sein ererbtes Vermögen mit der Ruhe eines sicheren Mannes genießen will und den Heroismus, obwohl er dessen Wert und Wesen sehr wohl erkennt, nur gelegentlich als ästhetisches oder moralisches Schauspiel genießt.

»Doch der Mensch ist ein unbegreifliches, wandelbares und unbeständiges Ding. Schwer, sehr schwer ist es, ihn unter seine sichere einförmige Regel zu bringen.« (I, 1.) Auch bei Montaigne geht dies nicht: es bleibt, trotz aller Bekenntnisse, etwas Geheimnisvolles an dem Bilde, das der Bekenner von sich selbst entwirft, und gerade dies beweist seine schöpferische Eigenart. Wenn sich alte reife Kulturen ihrer Eigenart bewußt werden, kommt es zuweilen vor, daß sich in einem Schicksalsmenschen zwei Richtungen des Lebens und Denkens verkörpern, als welche zusammengehören wie Wellenberg und Wellental: Tätigkeit und Beschaulichkeit schließen sich nicht aus, sondern offenbaren nur eine höhere Einheit alles Daseins, das sich selbst genießen will. Das fortschreitende Leben der Geschichte braucht vor solchen Menschen gar nicht Partei zu nehmen; es genügt, wenn ihre widerspruchsvollen Äußerungen auf herrschende Grundtriebe zurückgeführt werden, deren Wahrnehmung nicht allzuselten reinstes Glück verheißt.

Es bleibt nur noch ein Wort über den Schriftsteller oder, da die Deutschen dies Wort in der Regel mißverstehen, über den Sprachmeister Montaigne zu sagen. Über die Sprache als

Mittlerin des Denkens kann man verschiedener Meinung sein; über ihre Bedeutung als Rohstoff im Geiste des Künstlers sind sich alle Menschen einig, die wissen, was Form, im künstlerischen Sinne genommen, bedeutet. Montaigne erscheint auf den ersten Anblick unfähig, seine »Essais« als Künstler zu formen: seine Zusätze, die oft die bedeutendsten Bemerkungen als gelegentliche Äußerungen bringen, verraten einen unglaublichen Mangel an jeglichem Gefühl für die logische Einheit der einzelnen Kapitel oder des ganzen Buches: der Künstler Montaigne offenbart sich nur in der Behandlung der Sprache. Im Anfang ist sein Stil, in gutem und schlechtem Sinne, vielfach rhetorisch, wie in der vielberufenen Apologie des Raimundus Sebundus; allein solche Stellen, in denen der Einfluß des ciceronianischen Lateins fühlbar wird, sind nicht allzuhäufig. Im allgemeinen herrscht in den »Essais« eine natürliche Grazie oder Nachlässigkeit des Vortrags, und diese entspringt nicht einem Mangel, sondern einem sicheren Instinkt: die Form ist hier notwendiger Ausdruck einer Natur, die nicht mit den anderen zeitgenössischen Moralisten verwechselt werden möchte und in der wirren Komposition vielleicht nur ein Mittel schätzt, um jene bequemen Leser anzulocken, denen ein starres, geschlossenes System widerstrebt. Die bezaubernde Natürlichkeit dieses Stils ist, in ihrer altväterischen Grazie, ganz unnachahmlich; sie geht selbst in der Übersetzung nicht verloren. Sogar Montaignes Abschweifungen, wie sie dem reinsten inneren Behagen oder seelischer Überfülle entspringen, verraten einen ganz sicheren Geschmack in allen Einzelheiten des Vortrags: mit sicherster Kunst führt uns der Plauderer auf seine Abwege, und wir werden diese erst gewahr, wenn er wieder auf den Hauptweg einbiegt, den er, trotz aller Abschweifungen, niemals aus den Augen verliert: stets kehren wir bereichert zu dem Thema zurück: »Ich mag lieber einem anderen einen brav gedrehten Faden abdrehen und solchen den meinigen einflicken, als meinen eigenen Faden auftriefeln, um ihn einzudrillen. Umgekehrt, sage ich, die Worte müssen nachtreten und das Buch tragen, und möge der Gascogner antreten, wenn der Franzose nicht dahin reichen kann. Ich fordere, daß ein Hörer oder Leser von den Sachen überwältigt und seine Phantasie davon solchermaßen angefüllt werde, daß er sich der Worte darüber gar nicht bewußt werde. Die Sprache, die ich lieb habe, ist eine einfache naive Sprache, gleichviel ob hingeschrieben oder gesprochen; eine saftige und nervige Sprache, kurz und gedrungen, nicht sowohl zart und aufgeputzt als eindringlich und hastig; lieber schwer als langweilig, fern jeder Ziererei, ohne Regelzwang, abgerissen und kühn. Jeder Wurf muß darin seine Stelle füllen; sie muß nicht pedantisch, nicht mönchisch, nicht zungenbrecherisch, sondern vielmehr soldatisch sein, wie Sueton die Sprache Julius Cäsars nennt.«

Im Original:

Je tors plus volontiers une bonne sentence pour la coudre sur moi, que je ne destors mon fil pour l'aller querir. Au rebours, c'est aux paroles à servir et à suyvre, et que le gascon y arrive, si le françois n'y peult aller. Je veux que les choses surmontent, et quelles remplissent de façon l'imagination de celuy qui escoute, qu'il n'ayt aulcune souvenance des mots. Le parler que j'ayme, c'est un parler simple et naïf, tel sur le papier qu'à la bouche; un parler succulent et nerveux, court et serré; non tant délicat et peigné, comme vehement et brusque; plustost difficile qu'ennuyeux; esloingné d'affection; desreglé; descousu et hardy; chasque loppin y face corps; non pedantesque, non fratesque, non plaideresque, mais plustost soldatesque, comme Sueton appelle celuy de Julius Cesar. (I, 25.)

Man muß große Freude am Wort haben, um seinen Stil so zu schildern: auch hierin offenbart sich ein romanischer Zug, den ein Historiker von den gallischen Rhetorenschulen herleiten mag. Der Denker ist sich übrigens seiner Meisterschaft als Schriftsteller bewußt, und seine Bemerkung, er lasse seine Feder laufen wie sie wolle, gehört zu jenen Ziereremeien, die wir hie und da an ihm gewahren. Montaigne ist ein großer Schriftsteller, und der Reiz seines Werkes beruht nicht zum geringsten Teile auf dem naiven Zauber seiner Sprache, die noch nicht in Abstraktionen erstarrt ist, sondern als triebhaftes Ausdrucksmittel eines Menschen wirkt, der zwar nur eine Phantasie mittleren Schlages sein eigen nennt, aber immer wieder durch die außerordentlich lebhafte Anschaulichkeit seines Vortrags anzieht und hinreißt.

II

Hat nun Montaigne, als reiner Denker genommen, eine Entwicklung durchgemacht? Es gibt Philosophien, welche durchaus nicht an die Persönlichkeit ihres Urhebers gebunden erscheinen, sondern als reiner Ausdruck einer Zeit dastehen, die einen Geist ergreift und ihn zum Werkzeug einer Bewegung macht, wobei der Mensch oft genug im Schatten bleibt; und es gibt Philosophien, die, wie Nietzsche sagt, als eine Art unvermerkter Memoiren erscheinen und immer wieder auf eine bestimmte Persönlichkeit zurückführen, auch wenn diese, wie es bei Schopenhauer der Fall ist, eine große Bewegung zum Abschluß bringt. Solche Systeme – es sind nicht allzuselten die bezauberndsten – verlieren oft ihren Wert, wenn sie in ein anderes Seelen- oder Geistesklima gelangen, wo das Gewächs Mensch anderen Bedingungen des Wachstums und Gedeihens unterworfen ist: denn nicht alle Philosophien sind übersetzbar, und die seltensten Spätfrüchte am Baume der Welt sollten stets da genossen werden, wo sie in ein Paradies oder eine Hölle fallen.

Die Menschheit ist von Natur aus träge. Sie liebt es, bedeutende Männer mit einer einzigen Formel zu kennzeichnen, und so ist und bleibt denn Montaigne für viele, ja für die Mehrzahl, der Skeptiker: selbst auf seinem Grabdenkmal steht zu lesen, daß er den Pyrrhonismus mit dem Christentum versöhnt habe. Seine berühmte Frage *Que sçais-je?* gehört zu jenen geflügelten Worten, die dehnbar genug sind, um Denkern und Weltleuten in gewissen Augenblicken als Ausdruck eines Gefühls zu dienen. Andere sehen in Montaigne den Epikureer oder den Stoiker, und sie können sich dabei auf Leben und Meinungen des Schloßherrn selbst berufen, von dem wir wissen, daß er in den Schriften der antiken Philosophen alles fand, was er zum Schmuck und zur Begründung seines Daseins brauchte. Der Gedanke führt von dem Augenblicke an, da er Gestalt gewann und der Welt gehört, ein Eigenleben; der Mensch aber ist, als Mikrokosmos, ein widerspruchsvolles Wesen, und der schöpferische Mensch muß es sein: man ist nur fruchtbar um den Preis, viele Widersprüche in sich zu vereinen, ohne in den tiefsten Betätigungen des Lebens gehemmt zu werden.

Wir kennen Montaignes Stellung zum Altertum; wir wissen, daß er keine genaue Kenntnis der antiken Systeme besaß und, wie die Stoiker und Epikureer, in der Philosophie nur eine Weisheitslehre sah, der die Aufgabe zufiel, das Leben praktisch zu gestalten: auch seine Philosophie ist, in letztem Sinne, eine Lebenskunst, und es wird sich empfehlen, vor der Zergliederung des vielberufenen Montaigneschen Skeptizismus die stoischen und epikureischen Elemente seiner Weisheit auseinanderzulegen. Soll man nun, um die stoische Seelenstimmung des Einsiedlers in seinem Bibliotheksturm zu erklären, an die Bitternisse und Enttäuschungen eines Ehrgeizigen denken, der zu der Weisheit einer sinkenden Welt greift, um den Übeln eines schwierig gewordenen Lebens mit dem herben Sinne eines Weisen zu begegnen? Ich glaube, daß dies ein Irrtum wäre: der Stoizismus Montaignes ist, in seinen Anfängen, die vorübergehende Stimmung eines Büchermenschen, dem die Lehren der römischen Stoiker zusagen, weil sie in einer Form auftreten, die den künftigen Schriftsteller besticht. Ton und Haltung dieser rein literarischen Gefühlsphilosophie gehen auf den Römer Seneca zurück; sie sind in den »Briefen an Lucilius« zu suchen, die an einen Jüngling, das heißt an einen Werdenden, gerichtet sind. Montaigne besitzt keine wissenschaftliche Bildung; er kennt auch nicht die Geschichte der Philosophie, und sein Stoizismus hat auf alle Fälle nichts mit Zenon aus Kition, dem Stifter der Schule, zu tun, dem übrigens schon die griechischen Akademiker vorwarfen, er stehle seine Lehren und gebe ihnen bloß ein phönizisches Gewand.[1] Montaignes Stoizis-

[1] Diogenes Laërt., VII. I, 25.

mus ist ein bloßer Reflex, und man darf wohl fragen, ob ein Glücklicher, der weiß, daß er keinen starken Willen besitzt, überhaupt befähigt ist, die Lehren der Stoa zu betätigen. Diese harte Philosophie, die alles vom Willen des Menschen erwartet, hängt nur durch das Gehirn mit ihrem späteren Bekenner zusammen: im Grunde ist es der Künstler in Montaigne, der von der Schönheit der stoischen Lehre angezogen wird, zumal er in seinem Freunde Boëtius das Urbild eines Mannes verehren durfte, der, seiner tiefsten Überzeugung nach, vor allen seinen Zeitgenossen befähigt war, den Adel der antiken Lebensweisheit in glanzvoller Weise zu erhärten. Gerade weil der Stoizismus an den Menschen unerhörte Anforderungen stellt, wirkt er auf seine Phantasie, und obgleich der Heldenverehrer Plutarch in mancher Hinsicht Gegner der Stoiker ist, bestärkt er doch nur seine Verehrung der Ideale einer sinkenden Welt, in denen der Renaissancemensch die schönste Wirklichkeit des geschichtlichen Lebens sieht. Eine solche Philosophie, die sich an die edelsten Instinkte im Menschen wendet, kann sogar zum guten Ton gehören: die Erben der romanischen Tradition, die sich ihr zuwenden, sind von dem Stolze der Enkel beseelt, welche die Schätze der Ahnen zum ästhetischen oder moralischen Ergötzen vergeuden und die Erkenntnis großer Lebenstriebe zum Schmuck des eigenen Daseins verwenden, zumal das Elend der Zeit, mit ihren Fehden und Bürgerkriegen, groß genug ist, um nach einer ablenkenden Tröstung zu verlangen.

Stoisch ist Montaignes Verhalten zur Philosophie, insofern die Stoa nicht nach dem objektiven Wesen der Dinge forscht, sondern die praktische Frage nach dem letzten Zweck des persönlichen Handelns zum Grundproblem jedes Philosophierens macht. Stoisch ist sein Verhältnis zur Erkenntnistheorie, sofern diese gänzlich auf dem Standpunkt des Sensualismus bleibt und erklärt: jede Kenntnis gelingt uns auf dem Weg der Sinne; sie sind unsere Meister; mit ihnen steht und fällt die Wissenschaft; sie sind Anfang und Ende der menschlichen Erkenntnis. (II, 12.) Stoisch ist seine Forderung, der Natur gemäß zu leben, *ὁμολογουμένως τῇ φύσει ζῆν*, um die berühmte Formel der Stoiker zu gebrauchen, die, wie alle Sätze dieser Art, dehnbar genug ist, um die mannigfachste Deutung zu gestatten. Ich werde auf diese Naturgläubigkeit Montaignes, insofern sie noch ganz andere Wurzeln hat, ausführlich zurückkommen.

Stoisch ist sein Verhältnis zum Tode. Zahllos sind die Stellen, in denen er auf die Kunst des Sterbens zurückkommt: »Cicero sagt: Philosophieren sei nichts anderes, als sich auf den Tod bereiten; das heißt ebensoviel als: Studieren und tiefe Betrachtungen versetzen gewissermaßen die Seele in eine höhere Sphäre und geben ihr eine unkörperliche Pflege, welches eine Art von Schule und Ähnlichkeit des Todes ist: oder es heißt auch so viel, daß alles Nachdenken, alle Weisheit dieser Welt sich endlich in dem einen Punkte auflöst, uns zu lehren, den Tod nicht zu fürchten. In der Tat, wenn die Natur nicht ihren Spaß mit uns treibt, so muß sie nach unserer Zufriedenheit trachten und mit aller ihrer Arbeit im Ganzen dahin streben, daß wir ein gemächliches Leben führen mögen, in aller Ruh und Ehrbarkeit, wie die Heilige Schrift sagt: ›Das Ziel unserer Laufbahn ist der Tod: er ist das unvermeidliche Mal unserer Richtung; wenn wir davor abschrecken, wie ist es möglich, einen Schritt weiter zu tun ohne Fieber? Das Mittel des einfältigen Haufens ist, nicht daran zu denken.‹« (I, 19.)

»Der Tod ist in unserer Natur gepflanzt, nicht minder wesentlich als das Leben. Warum sollte uns die Natur Haß und Abscheu dagegen einflößen, da er ihr zu großem Nutzen gereicht, um die Folge und den Wechsel ihrer Werke zu nähren! Da er in diesem allgemeinen Freistaate viel mehr zur Unterhaltung und Vermehrung als zum Untergang und zur Verheerung beiträgt?

Die Auslöschung eines Lebens bewirkt die Anzündung tausend anderer Leben.« (III, 12.)

»Welche Dummheit, uns zu plagen über den Punkt des

Übergangs zur Befreiung von aller Plage. Wie unsere Geburt die Geburt aller Dinge für uns ward, so wird der Tod aller Dinge für uns unser Tod sein. Deswegen ist es gleiche Torheit, darüber zu weinen, daß wir über hundert Jahre nicht mehr leben werden, als darüber, daß wir vor hundert Jahren noch nicht lebten. Der Tod ist der Anfang eines neuen Lebens; ebenso weinten wir, ebenso ward es uns unpeinlich, in dieses unser gegenwärtiges Leben zu treten, und ebenso legten wir unsere alte Hülle ab, als wir eintraten. Einmal, keinmal, sagt das Sprichwort. Ist es also vernünftig, sich so lange vor einer Sache zu fürchten, die so kurz dauert? Lange Zeit leben und kurze Zeit leben wird durch den Tod ganz einerlei. Denn lang und kurz mißt keine Dinge, die nicht mehr sind.« (I, 19.)

»Alles, was ihr euch vom Leben zueignet, das entwendet ihr der allgemeinen Masse des Lebens, und nehmt's auf allgemeine Kosten. Das Werk eures Lebens ist, euren Tod zu bauen. Ihr seid im Tode, während daß ihr im Leben seid; oder, wenn ihr's lieber so wollt, ihr seid tot nach dem Leben. Während dem Leben aber seid ihr im Sterben begriffen; und das Sterben fällt dem Sterbenden unendlich schwerer, ist ihm wesentlich hart und drückend, als dem Toten. Habt ihr euer Leben genutzt, so seid ihr gesättigt: steht zufrieden auf und wandelt heim!« (I, 19.)

»Es ist ungewiß, wo uns der Tod erwartet; erwarten wir ihn also allenthalben! Sinnen auf den Tod, ist Sinnen auf Freiheit. Wer sterben gelernt hat, versteht das Dienen nicht mehr. Für den hat das Leben kein Übel mehr, der die Wahrheit einsieht; das Leben aufgeben ist kein Übel. Zu sterben wissen, das befreit uns von aller Lehnspflicht und von jedem Zwange.« (I, 19.)

Und wie schlecht verstehen Christen das Sterben: »Ich halte in der Tat dafür, es müssen die trostlosen Gesichter und die schauderhaften Anstalten sein, womit wir ihn umgeben, die uns mehr ängstigen als er selbst. Eine ganz neue Lebensweise; das Geweine der Mütter, der Gattinnen, der Kinder;

die Besuche von gerührten, niedergeschlagenen Personen; zur Hand stehende blasse, trostlose Bediente; dunkles Zimmer; brennende Kerzen; ein von Ärzten und Priestern umzingeltes Bett, vereinigt um uns her alles, was furchtbar und schrecklich ist. Wir sehen uns schon im Sarge, im Grabe. Die Kinder fürchten sich sogar vor ihren Günstlingen, wenn sie solche entlarvt sehen. Ebenso mit uns! Man muß sowohl den Sachen als den Personen die Larven abnehmen. Ist solche weg, so finden wir dahinter nichts mehr und nichts weniger als gerade denselben Tod, welchem letzthin ein Hausknecht oder eine einfältige Zofe ohne Furcht entgegengingen. Gesegnet sei der Tod, welcher zu allen diesen Zurüstungen und Anstalten keine Zeit läßt!« (I, 19.)

Stoisch ist Montaignes Verhältnis zum Selbstmord: »Der freiwilligste Tod ist der schönste. Das Leben steht nicht in unserer Macht, wohl aber der Tod. In keinem Dinge sollten wir uns so ungebunden unserer eigenen Laune überlassen, als hierin. Die Reputation hat mit einer solchen Unternehmung nichts gemein. Rücksicht darauf zu nehmen ist Torheit. Das Leben ist ein Frondienst unter der Handfeste von Sterbensfreiheit. Die gewöhnlichen Heilungsarten von Krankheiten geschehen auf Kosten des Lebens. Man schneidet an uns, löst uns Gliedmaßen ab, hängt uns den Nahrungskorb hoch, zapft uns das Blut aus den Adern; nur noch ein Schritt weiter, und wir sind durchaus genesen.«[1] (II, 3.)

So spricht kein Christ oder Katholik, als der Montaigne im Leben dasteht, sondern der Heide, oder, wenn man will, der Humanist, dem Doktrin und Leben Gegensätze sind, wie sie der aufrechte Mann nicht als Zwiespalt, sondern als Behagen empfindet, wenn er den Versuch macht, sich den schwebenden Verhältnissen anzubequemen.

Es gibt aber Punkte, wo sich entgegengesetzte Weltanschauungen, wenn sie tief im Menschlichen wurzeln, berüh-

[1] Man vergleiche diese Stelle mit den Ausführungen Senecas im 69. Briefe an Lucilius, auch wegen des Tons, der bei Montaigne viel milder ist.

ren: Stoizismus und Epikurismus sind Versuche, mit dem Leben durch Hilfe eines Prinzips fertig zu werden, das in einer Welt voller Übel die Selbstherrlichkeit des inneren Menschen verkündet und verbürgt. Schon der Römer Seneca hatte es nicht verschmäht, gewisse Ansichten der Epikureer in seine Episteln an Lucilius zu verweben, und Montaigne brauchte diese Versuche nur aufzugreifen, um ein literarisches Muster zu haben. Wir dürfen sagen: Sein ganzes Bestreben, den Tod im Geiste zu überwinden, entspringt im Grunde der Furcht eines Epikureers, der sich auch der Waffen und Trostgründe seiner Gegner bedient, um zu seinem Ziele zu gelangen. Das Christentum hat den Versuch gemacht, den Tod auszumerzen, indem es dieses Dasein nur als Durchgang, als Vorbereitung auf ein anderes, auf das wirkliche Leben ausgibt und so dem Augenblick des Übergangs jeden Schrecken, jedes Grausen nimmt: ein Geniestreich, der alle Instinkte vergewaltigt und den Menschen seiner eigentlichen Heimat, der Erde entfremdet. Aber Montaignes Blicke schweifen kaum über dieses Dasein hinaus: er steht mit festen Füßen auf der mütterlichen Erde, und alle Hilfsmittel, welche die Kirche im engen oder weiteren Sinne anwendet, um den Gläubigen auf jenes bessere Leben im Jenseits vorzubereiten, haben keine Wirklichkeit für ihn.

Epikureisch ist die ganze Grundlage seiner Lebenskunst, insofern sie eine gebildete Persönlichkeit voraussetzt, die alle irdischen Güter und Verhältnisse nach ihrem Glückseligkeitswert abschätzen muß, um zum Anfang und zum Ende eines seligen Lebens zu gelangen. Epikureisch ist sein Verhältnis zum Staat, als welcher ihm nur zum Schutze der Persönlichkeit da ist; zur Religion, der er fast so gelassen gegenübersteht wie der bescheidene Weise Epikur den Göttern seines Volkes, die der tragischen Epoche der hellenischen Kultur entstammen. Epikureisch ist sein Verhältnis zur Freundschaft – nie gab es leidenschaftlichere Freunde als zur Zeit, da die Philosophie des Epikur in Blüte stand –, zur Ehe, zur Erkenntnis, zum Problem des Lebens selbst.

»Alle Meinungen von der ganzen Welt sind darin einstimmig, daß Vergnügen unser Zweck sei, ob man gleich über die Mittel verschieden denkt, denn sonst brauchte es keines Suchens und Findens. Denn wer würde wohl denjenigen anhören, der Mißvergnügen und Schmerz für den Zweck unserer Arbeiten annähme? Die Uneinigkeiten der philosophischen Sekten über diesen Punkt liegen bloß in Worten.«

»Man sage, was man will, selbst bei der Tugend ist der letzte Zweck, den wir erzielen wollen, Wollust. Ich mache mir eine Freude daraus, den Herren dieses Wort in die Ohren zu gellen, das ihnen so äußerst anstößig ist. Nur wenn es den höchsten Grad des Vergnügens und den innigsten Selbstgenuß andeutet, so braucht man es besser von der Beiwirkung der Tugend als von irgendeiner anderen Beiwirkung. Diese Wollust ist dadurch, daß sie lebhaft, nervig, stark und männlich ist, nur um so wollüstiger. Und *ihr* sollten wir den Namen des angenehmsten, süßesten und natürlichsten Vergnügens geben, nicht unserer Leistungsfähigkeit, wofür wir es brauchen.« (I, 19.)

Ein solcher Ausfall ist nicht nur epikureisch, er ist auch antichristlich und verrät eine hedonistische Grundstimmung, die zuweilen ästhetisch, zuweilen ethisch gefärbt ist, je nachdem Montaigne es mit historischen Gewalten oder mit den Forderungen zu tun hat, die er an die Welt und an sich selber stellt. Die Niederschrift dieser Stelle stammt aus dem Jahre 1572, und die Anschauung, die sie vertritt, wird von da ab mehr und mehr zum Leitmotiv des Montaigneschen Denkens. Um es allgemein zu sagen: aus dem Stoiker, der sich an Seneca heranbildet, wird mit der Zeit ein Epikureer, ohne daß dieser jedoch durch den Wandel seiner Anschauungen in ein feindliches Verhältnis zur Moral der Stoa geriete. Man kann die Entwicklung Montaignes kurzweg eine Steigerung des Selbstbewußtseins nennen, das, im Sinne der alten Epikureer, in der Wendung vom äußeren zum inneren Menschen die Bürgschaft vollkommenen Glückes erblickt und in der Beherrschung aller Verhältnisse nur sich selbst genießt.

Damit ist allerdings noch nichts über den historischen Gehalt seiner Philosophie gesagt, sondern nur eine Seelenstimmung angedeutet, in der sich ästhetische, ethische und kritische Elemente zu einer geheimnisvollen organischen Einheit verschmelzen. Der eigentliche Erzieher Montaignes aber, der den Stoiker befreit und seine Epikurismen einem feinen Urteil voll der allerhöchsten Achtung vor den Tatsachen unterstellt, ist Plutarch, und zwar lernt er, da er des Griechischen nicht recht mächtig ist, den Biographen und Moralisten nicht aus den Originalen, sondern aus der Übersetzung Amyots[1] kennen. Die *Vie de Plutarque* (1559) und die *Œuvres morales* (1572) gehören zu den einflußreichsten Schriften des Jahrhunderts: sie kamen dem realistischen Bedürfnis der Zeit entgegen, insofern sie keine abstrakten Abhandlungen boten, sondern große Persönlichkeiten schilderten oder die Moral durch Tatsachen des Lebens belegten. Dazu kommt, daß die Sprache, in welcher der alte hellenistische Rhetor auflebt, von seltener Anmut ist: Amyot ist ein sprachschöpferischer Geist, und der Umstand, daß er, als Mensch des 16. Jahrhunderts, das Kolorit der antiken Welt in leichter Weise modernisierte, kam der Wirkung seiner Schriften nur zustatten: das Jahrhundert lernte die Fülle des antiken Lebens in einer Form kennen, die unmittelbar auf den Willen wirkte und die Instinkte kräftiger Naturen stärkte. Montaigne ist ohne die Schriften Amyots, in denen er sein Brevier verehrte, gar nicht zu denken: er bleibt von Anfang bis zum Ende in seinem

[1] Geboren 1513 in Melun als Sohn eines Metzgers oder Krämers; er war zwölf Jahre lang Lehrer des Griechischen an der Universität zu Bourges. Franz I., der ihn 1546 zum Abt von Bellozane ernannte, veranlaßte ihn, Plutarch ins Französische zu übertragen. Nach längeren Reisen in Italien, wo er nach griechischen Manuskripten forschte, wurde er Hauslehrer der Söhne Heinrichs II., dann Großalmosenier, als Karl IX. den Thron bestieg, und 1570 Bischof von Auxerre. Nach der Ermordung Heinrichs III. litt sein Bistum schwer unter den Religionskriegen; sein eigener Klerus empörte sich gegen Amyot, dem man allzu große Treue gegen den König vorwarf. Er starb 1593. Werke und Übersetzungen: *Histoire éthiopique, Paris 1547. – Daphnis et Chloé, Paris 1559. – Sept livres de Diodore Sicilien, Paris 1554. – Vie de Plutarque, 2 vol. Paris 1559. – Pensées morales de Plutarque, Paris 1572.* Die Übersetzung Plutarchs wurde oft aufgelegt.

Banne. Wir kennen in den »Essais« vierhundert Stellen, die er den Werken Plutarchs entnommen hat.[1] Die Fülle der historischen Geschehnisse in den berühmten Lebensbeschreibungen gestattet dem Einsiedler, der, wenn man dem allzu offenherzigen Beichtiger glauben darf, ein schlechtes Gedächtnis hat, seine eigenen Erfahrungen mit anderen zu vergleichen und ihre Richtigkeit zu prüfen. Die Art Plutarchs, aus den Tatsachen sittliche Folgerungen zu ziehen, entspricht seinem eigenen Hange, seine Ansichten durch Beispiele zu erläutern: in dem Rhetor des sinkenden Altertums, der von einem trüben Strom des Lebens getragen wird, verehrt er den ausgezeichnetsten, unbestechlichsten Richter menschlichen Tuns und Handelns. Seine Vergleichung Plutarchs mit Seneca ist bezeichnend: »Ihr Unterricht ist das Werk der Philosophie, in einer einfachen, treffenden Art vorgetragen. Plutarch ist gleichförmiger und fester. Seneca ist schon unebener und wellenartiger. Der eine müht sich, strengt und spannt sich an, um die Tugend gegen die Schwachheit, Furcht und unordentliche Begierden zu waffnen, der andere scheint ihre Macht nicht so sehr zu achten und es der Mühe wert zu halten, ihretwegen schneller zu gehen und sich gegen sie in Sicherheit zu setzen. Plutarch hängt an den platonischen Meinungen, die so milde und auf die bürgerliche Gesellschaft so anwendbar sind.

Seneca vereinigt in sich die Meinungen der Stoiker und der Epikureer, die vom gewöhnlichen Gebrauche entfernter liegen, aber, nach meinem Dafürhalten, ruflicher für den einzelnen Mann sind und dabei mehr Festigkeit haben ... Plutarch ist durchgängig ein freier Mann. Seneca ist voller scharfsinniger Wendungen und witziger Einfälle. Plutarch voller Sachen. Jener erhitzt und setzt unsere Leidenschaften in Bewegung, dieser tut mehr Genüge und lohnt uns reichlicher. Er leitet uns, der andere stößt uns auf die Bahn.« (II, 10.)

[1] *Montaigne, Amyot et Saliat. Etude sur les sources des Essais par Joseph de Zangroniz.* Paris, Honoré Champion, 1906.

Als Montaigne im Jahre 1580 daran ging, seine »Essais« herauszugeben, war seine eigentliche Entwicklung abgeschlossen: er hatte nicht nur sich, sondern auch den wirklichen Menschen entdeckt, der nicht mehr das Idealbild einer moralischen Weltanschauung, sondern etwas ganz anderes ist: Plutarch war ihm nicht nur zu einem Anreger, sondern zu einem Befreier geworden. Anfang und Schluß der ersten Ausgabe sind bezeichnend für den fertigen Montaigne: »Wahrlich, der Mensch ist ein eitles, wandelbares und unbeständiges Ding. Schwer, sehr schwer ist es, ihn unter eine sichere und einförmige Regel zu bringen.« (I, I.) »Ich hasse keine Phantasien, weil sie sich mit den meinigen nicht vertragen wollen; weit gefehlt, daß ich mich darüber ärgere, wenn ich sehe, daß meine Urteile nicht mit den Urteilen anderer eingreifen und daß ich mich im Umgange anderer Menschen dadurch weniger beliebt mache, daß wir nicht in allem übereinstimmen, wundere ich mich vielmehr (wie es denn die gewöhnliche Weise ist, welche die Natur befolgt hat, daß die Verschiedenheit mehr in den Gemütern als in den Körpern herrscht, weil das Wesen jener noch geschmeidiger und mehrerer Formen fähig ist) wundere ich mich vielmehr darüber als über etwas Seltenes, wenn ich meine Denkart und Vorschläge mit anderen einerlei finde, denn niemals haben zwei gleiche Meinungen in der Welt stattgefunden, so wenig wie zwei gleiche Haare oder Senfkörner. Ihre allgemeinste Eigenschaft ist die Verschiedenheit.«

Wie aber steht es mit dem vielberufenen Skeptizismus Montaignes, dessen unsterbliche Formel *Que sçais-je?* lautet?

Montaigne ist seinem ganzen Wesen nach ein durchaus unabhängiger Geist, der zwar wohl imstande ist, sich einem Gedanken hinzugeben, aber immer wieder durch die Bedürfnisse der eigenen Natur gezwungen wird, das Ererbte und Erworbene auf seinen eigentlichen Wert hin zu prüfen. Die unübersehbare Fülle des geschichtlichen Daseins, in dem er sich zu Hause fühlt, bringt ihm auch das vielgestaltige, aufgeregte Treiben der Gegenwart näher, insofern es zu beständigen Vergleichen anregt: der kluge Beobachter mit dem offenen Weltblick sieht und hört und liest, daß bei verschiedenen Völkern Sitten und Gebräuche verschieden sind; daß man mit einer Moral, auch wenn sie von der kirchlichen in allen Punkten abweicht, sehr wohl leben und sterben kann; daß die Wilden glücklicher sind als die Franzosen, die sich um zweifelhafter Meinungen willen hassen und bekriegen: damit ist, vom Leben aus, ein Moment des Zweifels gegeben, das langsam fortwirkend zum reinen Skeptizismus führen kann. Hiezu kommt der Einfluß der Zeit, die mit Notwendigkeit dahin gelangen mußte, auch die antiken Systeme, mit denen das sinkende Altertum zu Grabe getragen wurde, mit kritischen Augen zu betrachten. Die Zeitgenossen Montaignes lernten den antiken Skeptizismus aus den Hypotyposen des Sextus Empiricus, die Henri Estienne ins Lateinische übertragen hatte[1], und aus dem *Examen vanitatis doctrinae gentium* des Francesco Piero della Mirandola ken-

[1] *Sexti philosophi Pyrrhoniarum hypotyposeon libri III. Quibus in tres philosophiae partes severissime inquiritur. Libri magno ingenii acumine scripti, variaque doctrina referti: Graece nunquam, Latine nunc primum editi. Interprete Henrico Stephano. Anno M.D.LXII.*

nen, und der Denker gibt sich dem Einfluß dieser Schriften, wie es seine bequeme Art ist, mit offener Seele hin. Aus den Hypotyposen lernt er die fünf skeptischen Tropen, das heißt Gründe für die Urteilserhaltung *(Ἐποχή)* kennen, wie sie Sextus Empiricus aufstellt: 1. Die Gegensätzlichkeit der Behauptungen über dasselbe Objekt. 2. Der Regreß ins Unendliche bei jedem Beweise. 3. Die Relativität. 4. Die Willkürlichkeit der Voraussetzungen. 5. Die Diallele.[1] (*Hypotyp.* 1, 164 squ.) Wir werden sehen, wie sich diese Grundansichten der Skeptiker in den »Essais« Montaignes spiegeln.

Ob Montaigne das Werk des Italieners gekannt hat, ist nicht erwiesen: die Zitate aus dem »Examen vanitatis« kön-

[1] D.h. die Zirkeldefinition, bei der das zu Definierende zur Definition verwandt wird. – Die älteren Skeptiker hatten zehn Tropen aufgestellt: 1. Die Verschiedenheit der Lebewesen und ihrer Auffassung und Wertung. 2. Die Verschiedenheit der Menschen. 3. Die Verschiedenheit im Bau der Sinneswerkzeuge. 4. Die Verschiedenheit der Zustände des Menschen. 5. Die Verschiedenheit von Lagen und Entfernungen. 6. Das Vermischtsein des Wahrgenommenen mit anderen. 7. Die Verschiedenheit der Erscheinung durch die Art des Zusammen. 8. Die Relativität überhaupt. 9. Die Anzahl der Erlebnisse. 10. Die Verschiedenheit der Bildung, Sitten, Gesetze, Mythen und Philosophien. – Von Schwegler (in seiner »Geschichte der Philosophie«, S. 182) trefflich umschrieben: 1. Dieselben Gegenstände erzeugen bei verschiedenen Lebewesen vielfach ganz verschiedene Sinnesempfindungen und Vorstellungen. 2. Insbesondere sind die Menschen körperlich und geistig sehr verschieden, so daß dem einen die Dinge anders scheinen als dem andern. 3. Die verschiedenen Sinne sagen oft Verschiedenes, ja Entgegengesetzes über Dinge aus; derselbe Sinn stellt uns oft die Dinge verschieden dar; auch wissen wir nicht, ob die Sinne, die wir haben, uns die Dinge vollständig genug bekannt machen. 4. Unsere Ansicht von den Dingen wird von den verschiedenen körperlichen und geistigen Zuständen beeinflußt. 5. Die Dinge erscheinen uns je nach ihrer verschiedenen Stellung zu uns und unter sich verschieden. 6. Wir nehmen alles durch ein Medium wahr, wie Luft, Licht, Farbe. 7. Die Eigenschaften der Dinge sind bedingt und ändern sich durch ihr Größenmaß, durch Temperaturunterschiede, durch Unterschiede in der Schnelligkeit der Bewegung, in der Färbung usw. 8. Die Eindrücke der Dinge sind verschieden, je nachdem sie uns alt oder neu, gewohnt oder ungewohnt sind. 9. Die Eigenschaften der Dinge sind nur Relationen eines Dinges zum andern, durch deren Erkenntnis uns das Wesen des Dinges nicht ausgeschlossen wird, und diese Relationen selbst können sich jeden Augenblick ändern, weil sie nur etwas Zufälliges an den Dingen sind, z.B. oben oder unten, rechts oder links, leicht und schwer, groß und klein; alles nur komparative, relative Eigenschaften, die nichts Objektives und Festes aussagen. 10. Sitten, Herkommen, Gesetze, Glaube, Lehren verschiedener Menschen und Völker sind so verschieden, daß über das, was das Wahre und Rechte sei, nichts ausgemacht werden kann.

nen sehr wohl auch aus dem vielgelesenen Werk des Agrippa von Nettesheim *De incertudine et vanitate scientiarum et ad artium atque excellentia verbi dei declamatio* stammen, das Montaigne, wie aus dem 37. Versuch des 2. Buches hervorgeht, vor 1580 im Original kennenlernte und benützte; aber der indirekte Einfluß des Italieners, der sein Buch nur schrieb, um durch den Nachweis der Unsicherheit alles Wissens zum Glauben zurückzuführen, ist sicherlich vorhanden.

Ebenso unsicher ist es auch, ob Montaigne das berühmte Schriftchen *Quod nihil scitur*[1] seines Zeitgenossen Sanchez benützt hat. Sanchez, der, wie Montaignes Mutter, aus einer Familie spanischer Juden stammte, studierte von 1562–1569 auf dem Kollegium de Guyenne in Bordeaux. Es ist nicht ausgeschlossen, daß er mit Montaigne verkehrte, und sein berühmtes Büchlein stammt vielleicht aus dem gleichen Jahre, in dem Montaigne seine Apologie des Raimundus Sebundus schrieb. Allein die mancherlei Ähnlichkeiten in dem Denken der beiden Männer gehen vielleicht auf gemeinsame Quellen zurück, und nichts beweist mit Sicherheit den Einfluß des jungen Arztes auf den Humanisten Montaigne, zumal dieser, bei der Benützung seiner Autoren, sich nicht scheut, die Stellen, die ihm zusagen, wörtlich in seinen Text zu verweben. Sanchez ist vor allem ein scharfer Logiker; seine Darlegungen beginnt er mit einem Fanfarenstoß: »Ich weiß nicht einmal das, daß ich nichts weiß.« Die Wissenschaft gründet sich, nach ihm, auf Definitionen. Was ist eine Definition? Ein Name, den man den Dingen beilegt, und diese Namen werden willkürlich gegeben. Was ist Wissenschaft? Eine freie Schöpfung freier Geister: *Vera scientia, si qua esset, libera esset, et a libera mente: quae si ex se non percipiat rem ipsam, nullis coacta demonstrationibus percipiet.* Die Wissenschaft ist ein inneres Schauen. Den Denkern, die

[1] *Franciscus Sanchez: Quod nihil scitur. Lugduni apud Ant. Gryphium. M.D.LXXXI.*

behaupten: *Scire est rem per causas cognoscere*, hält Sanchez entgegen, daß ein solches Wissen unmöglich ist, da es uns zuletzt doch vor die Unendlichkeit, das Unverständliche, das Unsagbare und Unerkennbare stelle: und so bleibt denn die Wissenschaft eine Täuschung, oder Stückwerk, oder unnötig. Es ist auffallend, daß Sanchez, auf solche Sätze hin, seine Definition der Wissenschaft, die *rei perfecta cognitio* sei, als große Entdeckung betrachtet. Doch er fährt fort: Der freie Geist, den keine Theorie blendet, hält sich nur vor den Tatsachen auf; er zieht keine Schlüsse, er beobachtet nur: die Wissenschaft ist nichts anderes als eine ewig erneute Beobachtung. Allein die Dinge sind in ewigem Fluß begriffen; jede Ausnahme zerstört die Regel; jedes kategorische Urteil ist falsch. Und nun kritisiert der skeptische Arzt die berühmten Tropen der Skeptiker und schließt: *Nihil scitur*. Zwar hindert ihn dieses Bekenntnis nicht an der Einsicht, daß dem Menschen Urteil und Erfahrung zur Verfügung stehen; aber der Urteilsfähigen sind wenige, und die Erfahrung ist nicht jedem zugänglich. Der Skeptizismus Sanchez' geht nicht von historischen Gesichtspunkten aus, er läßt ein naturwissenschaftliches Erkennen ahnen, und dadurch, daß er den Geist direkt mit den Dingen in Beziehung setzt, wird er in gewissem Sinne fruchtbar; aber da der Skeptiker, als Vorläufer gewisser Positivisten, in der sichtbaren Welt nur eine Häufung von Dingen sieht, deren Erkenntnis eine persönliche Erfahrung bleibt, kommt er aus einem heftigen Subjektivismus nicht heraus. Seine Methode ist wertvoll durch den Stachel, den sie birgt, nicht durch ihre Resultate: so spricht ein gescheiter, logisch geschulter Gelehrter, der mit den Erfahrungen rechnen muß und, wie man auch im einzelnen über seine Methode denken möge, auf keinen Fall zu den großen Geistern gehört.

Wir werden sehen, wie diese skeptische Geistesrichtung sofort andere Früchte zeitigt, wenn sie einen Geist erfaßt, der in der Beobachtung seines Ichs Glück und Erkenntnis findet. Verfolgen wir einmal den Gedankengang der berühmten

Rettung des Raimundus Sebundus, die das ganze 12. Kapitel des zweiten Buches der »Essais« einnimmt und eine Schrift für sich darstellt! Sie beginnt mit einer Verbeugung vor der Wissenschaft: »Es ist doch in der Tat ein nützliches und köstliches Ding um das Wissen.« Die Erinnerung an seinen geliebten Vater, der die Bekanntschaft mit gelehrten Männern suchte und sie wie geheiligte Personen in sein Haus aufnahm, gibt dem »Retter« Gelegenheit, zu erzählen, wie er dazu kam, die natürliche Theologie des Raimundus Sebundus zu übersetzen, der es unternehme »aus Gründen der bloß natürlichen Vernunft, den Atheisten alle Artikel der christlichen Religion zu beweisen«. Doch sofort meldet sich der Zweifler, den der reinste Sinn für Tatsachen leitet, indem er die Frage erörtert, wie es komme, daß die Christen, als Bekenner einer so himmlischen Lehre, in Hinsicht auf ihre Sitten den Heiden und Mohammedanern nachstehen, und nun folgt ein Ausfall auf die Religionskriege in Frankreich: »Kein Haß ist so bitter als der christliche. Kein Eifer ist so tätig, als wenn sein Hang mit unserm Haß zusammentrifft, mit unserer Grausamkeit, unserer Ehrfurcht, unserem Geize und mit der Verleumdung und Rebellion. Wenn er hingegen Güte des Herzens, Wohlwollen, Mäßigkeit anbetrifft, ja, da gehen wir, einige Ausnahmen abgerechnet, die sich durch eine Art Wunder unter uns befinden, als ob wir weder Fuß noch Flügel hätten. Unsere Religion ist dazu gemacht, die Untergründe auszurotten, und sie bedeckt, nährt und reizt sie.« Ist es dem Menschen gegeben, durch Nachdenken und Schlüsse zu einer Gewißheit zu gelangen, die ihm die Wahrheit seiner herrlichen Religion verbürgt? Schon hier ist Montaignes Vortrag mit Absicht schwankend: bald preist er die Herrlichkeit »unseres heiligen und göttlichen Glaubens«, bald läßt er einfließen, daß wir »unsere Religion nur von unsern Händen annehmen«. Doch entzieht er sich diesem heikeln Gebiete, indem er erklärt: »Laßt uns für diesen Augenblick den Menschen allein in Untersuchung nehmen, wie er ist, ohne fremde Hilfe, mit nichts anderem als seinen angeborenen

Waffen bewaffnet und nicht versehen mit der Gnade und Erkenntnis Gottes, worin seine große Ehre, seine ganze Kraft und der Grund seines Daseins besteht.«

»Ist es möglich, sich etwas Lächerlicheres einzubilden, als daß dieses elende erbärmliche Geschöpf, das nicht einmal sein eigner Herr ist, sich den Wirkungen fast aller Dinge um sich her ausgesetzt fühlt, sich für den Herrn und Beherrscher der ganzen Schöpfung halten kann? Da es doch nicht einmal in seinem Vermögen steht, den geringsten Teil davon zu überschauen, geschweige denn zu regieren! Und dieses Privilegium, das er sich in diesem großen Gebäude zuschreibt, darin der einzige zu sein, der das Geistesvermögen besitzt, die Schönheit des Ganzen und seine Teile zu erkennen; der einzige, der wie der Baumeister denken und über Einnahme und Ausgabe der Welt Buch halten kann? Wer mag ihm dieses Privilegium unterschrieben und besiegelt haben? Laßt ihn uns doch das Vorstellungsdekret eines so schönen und großen Auftrages vorzeigen.« (Dieser Ausfall hat nichts mit der Demut des Christen zu tun, der sich Ebenbild seines Schöpfergottes weiß.) »Der Eigendünkel ist unsere natürliche Erbkrankheit. Das jämmerlichste, zerbrechlichste Geschöpf unter allen ist der Mensch und zu gleicher Zeit das hochmütigste... Es ist durch den Dünkel dieser Einbildung, daß es sich Gott gleichstellt; daß es sich göttliche Eigenschaften anmaßt, daß es sich vor dem großen Haufen der übrigen Geschöpfe absondert und auswählt, den übrigen Tieren, seinen Brüdern und Genossen der Schöpfung, einen höchst maßigen Teil von Sinnesfähigkeit zuschneidet und ihnen nichts weiter an Kraft und Fertigkeit der Sinne und Vernunft einräumen will, als was ihm selbst gut dünkt. Wie vermag dieses menschliche Geschöpf durch die Macht seines Geistes die innern und geheimen Teile der Tiere auszuspähen? Durch welchen Vergleichspunkt zwischen ihnen und uns schließt er auf die Dummheit, die er ihnen zuschreibt? Wenn ich mit meiner Katze spiele, wer kann es entscheiden, ob sie sich mehr Zeitvertreib mit mir macht, als ich mir mit ihr?«

Montaigne setzt also zunächst den Menschen zu einem Tiere herab, das vor seinen Brüdern nicht nur nichts voraus habe, sondern von ihnen in vielen Dingen übertroffen werde; der Hauptvorzug der Tiere bestehe aber darin, daß die Natur sie mit mütterlicher Zärtlichkeit, wie an der Hand gleichsam, zu allen Bedürfnissen und Verrichtungen des Lebens leite, »so daß ihre viehische Dummheit in allen Bedürfnissen und Bequemlichkeiten alles das übertreffe, was unser himmlischer Verstand vermöge!« Und mit dieser Ansicht sind wir nicht nur weit von Raimundus Sebundus entfernt, der in dem Menschen Ziel und Zweck der Schöpfung sah, sondern auch von den Stoikern, insofern sie auf die menschliche Vernunft vertrauten und in der Erhebung des Geistes über alles Elend des Menschen innere Triumphe feierten. Ist aber diese Vernunft, auf die sich die Menschen so viel zugute tun, überhaupt so viel wert? »Welchen Wert kann es nach unserer Schätzung für den Varro und Aristoteles gehabt haben, daß sie so vielerlei Dinge verstanden und durchschauten? Waren sie dadurch von den menschlichen Übeln befreit? Traf sie deswegen kein Zufall, der den Lastträger drückte? Zogen sie aus der Logik Trostgründe gegen das Podagra?« Diese ganze »Beweisführung«, die sich der Lesefrüchte eines Humanisten mit rein ironischem Behagen bedient, verliert keinen Augenblick die paradoxale Haltung: »Wir müssen zu Tieren gemacht werden, um blindlings zu gehorchen, und geblendet werden, um uns leiten zu lassen.«

Der Schluß der Apologie setzt sich mit dem Skeptizismus auseinander, wie ihn Montaigne aus dem Sextus Empiricus kannte. »Ich will den Menschen in seiner höchsten Vollkommenheit nehmen. Wir wollen ihn in jener kleinen, ausgewählten Anzahl betrachten, welche, nachdem sie mit einer schönen natürlichen Kraft begabt waren, solche noch gestärkt haben durch Sorgfalt, Studium und Kunst, und erhöht bis auf den höchsten Punkt der Weisheit, wohin sie nur reichen konnte... Bei diesen Männern muß man die äußerste Höhe der menschlichen Natur suchen.« Welcher Art ist nun die

Erkenntnis, die diese Männer, das heißt die Philosophen, gefunden haben? Ein Schwanken von Meinungen, Ansichten, Glaubenssätzen, die Montaigne mit Behagen, aber ohne sonderlichen kritischen Geist aufzählt. Schon allein die Ansichten der antiken Philosophen über die Natur der Götter sind geeignet, den Zorn Montaignes gegen die Schwarmgeisterei so vieler »philosophischer Hirnschädel« zu nähren und ihn zu der kategorischen Erklärung zu bringen: »Die Philosophie ist nichts als eine sophistische Poesie.« Auch Platon ist nichts als ein fragmentarischer Dichter. »Es ist eine sterbliche Hand, welche darreicht, und eine sterbliche Hand ist es, welche empfängt.« Montaigne prüft die Werkzeuge der Erkenntnis, Sinne und Vernunft, auf ihre Fähigkeiten hin: »Um über den Anschein zu reden, der uns an den Gegenständen vorkommt, bedürfen wir eines richterlichen Werkzeuges: um dieses Werkzeug zu berichtigen, müssen wir Demonstrationen haben; um diese Demonstrationen zu berichtigen, ein Werkzeug: da sind wir wieder im ewigen Zirkel. Weil die Sinne nun den Zwist nicht ausgleichen können, weil sie selbst voller Unsicherheit sind, so muß es wohl die Vernunft tun: keine Vernunft wird als sicher angenommen ohne eine andere Vernunft: da gehen wir schon abermals ins Unendliche zurück. Unsere Phantasie heftet sich nicht an fremde Dinge, sondern entsteht durch Vermittelung der Sinne, und die Sinne erkennen keine fremden Gegenstände, sondern nur ihre eigene Empfänglichkeit: also liegen Phantasie und Schein nicht im Gegenstande, sondern bloß in der leidenden Empfänglichkeit des Sinnes, und dieses Leiden und diese Empfänglichkeit sind zwei verschiedene Dinge. Wer also nach dem Scheine urteilt, beurteilt einen Gegenstand nicht nach ihm selbst; und sagt man, daß die Leidenheit der Sinne unserer Seele die Eigenschaft der fremden Gegenstände durch Ähnlichkeit zuführe, wie können die Seele und der Verstand sich dieser Ähnlichkeit vergewissern, da sie unmittelbar keine Berührungspunkte mit den fremden Gegenständen haben? Und ebenso möchte ich sagen, kann derjenige, der den

Sokrates nicht kennt und sein Bild zu sehen bekommt, nicht sehen, daß es ihm ähnlich sei? Wer wollte aber wohl immer nach dem bloßen Schein urteilen? Es ist unmöglich, wenn ihm nur etwas an diesem Schein abgeht, denn ein Schein widerspricht dem andern und hebt ihn auf, weil sie verschieden und einander widersprechend sind, wie wir aus der Erfahrung sehen. Wollen wir etwa annehmen, daß ein ausgewählter Schein Regel für die übrigen sei? Dieser ausgewählte müßte durch einen andern ausgewählten bewahrheitet werden, und der zweite durch einen dritten, und sonach werden wir wieder niemals fertig. Kurzum, es gibt keine selbstbestimmte Wesenheit weder unseres Seins, noch des Seins der Objekte, und wir und unser Urteil und alle sterblichen Wesen gleiten und kräuseln ohne Unterlaß: also läßt sich von einem auf das andere nichts gewiß Beständiges fortsetzen; und der Richter und das Gerichtete sind im ewigen Schwanken und Schweben.

Wir haben gar keine Bekanntschaft mit dem Sein, weil die ganze menschliche Natur beständig zwischen Geburt und Tod in der Mitte steht und nichts von sich erteilt als einen dunklen Schein und Schatten und eine unsichere schwache Meinung. Und wenn man etwa einmal seine Gedanken darauf heftet, ihr Wesen zu fassen, so ist nicht mehr noch weniger, als wenn man das Wasser greifen wollte; denn je mehr man dieses, welches allenthalben ab- und durchfließt, zusammendrücken und festhalten will, je mehr wird man das verspielen, was man mit einer Faust fest umspannen wollte. Weil also alle Dinge dem Übergange von einer Veränderung zur andern unterworfen sind, so findet sich die Vernunft, welche darin eine reelle Substanz sucht, betrogen, weil sie von Substanzen und beständiger Dauer nichts begreift, weil alles entweder im Werden begriffen und noch keineswegs etwas ist, oder schon zu sterben beginnt, bevor es noch geboren wurde.«

Montaigne nennt die Vernunft »jenen Schein von verständiger Überlegung, womit sich ein jeder behilft. Diese Vernunft, von deren Beschaffenheit es hundert Widersprechende über einen und denselben Gegenstand geben kann, ist ein Werkzeug von Blei oder Wachs, das sich nach jeder Richtung und nach jedem Maße ausdehnen, beugen und wenden läßt: es kommt nur darauf an, daß man es richtig zu behandeln verstehe.« Der Instinkt fälscht sie, und körperliche Zustände beeinflussen sie bald in günstiger, bald in ungünstiger Weise.

»Unser Verstand ist ein gefährliches, scharfes Allermannswerkzeug. Es läßt sich nicht gut in feste Ordnung und Maß stellen und einrichten. Diejenigen meiner Zeitgenossen, welche vor andern die seltensten Vorzüge und eine ausgezeichnete Lebhaftigkeit des Genies besitzen, hauen fast alle über die Schnur hinaus, sowohl in ausgelassenen Meinungen als Sitten. Es ist ein Wunder, wenn man einen darunter antrifft, der gesetzt und gesellig ist. Man hat recht, wenn man dem menschlichen Verstande Schlagbäume setzt, die so unübersteiglich sind als nur immer möglich. Im Studieren sowohl als in allem übrigen muß man ihm seine Schritte abmessen und vorschreiben. Man muß durch Kunst das Revier verhauen, worüber hinaus er nicht jagen soll. Man zäume und binde ihn durch Religion, durch Gesetze, durch Gewohnheiten, durch Wissenschaften, durch Vorschriften, durch zeitliche und ewige Strafen und Belohnungen; dennoch wird man sehen, daß er wegen seiner flüchtigen, unbändigen Natur alle diese Halfter abstreift und durchgeht.«

Es klingt wie eine Vorahnung Kantischen Denkens, wenn er schreibt: »Daß sich die Dinge unserm Verstande nicht in ihrer eigenen Form und in ihrem eigenen Wesen vorstellen und nicht aus eigener Kraft und Macht unsere Begriffe bilden, das sehen wir deutlich genug. Denn, wenn dem so wäre, so empfingen wir sie auf einerlei Art und Weise; der Wein wäre eben das im Munde eines Kranken, was er im Munde eines Gesunden ist. Derjenige, welcher an seinen Fingern Wunden oder Schwielen hat, müßte Eisen oder Holz, was er angreift, nicht minder oder mehr hart und rauh befinden als ein anderer mit gesunden Fingern. Die fremden Gegenstände erscheinen uns unsern Empfindungen gemäß; wir stellen sie uns vor, wie es uns gefällt. Wenn wir nun aber unsererseits etwas ohne alle Veränderung in unsern Verstand aufnehmen; wenn die menschliche Fassungskraft hinlänglich fest und ausgedehnt genug wäre, um die Wahrheit nach unserm eigenen Vermögen zu ergreifen, so würde diese Wahrheit, da dieses Vermögen bei allen Menschen gleich ist, von Hand zu Hand herumgehen, und wenigstens würde sich unter allen Dingen in der Welt, so viel es auch deren gibt, eins befinden, das von allen Menschen mit allgemeiner Übereinstimmung geglaubt würde. Der Umstand aber, daß man keinen Satz aufweisen kann, der nicht unter uns von allen Seiten bestritten wäre oder nicht bestritten werden könnte, beweist hinlänglich genug, daß unsere natürliche Urteilskraft das, was sie weiß, nicht gar deutlich begreift; denn da ich mein Urteil nicht zum Urteil meines Nebenmenschen machen kann, so ist dieses ein Zeichen, daß ich solches auf eine andere Art gefaßt habe als durch ein natürliches Vermögen, welches in mir und in allen übrigen Menschen liege... Außer dieser unendlichen Verschiedenheit und Zwietracht ist es durch die Verlegenheit, in die unser Urteil uns selbst stürzt, und durch die Ungewißheit, die jedermann bei sich selbst empfindet, leicht zu ersehen, daß es auf gar keinem sichern Grunde beruhe. Wie sehr verschiedentlich urteilen wir nicht über die Sachen! Wie sehr oft verändern wir nicht unsere eigenen Meinungen? Was ich heute für wahr halte und glaube, das ist meine Meinung, und glaube es mit meinem ganzen Glauben. Alle Werkzeuge und Haken meiner Seele umklammern diese Meinung und haften mir dafür nach allen ihren Kräften: ich kann keine Wahrheit mit mehr Zuversicht auffassen und bewahren als diese. Sie hat meinen ganzen und wahrhaftigen Beifall: ist es mir aber dennoch nicht begegnet, nicht nur einmal, sondern hundert- und tausendmal, ja täglich begegnet, daß ich etwas anders mit eben diesen meinen Geisteswerkzeugen aufgefaßt habe, und zwar unter eben den Umständen, was ich nachher für falsch erkannt habe? Wenigstens muß man auf seine eigenen Unkosten weiser werden...

Man mag uns predigen, was man will, wir mögen lernen was wir wollen, so sollten wir dabei nie vergessen, daß es der Mensch ist, welcher gibt, und der Mensch welcher nimmt... Die Dinge, welche uns vom Himmel kommen, haben allein Recht und Macht, uns zu überzeugen, und haben ausschließlich das Gepräge der Wahrheit, welches wir eben auch nicht mit unsern Augen sehen, auch nicht durch unser eigenes Vermögen fassen können; dieses heilige und große Bild könnte auch in einer so ärmlichen Wohnung keinen Platz finden, wenn Gott nicht solchen zu diesem Endzwecke vorbereitete; wenn Gott ihn nicht durch seine besondere und übernatürliche Gnade reinigte, stärkte, kräftigte und gründete. Wenigstens sollte unsere mangelhafte Gemütsverfassung uns bescheidener und zurückhaltender bei unsern Übergängen von einem zum andern machen. Wenigstens sollte sie uns erinnern, daß, was auch in unsern Verstand hineingelegt werden mag, er dennoch oft falsche Dinge aufnimmt; und daß solches durch eben die Werkzeuge geschieht, welche sich oft verschieben und unrichtig werden. Aber ist es ein Wunder, daß sie sich verschieben, da sie durch so leichte Veranlassung aus ihrer Richtung und ihren Fugen verrückt werden können. Gewiß ist es, daß unsere Verstandeskraft, unser Urteil und die Kräfte unserer Seele überhaupt von den Bewegungen und Veränderungen unseres Körpers leiden, welche Bewegungen und Veränderungen unaufhörlich sind. Ist unser Geist nicht viel munterer, das Gedächtnis schneller, unsere Überlegung lebhafter, wenn wir gesund, als wenn wir krank sind? Läßt uns Freude und Frohsinn nicht die Gegenstände, die sich unserer Seele darbieten, in einem ganz andern Lichte betrachten, als wir solche in Kummer und Traurigkeit ansehen?« (II, 12.)

Der Ironiker aber, der seinen Platon kennt, läßt sich vernehmen: »Wenn das Urteil unseres Verstandes in der Hand der Krankheit selbst steht und in der Hand der Verwirrung, ja in der Hand der Torheit und Verwegenheit; wenn es gezwungen ist, so verschiedene Eindrücke von Dingen anzunehmen, was für Zuverlässigkeit können wir von ihm erwarten? Ist es nicht eine Keckheit für die Philosophie, die Menschen, wenn sie außer sich, wütend und unsinnig sind, der Gottheit am nächsten hält, indem sie alsdann ihre größten Wirkungen hervorbringen. Wir bessern uns durch die Beraubung unserer Vernunft und ihrer Gefangennehmung – die zwei natürlichen Wege, Verrücktheit und Schlaf, durch welche wir in den Ratschluß Gottes dringen und den Lauf des Schicksals vorher ergründen: diese Wahrnehmung ist lustig genug.«

So ist es denn mit der Kenntnis unserer Seele übel bestellt: »Nun ist es aber wahrscheinlich, daß, wenn die Seele etwas wüßte, sie sich vor allen Dingen ihrer selbst bewußt sein müßte, und wenn sie außer sich selbst etwas erkannte, so müßte das vornehmlich ihr Körper und ihre Hülle sein.« Wir wissen aber nichts über das Wesen der Seele und das, was die Philosophen Substanz nennen und was die Menschen über die Natur Gottes sagen, verrät nur den ewigen Anthropomorphismus: »Und wenn ein Ding nicht mehr dasselbe ist, so ist es ein ander Ding, wodurch es also aufhört, ein und dasselbe Ding zu sein. Dadurch ist es weiter nicht mehr das Ding schlechthin und wird beständig ein anderes aus einem andern, und folglich betrügen sich und lügen die natürlichen Sinne, indem sie den Schein fürs Wesen eines Dinges nehmen, weil sie nicht richtig wissen, was das Ding ist, das ist. Aber was ist denn das, was wirklich ist? Das was ewig ist, d. h. was niemals einen Anfang genommen noch jemals ein Ende nehmen wird, auf das die Zeit niemals eine Veränderung wirkt. Denn die Zeit ist eine bewegliche Sache, welche erscheint wie ein Schatten, welche stets mit der Materie wogt und wallt, ohne jemals beständig und beharrlich zu sein, auf welche die Worte sich passen: vorher und nachher, und ist gewesen und wird sein, welche gleich beim ersten Anblicke deutlich beweisen, daß es keine Sache ist, die gegenwärtig sei; denn es wäre eine große Unwissenheit und auffallende Falschheit, so von einer Sache zu sagen, die entweder noch nicht im Dasein ist oder schon wieder aufgehört hat zu sein. Denn was die Worte gegenwärtig, nun, jetzt anbetrifft, durch welche wir hauptsächlich den Begriff der Zeit zu ergründen und festzusetzen scheinen, so zerstört solche die Vernunft auf der Stelle, wenn sie solche näher beleuchtet, und teilt und spaltet sie in Zukunft und Vergangenheit, gleichsam als wollte sie solche notwendig in zwei Teilen sehen. Ebenso geht es mit der Natur, welche gemessen wird wie die Zeit, welche sie mißt; denn auch in ihr ist nichts, welches bleibe, noch etwas, das subsistiere. Vielmehr ist darin jegliches Ding entweder im Werden oder Zunehmen oder Absterben. Deswegen wäre es eine Sünde, von Gott, der allein selbständig ist, zu sagen, er war oder er wird sein; denn diese Ausdrücke zeigen Veränderung an und Übergang oder Vergänglichkeit dessen, was weder dauern kann noch in seiner Wesenheit bleibt. Daher muß man schließen, daß Gott allein nur ist; nicht nach irgendeinem Maße der Zeit, sondern nach einer unwandelbaren, unveränderlichen Ewigkeit, die keiner Zeitdauer noch irgendeiner Abänderung unterworfen ist, vor welcher und nach welcher nichts sein wird, auch nichts Neueres, nichts Jüngeres, sondern ein wirkliches, wahres, gegenwärtiges Sein, welches durch ein einziges Nun das Immer ausfüllt; und daß nichts wahrhaft besteht, als allein Er; ohne daß man sagen könne, er ist gewesen oder er wird sein, ohne Anfang und ohne Ende. Zu diesem religiösen Schlusse eines heidnischen Mannes, des Plutarch, will ich nur noch dieses Wort eines Zeugen von eben der Gattung des Seneca hinzufügen, um damit dieses langweilige und weitläufige Kapitel zu beschließen, welches mir noch unendlichen Stoff geben könnte: O welch ein elendes, jämmerliches Ding ist der Mensch, sagte er, wenn er sich nicht über die Menschheit erhebt! Hierin steckt sowohl ein sinnreicher Spruch als ein nützlicher Wunsch, aber ebensowohl ungereimt. Denn eine Spanne größer machen als die Hand spannen kann; das Fußmaß größer als zwölf Zoll, und zu hoffen, den Schritt länger zu machen, als die Ausdehnung unserer Beine reicht, das ist unmöglich und ungeheuer. Ebenso ist es, daß der Mensch sich über sich selbst hinaufstelle und über die Menschheit; denn er kann nicht anders sehen als mit seinen eigenen Augen, nicht anders ergreifen als mit seinen eigenen Händen. Er wird sich erheben, wenn ihm Gott dazu außerordentlicherweise Kräfte verleiht: er wird sich erheben, wenn er seine eigenen Kräfte verleugnet und beiseite setzt und sich bloß den himmlischen Kräften zum Heben und Tragen übergibt. Nur von unserm christlichen Glauben und nicht von seiner stoischen Tugend kann er diese göttliche und wundertätige Metamorphose erwarten.«

Solcher Art ist die Geistesrichtung, die man den Skeptizismus Montaignes genannt hat: sie erscheint, wenn man ihre historische Entstehung ins Auge faßt, ohne jede Originalität, und Systematiker haben recht, wenn sie den bezaubernden Eklektiker aus den Gefilden der spekulativen Philosophie verweisen. Man könnte sie auch Relativismus oder Agnostizismus nennen, insofern sie, ohne jeden Philosophenhochmut, erklärt: All unser Wissen ist und bleibt subjektiv, weil die Unsicherheit der Sinne alles, was sie hervorbringen (*produisent*), ungewiß und unsicher macht. Die Folge dieser Einsicht erstreckt sich auf jede Tat: es gibt keine allgemein gültige Moral; denn was in dem einen Lande als Wahrheit erscheint, ist jenseits der Berge eine Lüge, und einzelnes, was wir als Pflicht betrachten, kommt unsern Nachbarn als Scheußlichkeit vor. Es ist für die aufrichtige Natur des bequemen Denkers in hohem Grade bezeichnend, daß er sich, als Schüler der antiken Skeptiker, zunächst nicht mit bequemen Halbheiten begnügt, sondern auf alle Fälle die äußersten Folgerungen aus der Skepsis zieht, auf die Gefahr hin, daß aus seiner eigentümlichen Rettung des Naturtheologen Raimundus Sebundus eine heimliche Verurteilung werde.

Doch im Grunde gibt es gar keinen radikalen Skeptizismus: der Mensch ist von Natur aus ein gläubiges Tier, – schon sein Blick in die Welt ist der Blick eines Gläubigen, und seine gewissenhaften Bemühungen, diesen naiven Glauben zu erschüttern oder zu begründen, sind nur ein Ausfluß eines unabweisbaren Bedürfnisses, das in die tiefsten Tiefen der

Natur weist. Das Schlimme bei alledem ist nur, daß wir zur Beurteilung dessen, was wir wahrnehmen, bloß Worte haben: »Ich habe in Deutschland gesehen, daß Luther ebensoviel und mehr Streit und Zank über den richtigen Verstand seiner Meinungen hinterlassen hat, als er selbst über die heilige Schrift erregte. Unser Mißverständnis beruht auf Worten. Ich frage: was ist Natur, Wollust, Zirkel und Substitution? Die Frage ist von Worten und wird mit Worten berichtigt! Ein Stein ist ein Körper. Fragt man weiter: was ist ein Körper? Eine Substanz. Und was ist eine Substanz? So läßt sich immer weiter fragen, bis endlich der Erklärer sein ganzes Wörterbuch ausgekramt hätte. Man vertauscht ein Wort gegen das andere, und oft ein Unbekanntes gegen ein Bekanntes. Ich weiß besser, was ein Mensch als was ein sterbliches, aber vernünftiges Tier ist. Um einen meiner Zweifel aufzulösen, werfen sie mir drei andre vor. Das ist das Haupt der Hyder. Sokrates fragte den Menon: was ist die Tugend? Es gibt, antwortete Menon, eine Tugend des Mannes und des Weibes, des Magistrats und des einzelnen Bürgers, des Kindes und des Greises. Bravo! rief Sokrates. ›Wir wollten *eine* Tugend suchen, und du gibst uns einen ganzen Schwarm.‹ Wir werfen eine Frage auf, und man gibt uns einen ganzen Bienenkorb voll zurück. So wie keine Begebenheit und keine Form völlig der andern gleich ist, so ist auch keine der andern völlig ungleich. Ein sehr weises Gemisch der Natur. Wenn unsere Gesichter einander nicht ähnelten, so könnte man den Menschen nicht vom Tiere unterscheiden: wenn sie nicht voneinander unterschieden wären, könnte man einen Menschen von dem andern nicht auskennen. Alle Dinge halten durch irgendeine Ähnlichkeit aneinander, jedes Gleichnis hinkt. Und die Beziehung, welche man aus der Erfahrung herleitet, ist immer schwach und unvollkommen. Indessen knüpft immer die Vergleichung dieses oder jenes Ende zusammen.« (III, 13.)

Im Grunde ist ein Skeptizismus, wie ihn Montaigne als Denker zu betätigen sucht, nur eine geistige Richtung, mit der sich andere Stimmungen aufs beste vertragen: schon bei der Kritik des Pyrrhonismus (II, 12) läßt er die Bemerkung fallen: »Die Unwissenheit, die sich selbst erkennt, sich beurteilt und verurteilt, ist keine gänzliche Unwissenheit.« Damit ist dem Zweifel eigentlich ein positiver Erkenntniswert zugesprochen, das heißt: der radikale Skeptizismus schlägt in Dogmatismus um, ohne daß sich der Denker, der, seiner lässigen Gewohnheit nach, nicht allzustreng und allzulang bei seinen Aperçus zu verweilen pflegt, der Tragweite seiner Behauptung bewußt würde. Der Weltmann will nicht nur denken, sondern vor allem auch gut und bequem leben, und so ist es denn durchaus bezeichnend für ihn, daß er zum Schlusse seiner »Rettung«, die im ganzen so wenig christlichen Geist atmet, in seiner vorsichtigen Weise, nachdem er die Werkzeuge wissenschaftlicher Erkenntnis einer vernichtenden Kritik unterzogen hat, nur die Offenbarung als alleinige Vermittlerin wirklichen Wissens übrig läßt. Das heißt mit anderen Worten: wir Menschen können durch uns selbst nichts wissen; wir sind auf eine höhere Macht angewiesen: »Wenn, wie man sagt, philosophieren soviel heißt als zweifeln, so muß wohl das Hundertste ins Tausendste werfen und das al barocco arbeiten, wie ich's treibe, ohne Widerrede zweifeln heißen. Denn, es ziemt dem Schüler zu fragen und zu forschen, dem Doktor und Professor aber zu entscheiden. Mein Doktor und Kathederlehrer ist die Entscheidung des göttlichen Willens, auf den ich als auf eine unwandelbare Richtschnur meines Wandelns sehe, und welcher weit über das eitle menschliche Gezänke erhaben ist.« (II, 3.)

Man mag in einer solchen Äußerung eine jener Anwandlungen des Augenblicks sehen, denen der Anempfinder Montaigne so häufig nachgibt: aber wer als folgerichtiger Skeptiker auch am Zweifel zweifelt, hat einen Standpunkt, von dem aus er überall hin gelangen kann, ohne fürchten zu müssen, daß ihm der Boden unter den Füßen schwinde. Was tut ein solcher Mann, wenn er von der Unzulänglichkeit der Vernunft, als eines Werkzeuges oder Mittels der Erkenntnis, überzeugt ist? Er trennt, als ehrlicher Mensch, das Gebiet des Wißbaren von dem Gebiet, das dem menschlichen Urteil zugänglich ist, indem er artig oder schalkhaft erklärt: Wissen und Irrtum sind ganz individuelle Dinge. Ist es nicht ein heimliches Gebot der Klugheit, die Leidenschaft zu hassen, wenn sie aus Überzeugungen Märtyrer macht und durch ihr Wesen und Wirken die Ruhe des Lebens stört? Ein richtig organisierter Geist hat nur Meinungen, die, wenn es gutgeht, der Wahrscheinlichkeit nahekommen; er weiß, daß es unmöglich ist, ohne Vorsicht zu leben, zumal die Meinungen, wenn sie sich als Wahrheiten ausgeben, gar leicht zu Lebensmächten werden und, als solche, das Glück der Völker und der einzelnen gefährden können. Er hält zwar an seiner Ansicht fest, daß in jedem Menschen der allgemeine Mensch zu finden sei, eben weil dieser Mensch eine Tatsache ist, nicht aber die allgemeine Vernunft; aber er läßt sich nicht hinreißen, als reiner Dogmatiker fragwürdige Behauptungen aufzustellen. Wohin der forschende Blick des Zweiflers fällt, gewahrt er ein Chaos von Systemen und Lebensformen, und ob sich auch alle auf die Wahrheit zu gründen scheinen, so offenbaren sie doch nichts weiter als die tiefe Unwissenheit, in welche der Mensch, das hochmütigste aller Tiere, versenkt ist. Der Zweifler aber muß und will leben: wie wäre es da, wenn der Denker sich seiner stoischen Zeit erinnerte, wo er den Glauben vertrat, daß die Philosophie nichts anderes sei als die Kunst zu leben und zu sterben? Das will sagen: Aus dem theoretischen Skeptiker wird, im Laufe einer durchaus natürlichen Entwickelung, der Skeptiker als Weltmann und Lebenskünstler, der die Haltung des Zweiflers vor allen Verhältnissen bewahrt und vor allem darauf bedacht ist, wie er es fertigbringen könne, alles, was sein Glück bedroht, in eine Quelle höhern, schönern, mildern Lebens umzuwandeln.

Diese Spaltung des einzelnen in einen theoretischen und einen praktischen Menschen ist echt französisch: nur ein Franzose, den die Logik tyrannisiert, kann sich dieses Verhalten gestatten, ohne unehrlich zu werden. Aber damit ist, was man auch sagen möge, der Skeptizismus seines allgemeinen, wissenschaftlichen Charakters entkleidet: er wird zu einer rein seelischen Macht; er steht nicht im Dienste eines Intellekts, sondern eines Willens; er springt aus dem erkenntnistheoretischen Gebiet, das er durch seine Fragestellung neu erschließt, in das unsichere Gebiet praktischer Lebensweisheit hinüber, wo alle Kompromisse erlaubt scheinen, weil sie letzten Endes doch dem Leben dienen.

Montaigne gehört zu den größten Lebenskünstlern, die jemals einen Unterschied zwischen Leben und Erkenntnis gemacht haben, nur um ihr Dasein mit einem sichern Zaun zu umziehen: indem er den Menschen, das wandelbarste Tier, auf die Erde zurückführt, lehrt er ihn, aus moralischen Gründen das Unerforschliche mit edler Gemütsruhe zu verehren, und macht die praktische Lebensweisheit zum Ziel und Zweck alles Denkens. Der Ichmensch, der die Gründe des Zweifels kennt, lernt nun die Unmöglichkeit, etwas Sicheres über die letzten Dinge zu erfahren, nicht mehr als geistiges Unglück zu empfinden. Montaigne ist in keiner Weise eine tragische Natur: seine vielberufene Frage *Que sçais-je?* ist so vieldeutig, daß sie nicht nur als Aufforderung zum Forschen, sondern auch als bescheidener Ausdruck einer unherrischen Gemütsstimmung gelten kann, die weiß, daß sie nichts weiß und in diesem Nichtwissen das schönste Ruhekissen eines umgetriebenen Geistes genießt. Nicht alle Denkenden sind dieses Glückes fähig; nicht alle Menschen schätzen in dem Zweifel die Bedingung aller innern Ruhe. Ich erinnere hier an die Gemütsverfassung Kleists, als er die Kantische Philosophie kennenlernte: der Dichter empfand die Trennung der Welt in Noumena und Phänomena als vernichtende Tragik des Geistes, der damit sein einzigstes höchstes Ziel, die Erkenntnis des Wesens dieser Welt, entschwinden sah. Montaignes weltmännische Skepsis aber ist nur eine Vorbedingung jenes beseligenden Glücks, das den Zuschauer überkommt, wenn er das widerspruchsvolle Spiel des Geschehens mit dem Auge der Überlegenheit ordnet. Sie erklärt ganz ruhig: es ist im höchsten Grade wünschenswert, daß der Mensch an seine Unwissenheit glaube; denn dies enthebt ihn des Grauens vor der tiefen Unwissenheit, vor dem metaphysischen Dunkel, wie es uns flüchtige Wanderer umgibt. Es gibt drei Unwissenheiten: die der Naturmenschen, die der Wissenschaft, oder, wenn man will, die sokratische, und die Unwissenheit der klaren Geister, welche an der Möglichkeit der Erkenntnis überhaupt zweifeln und in ihrer Unwissenheit nur ein Hilfsmittel sicheren Lebens erblicken. Wir tun gut, Grenzen um unser Leben zu ziehen; innerhalb dieses künstlichen Kreises ist dann jede Neugier gestattet, und der beglückende Reichtum des Lebens, der auf den sich Beschränkenden einquillt, ist ein Beweis für die Richtigkeit dieser Vorsicht. Alles ist relativ in dieser verwirrenden Welt unzähliger Möglichkeiten. Die Philosophie erfüllt ihre höchste Aufgabe, indem sie den Strebenden und Leidenden in die Schranken seiner eigenen Natur zurückweist, wo er, als ein von Natur aus gläubiges Wesen, seine Kräfte üben und leben und sterben lernen mag: denn er ist, als Wanderer zwischen zwei Welten, geschaffen, um die Wahrheit zu suchen, nicht, sich ihres sicheren Besitzes zu freuen. Jede Laune, jeder Seitensprung, jeder Widerspruch leitet uns immer wieder auf ein gelassenes Individuum zurück, das in dem Geschäft der Götter, sich selbst zu genießen, ein schönes Spiegelbild eigenen Daseins erblickt. Ein solcher Zuschauer hat nicht nur seine Metaphysik und Physik, sondern auch, um Montaignes eigenes Wort zu gebrauchen, sein Wörterbuch für sich allein: er ist seine Metaphysik und Physik selbst, im Gefühl eines erhabenen Egoismus, der nicht seine Überzeugungen, wohl aber seine Betrachtungsweise ändert, wenn er sieht, daß Veränderung eine Lebensnotwendigkeit ist. Historisch gesprochen: aus dem Skeptiker, der mit seinen Büchern lebt und mit den Augen der alten Philosophen sieht, wird sehr rasch ein naturgläubiger Mensch der Renaissance.

13

Zwei Dinge gibt es, die kein Zweifler leugnen kann: Lust und Schmerz. Unsere große, mächtige Allmutter Natur lehrt uns, die Lust zu erstreben und den Schmerz zu fliehen, und sie gibt uns zu diesem Zwecke Werkzeuge und Organe, Instinkte und Vernunft.

Der Instinkt ist nach Montaigne ohne weiteres ein Naturgesetz, und die Vernunft kann als Richterin und Führerin des Lebens höchste Bedeutung gewinnen, auch wenn man annimmt, daß sie als Werkzeug oder als Mittel der Erkenntnis fragwürdig bleibe: »Weil es unserm Schöpfer gefallen hat, uns mit Vernunftfähigkeit zu begaben, damit wir nicht, wie die Tiere, sklavisch an die gemeinen Gesetze gebunden sind, sondern uns derselben mit Freiheit und Überlegung befleißigen möchten, so haben wir freilich ein wenig auf die Vorschrift der Natur zu achten, müssen uns aber nicht tyrannisch von ihr beherrschen lassen. Nur die Vernunft allein muß uns in unseren Neigungen leiten.« (II, 8.)

Die menschliche Vernunft, die sonst nur allzuoft als Freudenstörerin auf der Erde waltet, erscheint hier als Reglerin der Instinkte. Was aber die Natur anbelangt, so darf man nicht erwarten, eine eindeutige Schöpfung oder Anwendung des Begriffes bei Montaigne zu finden: bald ist ihm die Natur der reine Gegensatz zur Vernunft oder zur menschlichen Bildung, die uns von jeder Natürlichkeit entfernt und deshalb verdammenswert erscheint – (der ganze Rousseau steckt in dieser Auffassung, die eine glänzende Gelegenheit bietet, tugendhafte Wilde zu preisen und den entarteten Zeitgenossen einen Zerrspiegel vorzuhalten); bald ist sie das Resultat des allgemeinen Lebens in den Menschen, und von diesem Standpunkt aus sind alle Bildungen der Geschichte, wie sie uns umgeben und unser Schicksal bestimmen, Ausdruck der Natur, als welche uns ihre Lehren sanft, aber eindringlich einprägt: auf diese Auffassung gründen sich die Ansichten des Konservativen, der sich in allen zweifelhaften Dingen an die Überlieferung hält und in allem Gewordenen die Früchte einer großen Vernunft erblickt und verehrt. Diese Haltung aber leitet zu einer dritten Auffassung der Natur über: danach ist diese die Gesamtheit der Wirklichkeit, zu der auch das eigene Ich, als sicherste Quelle persönlichen Glückes, gehört. Dieses Ich, das Montaigne langsam entdeckt und behaglich schildert, überdauert alle Störungen und Meinungen, weil es sich, als Teil eines großen Ganzen, im Schoße der Allmutter wohl geborgen weiß. Diese drei Auffassungen sind aber, wie ich ausdrücklich hervorheben möchte, bei dem Denker nicht scharf geschieden; sie laufen vielmehr nebeneinander her und tragen zur Verwirrung, aber auch zum Reiz der »Essais« bei.

Wir wissen, daß auch Rabelais, der übertrunkene Satyr der französischen Renaissance, an die Güte der menschlichen Natur glaubte; ja, daß dieser Glaube, der sich in dem zerwühlten Italien nur als ästhetisches Phänomen äußern konnte, bei ihm eine theoretische Zuspitzung erfuhr, in der man einen Höhepunkt der Weltanschauung der Renaissance sehen darf. Von den Einwohnern der glückseligen Abtei vom guten Willen, Thelem, erzählt er: »In ihrer Regel war nicht mehr als dieser einzige Fürbehalt: *Thu was du willst.* Weil wohlgeborene, freye, wohl erzogene Leut in guter Gemeinschaft aufgewachsen, schon von Natur einen Sporn und Anreiz, der sie beständig zum Rechtthun treibt und vom Laster abhält, in sich haben, welche sie Ehre nennen.«[1] Rabelais ist ein Dichter; Montaigne aber ist ein kluger, nüchterner Weltmann, und es darf daher nicht wundernehmen, daß seine Naturgläubigkeit – historisch gesprochen – eine Dämpfung des ungeheuren Lebensrausches bedeutet, dem das Werk des

[1] Meister Franz Rabelais der Arzenei Doktoren Gargantua und Pantagruel aus dem Französischen verdeutscht durch Gottlob Regis, 1. S. 163, 164. (München, bei Georg Müller 1906.) Im Original: *En leur reigle n'estoit que ceste clause: Fais ce que vouldras, parce que gens libres, bien nés, bien instruicts, conversant en compaignies honnestes, ont par nature un instinct et aiguillon qui tousjours les pousse à faicts vertueux, et retire de vice: lequel ilz nommoient honneur. (Gargantua, 1. ch. 57.)*

großen Spötters und Humoristen entquoll. Montaigne ist außerdem ästhetischer Moralist, wenn er, kurz und bündig, meint: »Die Natur gibt uns bessere Gesetze, als wir erfinden. Dies beweist die Schilderung, die uns die Dichter vom goldenen Zeitalter machen.« (III, 13.) Man achte wohl auf diese merkwürdige Schlußfolgerung, die Montaigne aus seiner Behauptung zieht: wir begegnen diesem Ton aufs neue im 18. Jahrhundert, wo er die ganze Sehnsucht durchklingt, die vor unnatürlich gewordenen Verhältnissen aufflammt und zunächst eine Traumwelt des Geistes aufbaut, bis die ersehnte Zeit gekommen scheint, das gesetzmäßige Reich des Vernunftmenschen zu gründen. Vernunft und Instinkt sind danach durchaus nicht notwendige Gegenstände im Menschen: die Vernunft kann als Lust dienen und, wenn es nötig ist, die Begierden, Haß und Neigung, sehr wohl ihren Gang gehen lassen: denn »sie spielt ihr eigenes Spiel«. Montaigne ist gesund genug, um sich erlauben zu dürfen, seinen Begierden und Verlangen ein großes Recht einzuräumen. »Die Natur hat mütterlich dafür gesorgt, daß die Handlungen, die sie uns zu Bedürfnissen vorgeschrieben hat, auch mit unserm Vergnügen verbunden sind, und ladet uns nicht nur durch die Vernunft, sondern auch durch angenehme Regungen dazu ein. Der handelt unbillig, welcher ihre Vorschriften verdreht ... « »Ich liebe das Leben und pflege sein, wie es Gott gefallen hat, mich damit zu begaben. Ich gehe nicht so weit, zu wünschen, daß es dem Bedürfnisse des Essens und Trinkens überhoben gewesen sein möchte. Der Allgütige hat alles gut gemacht: die Natur ist eine gar sanfte Führerin: aber ebenso weise und gerecht als sanft. Ich suche beständig ihre Spur auf. Wir haben solche mit künstlichen Fährten verwechselt.« (III, 19.) So spricht ein Denker, dessen Temperament epikureisch, dessen Geistesneigungen aber stoisch sind.

»Wir können zu nichts, das unser Vermögen und unsere Kräfte übersteigt, verpflichtet sein; und das zwar deswegen, weil die Wirkung und Erfüllung ganz und gar nicht in unserer Macht stehen; und weil, genau betrachtet, nichts in unserer

Macht steht, als der Wille; in diesem gründen sich notwendigerweise alle Regeln für die Pflichten des Menschen.« (I, 7.)

»Die wenigst angestrengten und natürlichsten Äußerungen unserer Seele sind die schönsten; ihre besten Verrichtungen sind die, welche ihr am wenigsten Zwang kosten.« (III, 3.)

»Unser Bauwerk, es gehe ins Große oder Kleine, ist voller Unvollkommenheit: aber in der Natur ist nichts unnütz, selbst nicht das Unnütze; in dieses Weltall ist nichts hineingelegt, das nicht an seinem rechten Platze stehe.« (III, 1.) Die Naturgläubigkeit der Stoiker erscheint hier zu jenem Rationalismus gemildert, der in den antiken Moralsystemen seine Rechtfertigung findet; aber da der Mensch nicht mehr im goldenen Zeitalter der Unschuld lebt, muß er die Fähigkeit naturgemäßen Lebens erst wieder erwerben: aus dem Leser wird ein Lebenskünstler, der seine Meister da findet, wo sie andere nicht suchen: »Laßt uns unsern Blick auf die Erde werfen. Auf die armen Menschen, welche wir darauf vorbereitet sehen, den Kopf niedergesenkt nach ihrem Bedürfnis, welche weder etwas vom Aristoteles noch Cato, weder von Beispielen noch von Vorschriften wissen. Aus diesen zieht die Natur täglich Wirkungen der Beständigkeit und der Geduld, welche reiner sind und kräftiger als diejenigen, welche wir so emsig in den Schulen der Philosophen studieren. Wie viele sehe ich gewöhnlich unter ihnen, welche die Armut verkennen? Wie viele, welche sich den Tod wünschen, oder solchen ohne Schrecken und Traurigkeit untergehen? Der Mann, welcher meinen Garten umgräbt, hat diesen Morgen seinen Vater oder seinen Sohn begraben. Die Namen selbst, womit sie die Krankheiten belegen, mildern und mindern ihre Bitterkeit. Die Lungensucht heißt bei ihnen Husten, die Ruhr Durchfall, das Seitenstechen Erkältung; und so sanft der Name ist, womit sie solche benennen, so sanftmütig erdulden sie solche. Ihre Krankheiten müssen sehr schwer sein, wenn sie ihre gewöhnlichen Arbeiten unterbrechen sollen. – Sie werden nicht eher bettlägerig, als um zu sterben.« (III, 12.)

»Um sich zu zeigen und in ihr wahres Licht zu stellen, bedarf die Natur des Glückes nicht. Sie zeigt sich in allen Ständen gleich, und so gut hinterm Vorhange, als wenn er aufgezogen ist. Hat man gewußt, sich Sittlichkeit vorzuschreiben, so hat man weit mehr getan als derjenige, welcher Bücher geschrieben hat. Hat man verstanden, sich Ruhe zu erwerben, so hat man mehr getan als derjenige, welcher Städte und Reiche erworben hat.

Das herrlichste Meisterstück des Menschen ist richtig leben. Alles übrige, als Herrschen, Schätze sammeln, Bauen, sind nur Zugaben und höchstens Nebendinge.« (III, 13.)

Wer mit solcher Naturgläubigkeit lebt, muß notwendigerweise darauf achten, die Natur im Kinde nicht zu verletzen. Montaigne nimmt als Pädagoge eine eigene Stellung ein: sein vielberufenes Kapitel über Kindererziehung (I, 25) verrät eine Milde, wie sie nur durch ein übergroßes Vertrauen in die Güte der menschlichen Natur gerechtfertigt ist. Der Denker Montaigne vergißt keinen Augenblick, daß er alles, was ihn von seinen Zeitgenossen unterscheidet, nur sich selbst verdankt, und so darf es denn nicht wundernehmen, daß er sich von der Einwirkung eines Erziehers nicht allzuviel verspricht. Der Edelmann und Sohn eines reichen Hauses kümmert sich nicht darum, wie man die große Masse erziehen solle: er gibt nur Ratschläge, wie sie bei der Erziehung eines jungen Edelmannes in Frage kommen. Aus seiner bewährten Naturgläubigkeit folgert er ganz einfach: wenn eine wohlgeborene Natur in schönen Verhältnissen aufwächst, so darf man sie, ohne zu fehlen, ihren eigenen Neigungen und Wegen überlassen. Der aufwachsende Edelmann soll kein Büchergelehrter werden, sondern im unerschöpflichen Buche des Lebens selbst lesen lernen. Vor allem gilt es, seine Urteilskraft zu schärfen, seine Wahrhaftigkeit zu üben und seine Klugheit im Hinblick auf die Verhältnisse einer schwankenden Welt zu schärfen. Das Programm, wie es Montaigne im einzelnen entwirft, widerspricht übrigens in keiner Weise dem Erziehungsplan, dem die Jesuiten ihren Ruf als geschickte Pädagogen verdankten; es widerspricht auch nicht dem Naturalismus Rousseaus und seiner Jünger: alles, was im »Emile« lebensfähig war und auf die neuere Pädagogik wirkte, stammt aus diesem Kapitel. Es sind, um es kurz zu sagen, vortreffliche Allgemeinheiten, hinter denen ein Meister der Erziehung stehen muß, um ihren Gehalt wirksam zu machen. Die Schätzung der menschlichen Vernunft, wie sie aus vielen Bemerkungen hervorleuchtet, gehört zum innersten Wesen des Denkers, der, als praktische Natur, alle Fähigkeiten in Betracht zieht: denn Lust und Schmerz, Instinkt und Vernunft sind nur dazu da, um die schwierigste Kunst, die Lebenskunst, zu lehren, zu fördern, zur Entfaltung und Blüte zu bringen. Dieser pädagogische Egoismus verliert keinen Augenblick sein gutes Gewissen, weil er sich auf die natürlichsten Triebe des Menschen berufen kann, und das Selbstvertrauen des Naturgläubigen wird durch nichts getrübt, weil seine eigene Erziehung ein bequemes Gehenlassen rechtfertigt und vor fremder Jugend immer wieder in Erinnerung bringt.

Die Naturgläubigkeit Montaignes ist rein dogmatischer Art; er erlebt die schrecklichsten Bürgerkriege und muß zusehen, wie sie sein Haus und sein Leben in Gefahr bringen, das Land verwüsten und die Monarchie erschüttern; aber der Weise in seinem Turm erblickt in dem blindesten Wüten der schlimmsten Leidenschaften nur die Folge übler Meinungen, die gar nicht zum Wesen des ursprünglichen Menschen gehören. Er kann sich, als Moralist, darauf berufen, daß wir, wohl oder übel, gezwungen sind, zu der Natur in ein bestimmtes Verhältnis zu treten: unsere ganze Moral ist, historisch betrachtet, ein noch nicht zum Abschluß gekommener Versuch, die Natur zu bändigen und zu ihr, allen Trieben zum Trotz, in ein lebensförderndes Verhältnis zu gelangen. Die Natur hält uns in den Fesseln unserer Triebe, unserer Begierden, unserer Leidenschaften; wir aber werden frei, wenn wir uns im Geist darüber erheben und erkennen, daß jedes Glück, als eine verlockende Verheißung unserer Begierden, ein Wahngebild ist: das heißt, wir verzichten nicht auf eine Wirklichkeit, wenn wir den Versuch machen, die Ataraxie der alten Stoiker zu erneuern, sondern einzig und allein auf ein Phantom. Alles Leben verfließt nun einmal in bestimmten Schranken; doch diese Schranken, mögen sie nun Staat oder Kirche oder Gesellschaft heißen und unermeßlichen Wert besitzen, sind wiederum nicht den Verlust der inneren Freiheit wert, als welche sehr wohl in einem reinen Gefühl der geistigen Überlegenheit bestehen kann: denn der höchste Genuß des reifen Menschen ist und bleibt das Vergilische *rerum cognoscere causas.*

Wir sind ganz gut imstande, die Elemente der Montaigneschen Moral auseinanderzulegen: der Denker gehört zu jenen glücklichen Eklektikern, denen es gegeben ist, wie Bienen aus allem nur den Honig zu saugen und das Unverdauliche in den Dingen zurückzulassen. Er gleicht, seiner dauernden Gemütsverfassung nach, jenen Römern, die durch die Philosophie ihrer Zeit mürbe genug gemacht waren, um das Christentum aufzunehmen: müd gewordenen Söhnen einer alten praktischen Kultur ohne philosophische Schöpferkraft, die am Leben leiden und den Gedanken der verschiedensten Weisen zustimmen, indem sie deren Berechtigung anerkennen und die Schroffheit der Systeme durch einen versöhnlichen Skeptizismus mildern, wobei es dem einzelnen unbenommen bleibt, Vorzüge und Schwächen jeder Lehre kritisch zu prüfen und abzuwägen. Die römische Philosophie ist Moralphilosophie, und Montaigne, als der erste Romane, in dem römisches Denken in höherm Sinne lebendig und fruchtbar wird, bleibt überall da, wo seine Neigungen beredt und deutlich werden, reiner Moralphilosoph. Er ist, als Spätgeborener, der Mühe enthoben, die Moral der Stoa mit dem Hedonismus müder Menschen selbst zu verschmelzen; er übernimmt ein Erbe, und Erben sind, wie man weiß, im allgemeinen glückliche Leute. Der Büchermensch sieht am

Altertum nur, was er sehen will: er sieht nicht den Jammer der Sklaverei und die philosophische Armut des Römertums; er hält sich an die entlehnten Werte, die aus dem Lenz oder dem Sommer einer höheren Kultur stammen. Zu den Griechen hat er kein rechtes Verhältnis: die paar Sätze, die er über Homer vorbringt, dürfen nicht darüber hinwegtäuschen, – es sind rein literarische Reminiszenzen, die ihn, als Zeitgenossen der Humanisten, zu einer Verbeugung bewegen. Das Reich der griechischen Tragiker bleibt ihm verschlossen, und zu der Welt des jungen Christentums findet er keinen Zugang. Sein Gott ist der Gott der Stoa, der *λόγος σπερματικός,* nicht der Gott der christlichen Vorsehung. Die religiöse Gemütsverfassung, die vielen seiner Zeitgenossen zum Schicksal wird, ist ihm fremd: er kennt nicht das Gefühl der Reue und der inneren Zerknirschung; er weiß auch nicht, was Beten heißt, obwohl er das Vaterunser bei jeder Gelegenheit mit geläufigem Munde herzusagen pflegt. Er hat gar nicht das Bedürfnis, sich mit dem Geheimnis, das uns umgibt, anders als mit dem Verstand auseinanderzusetzen; er führt den Geist aus den Tiefen des Alls auf die Erde, oder besser, in einen ganz beschränkten Kreis zurück, wo dem Tüchtigen alles Antwort gibt.

Montaigne ist der größte Gegner des Anthropomorphismus: er weiß, daß unserer Gottesverehrung nur der Drang zugrunde liegt, uns selbst in unserm Gotte wiederzufinden, nach dem Spruch: Wie einer ist, so ist sein Gott. Die Idee der Gottheit bleibt bei ihm durchaus in der antiken Höhe. Er billigt auch die Bemühungen der antiken Philosophen, die schöne Mannigfaltigkeit des Polytheismus zu überwinden, und da er, von seinem Sprachgefühl abgesehen, keinen dichterischen oder ästhetischen Sinn besitzt, geht ihm die Herrlichkeit der hellenischen Götterwelt nicht auf. Der Christ, der in Gott den liebenden Vater sieht, steht zu allem Übernatürlichen in einem Verhältnis, das voller Regungen des Gemüts sein kann; Montaigne aber bleibt in vorsichtiger Entfernung von dem biblischen Schöpfergotte, der den Menschen nach seinem Ebenbilde geschaffen hat und sich dem Gläubigen in seinen Werken offenbart. Die Moral Montaignes bedarf des Übernatürlichen nicht; sie bedarf auch keines Fortlebens nach dem Tode. Man wird bei ihm an das Wort Vischers erinnert,[1] daß sich das Moralische von selbst verstehe; das will sagen: seitdem es gesellige Menschen gibt, haben sie, als böse Tiere, den Versuch gemacht, alles, was ein Zusammenleben in einem historischen Kreise ermöglicht, in Formeln und Geboten festzulegen. Es ist, vom Standpunkt des Philosophen aus, gleichgültig, welchen Ursprung man diesen Vorschriften gab, in denen sich die Bedürfnisse des Menschen, sowie ihre Sehnsucht und ihre Hoffnungen, über sich selbst hinauszukommen, in nacktester Weise verraten: Tatsache ist, daß die Menschen der historischen Kulturen immer mit einer Moral gelebt haben. Die Moral der »Essais« ist nun, in mancher Hinsicht, eine reine Glücksmoral: der Zweck des Lebens ist Lust. Allein das Herz, aus dem die Gebote dieser Moral fließen, genießt das Schauspiel Mensch mit allzu großem Vergnügen, um nicht die Seltenen, die sich selbst überwunden haben, mit der Begeisterung eines Dichters zu feiern. Es ist dabei, wie billig, immer sehr viel von antiker Tugend die Rede, und Montaigne, dem die eigene Kühle nicht den Sinn für großes Wollen trübt, wird es nicht müde, die Helden der Pflichterfüllung in schmeichelnden Worten zu preisen. Seine Lieblinge sind Sokrates, »die vollkommenste Seele, die ihm noch vorgekommen ist«, Epaminondas und Cato. Als Stoiker, der mit Behagen in dem bescheidenen Gärtchen Epikurs zu Gast gewesen ist, sieht er es ungern, wenn nüchterne Wirklichkeitsmenschen die Tugend, deren Name Schwierigkeit und Kampf, Streit und Widerstreben voraussetzt, ganz leugnen. Seine Bemerkung über den ernüchterten Florentiner Guicciardini, der als Zeitgenosse Machiavellis die treulose Politik der Italiener mitgemacht hat, ist im höchsten Grade lehrreich: »Ferner hab ich

[1] Auch einer, I, S. 25.

bemerkt, daß, über so viele Seelen, über so viele Taten, über so viele Begebenheiten und Beratschlagungen er urteilt, er doch niemals auch nur eine der Tugend, der Religion oder dem Gewissen zuschreibt, als ob diese Sachen völlig in der Welt erloschen wären. Und von allen Handlungen, sie mögen dem Anschein nach noch so schön sein, sucht er den Grund in verdächtigen oder eigennützigen Absichten. Man kann sich unmöglich einbilden, daß unter diesen unzähligen Taten, worüber er richtet, nicht wenigstens einige sein sollten, die auf Vernunft und Tugend gegründet wären. So tief und allgemein kann die Verderbtheit die Menschen nicht angesteckt haben, daß nicht etliche der pestartigen Seuche entgangen wären! Dies bringt mir die Furcht bei, daß der Fehler wohl ein wenig an seinem Geschmacke liegen könne und daß er wohl andere nach seiner eigenen Elle gemessen haben mag.« (II, 10.)

Der Schüler Plutarchs hat es nicht gern, daß andere ihr geheimes Ich enthüllen, weil er weiß, daß man mit einem Sinn, der nur das Üble in der Welt sieht, nicht leben kann, ganz abgesehen davon, daß große Selbstüberwinder ein Schauspiel für Götter und Philosophen sind. Es ist etwas Wunderbares um die Schönheit der Seele, und auch der bequemste Zyniker hat Tage, an denen er – vorausgesetzt, daß er keine gemeine Natur ist – gewahrt, daß man an sie glauben muß, und wäre es auch nur, um den Anblick des Allzumenschlichen zu ertragen.

Wir sind, als Erben einer großen Vergangenheit, geborene Vereinfacher, und so hat es auch nicht an Versuchen gefehlt, Montaigne mit einem Schlagwort zu kennzeichnen: für die Mehrzahl seiner Leser ist und bleibt er der Skeptiker; andern ist er ein Naturalist, das Wort im moralischen Sinne genommen, und andere wieder nehmen ihn als Epikureer mit einer stoisch gefärbten Phantasie.[1] Vielleicht wird es gut sein, den Mann seiner Zeit, den Menschen der Renaissance, noch einmal in die Umgebung zu stellen, der er seine Bildung, sein Glück und sein Behagen verdankt.

Wir Neueren sind, als historische Menschen, mit dem Gedanken aufgewachsen, daß die Renaissance nicht bloß die Wiedergeburt einer Welt- und Lebensanschauung, sondern die Entfesselung des modernen Menschen bedeute, der die Fülle des Lebens mit allen Kräften des Gemütes und der Seele an sich reißt und sein Schicksal als Eroberer dieser Welt findet. Ihm wird die Vergangenheit zur Rechtfertigung des eigenen Daseins, das in Schöpfernaturen die Verklärung des Menschen vollbringt und in Denkern nach den Grundlagen forscht, auf denen sich der Bau der neuen Gesellschaft errichten soll: Altes und Neues verschmelzen zu einem Strome, und das kleine Bächlein des christlichen Paradieses mündet in neue Meere mit unbekannten Erden und Himmeln. Aber während auf der einen Seite der Rausch des Daseins alles ergreift, sucht der mündig gewordene Geist alles unter ein Gesetz zu bringen: Versinnlichung und Entsinnlichung des Lebens werden zu Polen einer neuen Weltanschauung, Theorie und Wirklichkeit stehen nun mit einem Male in einem anderen Verhältnis als im Mittelalter, dem der Schwer-

[1] Emile Faguet, im Vorwort zu dem nachgelassenen Werke Guillaume Guizots: *Montaigne, Etudes et fragments.* (Paris, Hachette, 1899), S. XVIII.

punkt des Daseins im Jenseits lag. In Italien äußert sich die Freiheit der Persönlichkeit in künstlerischem Schaffen, und hier kann der schönheitsseligste Individualismus auf dem Boden der kleinen lebensvollen Gemeinwesen seine höchsten Flüge wagen: denn dem Künstler ist keine Schranke gezogen, als die Grenze seiner Kunst und seiner Natur. Im Norden betätigt sich der Freiheitsdrang der Zeit durch ein hochgesteigertes Innenleben, das den Menschen freier macht, trotzdem es ihn, als Gläubigen, an den Buchstaben eines Buches zu fesseln sucht. Frankreich steht in diesem Kampfe um eine neue Weltanschauung in der Mitte: hier beschattet keine ungeheure Phantasie das Streben des einzelnen, sich als Erbe einer großen Zeit behaglich einzurichten; hier gibt es keine stürmischen Gewaltnaturen, die durch ihr Schaffen die Gegenwart verklären und die Zukunft gefährden, weil sie die Schwächeren in ihren Bann zwingen und auslöschen, – denn der große Mensch ist nicht nur eine Erfüllung, er ist auch ein Ende und, vor allem, eine stete Gefahr für Schwächere. Diese französische Kultur gleicht den vielfach gewundenen Strömen, die das fruchtbare Land in gemächlichem Laufe durchziehen und selten über ihre Ufer treten: da gedeihen keine tropischen Gewächse des Geistes, und die Pflanze Mensch ist nicht den Gefahren eines Himmels ausgesetzt, unter dem alle Leidenschaften ihr höchstes Maß erlangen. Auch hier wird die Antike durch das Bestreben der Humanisten lebendig; aber fruchtbar wird sie erst in einem freien Manne, der das Aufgenommene nicht mehr als nachbetender Gelehrter reproduziert, sondern in den Dienst seiner Entwicklung, seines Lebens und seiner Persönlichkeit stellt.

Montaigne ist, als Mann der Renaissance, nicht nur der glückliche Erwecker und Beleber antiker Gedanken: er ist auch, als Darsteller seiner Persönlichkeit, der erste Ichmensch, den die Literatur kennt. Aber man hüte sich wohl, hier, wie bei den Modernen, von einem Kampf um die Persönlichkeit zu reden: die Entwicklung dieses souveränen Ichmenschen vollzieht sich mit der Ruhe einer gesunden

Natur, die in allen Irrtümern, denen sie verfällt, und den Seitenwegen, die sie geht, nur eine Gelegenheit findet, ihre angeborene Überlegenheit zu fühlen und in bequem-lässiger Weise zu betätigen. Dieses seelische Gleichgewicht kommt daher, daß der Denker keinen Augenblick seine Abhängigkeit von den historischen Mächten vergißt: es ist ein sozialer Mensch, »gesellig fast bis zur Ausschweifung«,[1] der denkt und schreibt und selbst die Einsamkeit nur als Mittel empfindet, das bunte, farbige Leben der Zeit zu ergreifen. In der Stille seiner wohlgeborenen Seele gehorcht er, auch da, wo er zu widersprechen scheint, dem altfranzösischen Volksgeiste, und so wird er mit dem überschäumenden Drängen und Fluten der Renaissance fertig, indem er sich auf die alte galloromanische Überlieferung besinnt, die in dem gesunden Menschenverstand, dem *bon sens*, ihren lachenden Führer verehrt und überschätzt. Selbst die Erkenntnis, daß die Gesellschaft in Unnatur versunken ist, ertötet nicht die sozialen Triebe dieses Denkers, dem in allen Dingen die gleiche Mischung von Vernunft und Unvernunft entgegentritt. Die Vorzüge, deren sich der Naturmensch in seinen Augen erfreut, sind nur als Gegensatz wirksam, indem sie den einsamen Lebenskünstler in seiner bequemen Haltung bestärken. Er gerät niemals in jene Leidenschaft, welche die äußere Welt zerschlagen möchte, um innen eine neue aufzubauen: er zieht es vor, die Mächte, die sein Dasein einengen, anzuerkennen, indem er sich ihnen als Lebenskünstler anpaßt und die Vernunft, wie sie in allem Gewordenen wirkt und zuweilen sichtbar wird, als Schalk oder Weiser aufdeckt. So muß selbst die Mannigfaltigkeit aller Bildungen und geschichtlichen Ereignisse dazu dienen, diese innere und äußere Ruhe des Philosophen zu mehren, indem sie ihn zum Richter über ihre Fülle und Kraft, über ihren Sinn und Unsinn, ihre Vernunft und Unnatur macht. Wir fühlen uns frei, wenn wir die Verhältnisse, die uns umhegen und erdrücken, durch-

[1] Essais, III, 9.

schaut haben: nur der Geist ist der wahre Befreier; nur der Geist darf den Wahn hegen, er sei imstande, auch der blinden Natur Gesetze zu geben. Die Frage, ob eine solche innere Freiheit, die sich, aller ästhetischen Begeisterung für antikes Wesen zum Trotze, nie und nirgends für eine Sache opfern kann, auch das höchste Glück erreichen mag, wird damit nicht berührt. Der Held mag sagen: um uns ganz in die Gewalt zu bekommen, müssen wir uns wegwerfen: nur um diesen Preis ist ein großes Werk oder eine große Liebe zu haben. Doch dem Manne, der überall als mäßiger Weltmensch und Denker den goldenen Mittelweg sucht, sind solche Einsichten fremd; er ist kein Held und braucht sich nicht wegzuschenken, denn er selbst ist Werk, Stoff und Schöpfer zu gleicher Zeit, und die Enthaltung und Gestaltung seiner Persönlichkeit rechtfertigt nicht nur sein Denken, sondern, was wichtiger ist, auch seine ganze klare Lebensführung und Lebenshaltung.

Montaigne ist ein großer Lebenskünstler: in diesem Worte liegt das Zugeständnis eingeschlossen, daß der Gestalter seines Geschickes die einzelnen Elemente seiner Entwickelung beherrschen und dem Augenblick dienstbar machen dürfe. Der Künstler muß frei sein, wenn er schaffen will: aus dieser Forderung fließt alles, was den andern, die kein Trieb tyrannisiert, als Egoismus erscheint und durch die Leichtigkeit der Bewegung in selbst gewählten Schrauben zur bezauberndsten Anmut werden kann.

Dieser Egoist ist einer der klarsten, scharfäugigsten Geister, die je gelebt haben. Man betrachte nur, um den ungeheuren Verstand dieses bezaubernden Ichmenschen zu würdigen, sein Verhältnis zu dem Machiavellismus. Der kluge Staatsbürger scheut sich nicht, Ansichten zu bekennen, in denen man den Ausdruck des reinsten Machiavellismus sehen mag: »Es gibt in allen bürgerlichen Einrichtungen notwendige Ämter, die nicht nur niedrig, sondern sogar widrig sind. Diese Widrigkeiten spielen darin ihre Rolle, und man bedient sich ihrer als Räte in unserer Verbindung, wie man sich des Giftes zu Erhaltung unserer Gesundheit bedient. Wenn sie dadurch zur Entschuldigung werden, weil sie nötig werden, und das Bedürfnis des allgemeinen Wesens ihre Eigenschaft vertilgt, so muß man diese Rollen von stärkeren und weniger furchtsamen Bürgern ausführen lassen, welche ihre Ehre und ihr Gewissen aufopfern, wie jene Männer des Altertums ihr Leben fürs Heil des Vaterlandes aufopferten ... Das öffentliche Wohl verlangt, daß man verrate, daß man lüge und daß man metzele.« (III, 1.)

Aber der Mann von Welt und Erfahrung ist auch klug genug, um einzusehen, daß die Mittel, wie sie Machiavelli in seinem *Principe* vorschlägt, sich, nach dem Gesetz des Gegensatzes, gegen ihren Urheber wenden. Dieser vorsichtige Gascogner vergißt es nie, daß alles, was über die bloße Erfahrung hinausgeht, dem Menschen gefährlich werden kann, und da er seine Seelenruhe über alles liebt, zieht er es vor, das Außerordentliche nur als schönes Schauspiel zu genießen.

Man mag über ein solches Verhalten der Welt gegenüber sehr verschiedener Meinung sein; aber man wird nie vergessen dürfen, daß in diesem Manne zugleich eine lebendige Phantasie waltet, die nicht nur seinem gesamten Denken schönste Anschaulichkeit verleiht, sondern auch sein Bedürfnis nach Schönheit nährt. Diese ästhetische Seite seines Wesens offenbart sich vor allem in seiner Wertschätzung großer Menschen: er weiß, was nicht jedem gegeben ist, die Gerechtigkeit einer Sache sehr wohl von der Persönlichkeit ihres Verfechters zu trennen. Der Freund des Boëtius hat zuweilen Anwandlungen als theoretischer Republikaner; doch wenn er auch den Untergang der römischen Republik beklagt, so hindert ihn dies doch keineswegs, Cäsar als eine der größten Erscheinungen der Menschheit zu betrachten und immer wieder seine Fähigkeiten als Feldherr und als Organisator zu preisen und auf sein Leben und Wirken zurückzukommen. Man kann die Originalität des Montaigneschen Denkens, insofern es nicht die Persönlichkeit des Lebenskünstlers beweist, in Frage ziehen und sogar in den schönsten Stellen nur einen Raub von goldenen Tafeln sehen; aber man wird das ästhetische Element, das in den »Essais« lebendig ist, immer deutlicher fühlen, je mehr man sich damit beschäftigt.[1]

Dazu waltet in diesen zwanglosen Plaudereien eine leise Ironie, die mit den feinsten Mitteln wirkt und zuweilen nur ganz langsam in das Bewußtsein tritt, wie sich ein flüchtiger Duft oft erst in der Erinnerung bemerkbar macht. Der vorsichtige Epikureer will mit Gott und der Welt im Frieden leben und läßt oft nur im Vorbeigehen die heikelsten oder anregendsten Gedanken fallen, wie Samenkörner, aus denen später mächtige Träume erwachsen: Ihr redet von ewigen Moralgesetzen? Aber jede Sitte hat ihren Grund! Man mißt die bürgerliche Unschuld nach Ort und Zeit. – Ihr verlangt, daß ich mich einer Sache, einer Partei, einer Idee opfere? Aber ich kann mich nicht tief und völlig auf etwas einlassen! Selbst die gerechteste Partei ist noch immer ein Glied eines wurmstichigen, faulen Körpers! – Die Gewohnheit ist eine zweite Natur und nicht minder mächtig. – Nur Gewohnheit und Gesetze erschaffen das Recht. – Das Leben besteht in einer materiellen und körperlichen Bewegung. – Könige und Philosophen müssen zu Stuhle gehen, und die Damen gleichfalls. – Der Mensch kann nichts anderes sein, als er ist, noch etwas denken, was nicht in seinem Ideenkreis liegt. Wer weiß dabei, ob auf andern Welten die gleichen Prinzipien herrschen! – Und wie können die Götter die Menschen strafen, da sie es doch selbst sind, die ihn hervorgebracht haben? – Die Herren der Schöpfung, die lächelnd auf der Bank der Spötter sitzen,

[1] Es ist kein Zufall, daß die »Essais« auch heute noch vielfach besonders stark auf künstlerische Naturen und Künstler wirken. Der Feuilletonist Ludwig Speidel erzählt, daß Wilhelm Leibl bei einem Besuch in Aibling zu ihm geäußert habe: »Wen ich aber verehre, das ist Montaigne. – Und dabei führte er einen Ausspruch von Montaigne an, worin aber der Wert der selbständigen, persönlichen Weltbetrachtung stark betont ist.« (Ludwig Speidels Schriften: Persönlichkeiten, S. 306.) Ich selbst kann aus eigener Erfahrung bezeugen, daß in dem Kreise, der sich zu Beginn der 1870er Jahre um Leibl scharte und in Adolf Bayersdorfer lange Jahre hindurch den feinsten Kenner alles Schönen besaß, Montaigne in hohem Ansehen stand.

brauchen nur nach solchen Bemerkungen zu greifen, um die eigene Verwegenheit mit dem Glanz eines alten Namens zu decken. Daß die jüngeren Zeitgenossen Montaignes, die *libertins*, das heißt alle verwegenen, feinen Geister, in den »Essais« das Handbuch ihrer Moral oder Unmoral verehrten, erscheint begreiflich; aber auch die ganze Genußlehre des 18. Jahrhunderts, wie sie in La Mettries Schriften theoretisch auftritt, in den galanten Machwerken der kleinen Erzähler ihre parfümierten Orgien feiert und in den Enzyklopädisten, besonders aber bei Diderot,[1] die Vernunft, *la raison*, als Zeugin jeder Lust aufruft, ist in der schon angeführten Stelle enthalten, wo selbst die Wollust als der Zweck der Tugend gepriesen wird. (II, 19.)

Noch eine Eigentümlichkeit des älteren Montaigne bedarf der Erwähnung.

Zuweilen fällt bei ihm ein Hang zur Gauloiserie oder auch zur Zote auf, der durchaus gallisch anmutet und verwöhnten modernen Ohren nicht behagt: »Die Götter, sagt Plato, haben den Mann mit einem ungehorsamen, tyrannischen Gliede versehen, welches, wie ein tolles Tier, durch die Gewalt seines Hungers sich alles zu unterwerfen trachtet. So auch dem Weibe das seinige, das wie ein gefräßiges, unersättliches Tier, wenn man ihm zu rechter Zeit nicht seine Nahrung gibt, über den Verzug ungeduldig und wütend wird, und wenn es diese seine Wut in den Körper haucht, die Absonderungswege verengt, den Atem aufhebt und tausenderlei Arten Krankheiten verursacht: bis daß es die Frucht des gemeinsamen Durstes eingezogen, bis sein vertrockneter Blumentopf hinlänglich begossen und bepflanzt ist.« (III, 5.)

Dieser Hang, das Natürliche beim Namen zu nennen, paart sich mit der Neigung, seine philosophische Laune an dem Allermenschlichsten zu wetzen: »Ich finde, beim Lichte besehen, daß Amor nichts anderes ist, als der Durst nach dem

[1] *Supplément du voyage de Bougainville, (Œuvres complètes de Diderot, Ed. I. Assézat,* II, *p. 220.)*

Genusse eines begehrten Gegenstandes, noch Venus etwas anderes als das Vergnügen, seine Urne auszugießen (so wie das Vergnügen, welches die Natur uns gibt, uns von beschwerlichen Säften zu erleichtern), welches durch Unmäßigkeit oder Unvorsichtigkeit großes Unheil nach sich ziehen kann. Für einen Sokrates ist Liebe ein Verlangen nach Fortdauer in Nachkommen durch Beihilfe der Schönheit. Und wenn man oft den lächerlichen Kitzel dieses Vergnügens, die abgeschmackten, sinnlosen, ausschweifenden Bewegungen beobachtet, wodurch es einen Zenon und Cratippus herumtummelt, diese tolle Wut, dieses glühende Gesicht bei dem süßesten Vergnügen der Liebe, und dann diese ernsthafte, strenge, ekstatische, hochstolze Miene, bei einer so lustigen Handlung; und dabei betrachtet, daß wir unser größtes Behagen und unsern schmutzigsten Auswurf in ein und dasselbe Gefäß schütten, und daß die höchste Wollust Entzückung und Schauder zugleich erregt, wie der größte Schmerz, so glaube ich, daß es wahr ist, was Plato sagt: die Götter haben den Menschen zu ihrem Spielzeug gemacht.

Und es ist Hohnneckerei, daß die Natur uns über unsere gemeinsten Handlungen in Dunkelheit gelassen hat, um uns dadurch alle, Narren und Weise, den Tieren gleich zu machen. Wenn ich den kontemplativsten und bedächtigsten Menschen mir in dieser Lage vorstelle, so halte ich ihn für äußerst keck, den Weisen und Kontemplativen machen zu wollen. Es sind die Pfauenfüße, welche seinen Hochmut demütigen.« (III, 5.)

Das Lebensideal Montaignes hat, wie ich schon angedeutet habe, durchaus nichts Heroisches an sich, und hierin liegt die Schwäche seiner behäbigen Glücksmoral: Wer überall, im Denken und Handeln, den goldenen Mittelweg sucht, wird nie zu einem Helden werden, und die Menschheit braucht Helden, was auch die Menge dagegen sagen möge. Das selbstherrliche Individuum, das sich aus den Tiefen des Weltalls in einen behaglichen Kreis historischer Gebilde und Verhältnisse zurückzieht, verzichtet dadurch auf den göttlichen Drang, die Tiefen der Natur als ewig Strebender zu erreichen. Man darf ruhig behaupten, daß Montaigne unfähig war, die Reformation in ihrem eigentlichen Wesen zu erfassen: ein Büchlein wie Luthers Schrift »Von der Freiheit eines Christenmenschen« wäre ihm immer, trotz aller Feinheit seines Denkens, ein Buch mit sieben Siegeln geblieben. Aber ein solcher Mann, in dem die leichte Heiterkeit und gute Laune des französischen Volksgeistes walten, kann Unzähligen, die in der weltlich-freien Betätigung der Persönlichkeit Ziel und Zweck ihres Daseins sehen, zu einem erprobten Führer werden, mag er auch da vielleicht versagen, wo der Mensch mit einem Male seinem Schicksal Aug in Auge gegenübersteht.

Indessen werden wir gut daran tun, nicht zu vergessen, daß die Forderungen oder Äußerungen wirklicher Denker niemals ein treues, erschöpfendes Bild ihres Wesens geben: auch bei den Klarsten bleibt ein Rest, der auf ein Unaussprechliches verweist und Reiz und Unsterblichkeit verleiht. Das Eigenste eines Menschen werden wir oft nur als Unterströmung seiner Bekenntnisse gewahr, und in der Wahrnehmung dieses Unerklärbaren und Unzugänglichen erkennen wir die Quelle aller höheren Produktivität, von der aus eine Natur allein die Rechtfertigung aller Widersprüche ist, wie sie in Tun und Denken zutage treten.

Montaigne ist das, was ich, im Gegensatz zu dem theoretischen Menschen, der als späte Frucht am Baum der Zeiten reift, den historischen Menschen nennen möchte. Sein Werk ist, nach einer Seite hin, das Ergebnis eines bequemen, wohlgelungenen Versuches, sich mit den fortwirkenden Mächten der Vergangenheit auseinanderzusetzen und abzufinden. Die Mittel, die er dazu verwendet, mag man seicht oder leichtfertig, oder frivol nennen; aber wir kommen nicht über die Tatsache weg, daß dieser Versuch, so leicht er auch anmuten mag, gelungen ist. Man hat neuerdings die Gefahren der Historie stark übertrieben; doch wir haben nun einmal keine Wahl, wir müssen als historische Menschen leben und schaffen, wobei wir uns, zum Troste, sagen dürfen, daß starke, gesunde Naturen mit jeder Vergangenheit fertig werden, mag sie nun, als Schauspiel oder als seelische Macht unmittelbar gestaltend in unser bedrohtes Dasein eingreifen. Dem theoretischen Menschen, insofern er absolute Erkenntnis erstrebt, wird das Problem des Lebens, vorausgesetzt, daß er es mit dem heiligen Ernste des Forschers anpackt, leicht zur Tragödie; der historische Mensch, der es mit Formen und Gestalten zu tun hat, die im Laufe langen Bestehens ihre Berechtigung erwiesen haben, mag die Vergangenheit als Reich der Schönheit betrachten, wo das Dasein Seligkeit geworden ist und seine tiefsten Offenbarungen als Musik, als Weisheit, als Form und formgebende Kraft verkündet. Jede Weltanschauung wendet sich an bestimmte Naturen, die in ihrer eigenen Erfahrung ein Kriterium des Aufgenommenen zu besitzen glauben; jeder Geist, dem eine dauernde Wirkung auf zahlreiche Geschlechter beschieden ist, zeitigt Sterbliche nach seinem Bilde. Montaigne gehört nicht zu den ganz hohen Naturen, die überall und immer ein Ausnahmefall sind und die Zukunft zwingen, das Phänomen Mensch mit den Augen einer größeren Hoffnung zu betrachten; aber er ist in seiner Art ein vollkommener Mensch. Wer, als Weltmann, weiß, daß alle Formen mit langer, schicksalsvoller Vergangenheit etwas von dem Recht an sich haben, das eine lange Nützlichkeit verleiht, kann sehr wohl als innerlich Freier leben, und als Mensch des Mittelmaßes darf er die Schranken, in denen zahllose Geschlechter ihr Glück gefunden haben, auch dann als ehrwürdig verehren, wenn sie der Geist, dem niemals Ruhe beschieden ist, zum Tode verurteilt hat.

Die mittlere Menschheit wird den zwanglosen Plauderer immer zu den Klassikern rechnen, in denen ihr eigenstes Wesen rein zum Ausdruck kommt. Die ganze französische Kultur, mit ihrer Wertschätzung der *raison* und des gesunden Menschenverstandes, des »bon sens«, ist eine solche Kultur des Mittelschlages. In diesem Kreise, wo jede Überlieferung als historische Macht waltet und, aus naheliegenden Gründen, überschätzt wird, ist überhaupt kein Platz für ganz große Individuen: hier gibt es keinen Michelangelo, keinen Beethoven, keinen Shakespeare, und der Liebhaber großer Schauspiele muß sich hier mit der Erkenntnis begnügen, daß die Lückenlosigkeit einer stetigen Entwickelung die seltensten Anregungen zu bieten vermag, weil sie die Dauer und Wahrheit eines ungewöhnlichen Kulturinstinktes enthüllt. Das ganz große Individuum ist fast immer eine Gefahr für den Zusammenhang mit der Vergangenheit; der mittlere Geist aber fördert ihn, weil er dessen beste Rechtfertigung ist.

15

Jede Nation, die zu Beginn ihrer Blütezeit einen Geist erzeugt, in dem sie ihr eigenes Wesen wie in einem reinen Spiegel erkennen und genießen mag, ist glücklich zu schätzen: denn auch ein Volk kann, wie das Individuum, nicht früh genug zum Bewußtsein seiner Neigungen und seiner Kraft gelangen. Auch Montaigne ist ein Förderer der gallischen Überlieferung: er schlägt nicht nur die schönste Brücke zum klassischen Altertum, er ist der einzige Europäer seiner Zeit, in dem die späteren antiken Moralsysteme, mit ihrer unvergänglichen Menschlichkeit, wirklich lebendig und fruchtbar werden. Dieser Gelegenheitshumanist hat alles, um tüchtige Männer, die unter gleichen Bedingungen und Verhältnissen leben müssen, zu bezaubern und zu verführen: die Achtung vor dem Bestehenden, als welche nicht immer ein Vorzug tiefgründiger Denker ist; den feinsten Sinn für große Tatsachen, mögen sie nun Staat oder Religion heißen; die gemessene Achtung vor dem Wort, die den gewissenhaften Sprachbildner ausmacht; Geist, Witz, Ironie, Laune und ein altväterisches Behagen, reinste Äußerungen, die als höchste Weisheit anmuten und beglücken. Ja, selbst sein leichter Hang zur Gauloiserie oder, um deutsch zu reden, zum Zötchen in Ehren, den wir gelegentlich an ihm wahrnehmen, wird für den zwinkernden Biedermann zu einem Freibrief für tiefere Wahrheiten, die man, nach Belieben, als Ausschweifungen eines Gehirnmenschen oder als Waghalsigkeiten eines vorsichtigen Gascogners nehmen mag. Montaigne weiß, daß er ein Schriftsteller ist, und wenn er sich, als Bourgeois-Gentilhomme, zuweilen die Freiheit herausnimmt, gegen das zweifelhafte Gewerbe der Buchschreiber allerlei vorzubringen, so lächeln wir über diese Schrulle, die auffällt, aber nicht verletzend wirkt. Er ist, als Meister der Sprache, über die Maßen verliebt in die Freude, die ein glückliches Wort und eine treffende Wendung gewährt: auch dies ist durchaus französisch, insofern es den Spätgeborenen mit den Bestrebungen der gallischen Rhetorenschulen verbindet. Historisch genommen, gehört Montaigne zu den Vorläufern des sogenannten klassischen Geistes, *de l'esprit classique*, in Frankreich; ja, noch mehr: sein Einfluß ist so stark, daß er der ganzen kommenden Literatur ein moralistisches Gepräge aufdrückt, insofern er den Menschen in den Mittelpunkt jeder Darstellung rückt. Zwar war der Erfolg seines Werkes nicht so groß, wie man glauben möchte; aber er wurde von den Besten seiner Zeit, von Fürsten und Edelleuten, von Legisten und Beamten gelesen und überschritt alsbald die Grenzen, als der erste jener Schriftsteller, welche die langandauernde Weltherrschaft des französischen Schrifttums einleiten.

Worin besteht nun das Wesen dieses vielberufenen klassischen Geistes? Es ist zunächst ein selbstbewußter Geist seelischer Zucht, der die Sprache in strengere Formen zwingt, die romanische Überlieferung als beglückende Macht empfindet, die Analyse der menschlichen Leidenschaften und Empfindungen mit dem Verstande bestreitet und in der Erfassung des Typischen und der rednerischen Ausschmükkung der Gedanken die Poesie sucht und empfindet. Er sucht die alten Regungen des französischen Volksgeistes zugunsten eines engherzigen Ideals in strenge Formen zu bannen und die Entwicklung des glücklichen, begabten Volkes, in dem südliche und nördliche Elemente nach Verschmelzung und Einheit streben, in feste, enge Bahnen zu zwingen. Der Geist dieser Literatur geht, um es kurz zu sagen, nicht auf freies souveränes Schaffen, sondern auf praktische Gestaltung aller Verhältnisse aus: er ist in letztem Sinne moralisierend und macht selbst die Dichtung nüchtern. Christliche Zucht und Strenge, die Menschen und Poeten in harte Schule nimmt, eint sich mit einem deutlichen Hang zu freiem, kühnem Denken, das vor nichts haltmacht als vor den Schranken der Gesellschaft: Libertins und Moralisten sind einig in dem

Kultus der Form, mag sie nun Gesellschaft heißen oder der Dichtkunst als Regel Vorschriften geben. Dieser klassische Geist ist in Montaigne ebenso rege wie in Pascal, in Larochefoucauld, in Corneille, in Racine, in Labruyère und ihren Vorläufern.

Man lasse sich nicht durch die Kompositionslosigkeit und Willkür der »Essais« täuschen: hier spricht der klassische Geist noch eine naive Sprache, und diese verheißt eine andere Welt als die des sogenannten »großen Jahrhunderts«, das nur dem ehrwürdig erscheint, der in der Selbstzucht klarer Menschen eine segensreiche Macht erblickt.

Schon Montaignes Erziehungsideal ist klassisch in französischem Sinne: es geht auf die Bildung des vornehmen, gebildeten Weltmenschen, des »honnête homme« aus, der am Hofe leben und mit dem König, den Prinzen, mit Gleichgestellten und Untergebenen verkehren muß und, soweit die Politik in Frage kommt, in der Einheit der Nation ein Ziel sieht, das nur durch die Erstarkung des Königtums erreichbar ist. Der Skeptiker, dem Macht und Güte der Vernunft eigentlich nicht in Frage stehen, rationalisiert die Moral, indem er sie auf die Befolgung klarer, natürlicher Gebote zurückführt. Montaignes Buch ist ein Gesellschaftsbuch. Diese Gedanken und Meinungen eines Einsiedlers verlieren keinen Augenblick das politische Tier, das *ζῷον πολίτικον* aus dem Auge: der Mensch ist ihm, wie den Franzosen der klassischen Zeit und der Aufklärung, kein schwer zu fassendes Wesen, das von seinen Trieben gegängelt wird, sondern ein *animal rationale*. Philosophen und Weltleute leben von dieser Überzeugung, und selbst die Reaktion gegen sein bequemes, flüssiges Französisch in der folgenden Generation beweist nur, daß man nicht seiner Weltanschauung, sondern seiner Natürlichkeit des Vortrags müde geworden war: es ist eine Reaktion gegen seine Form und zeigt dem Betrachter, daß wir unseres Wesens nur an Gegensätzen bewußt werden.

Der unmittelbare Einfluß Montaignes war ungeheuer. Auf Charron und du Vair habe ich schon hingewiesen; aber wir wissen auch, daß Pascal, das Genie unter den Jansenisten, zu den eifrigsten Lesern der »Essais« gehörte. In der »Apologie des Raymond de Sebond« konnte er lesen: »Für die Christen ist es ein Wink zum Glauben, wenn ihnen etwas Unglaubliches vorkommt. So etwas ist alsdann um so vernünftiger, je mehr es gegen die Vernunft ist; denn wäre es nach der Vernunft, so wäre es kein Wunder mehr.« Man braucht kein tiefer Psychologe zu sein, um zu erkennen, daß ein solches Bekenntnis mit Leichtigkeit zu dem tertullianischen *Credo quia absurdum* führen kann. Die ganze Weltanschauung Pascals ist überhaupt ohne Montaigne nicht denkbar; nur die Folgerungen, die er aus seinen pessimistischen Ansichten über das Elend der menschlichen Lage zieht, sind verschieden: als tragische Natur konnte sich der leidenschaftliche Feuergeist nicht mit dem heiteren Relativismus Montaignes begnügen, und so gelangte er, um seiner Ruhe oder seines Seelenheiles willen, zum Selbstmord der Vernunft. Montaigne will glücklich leben; Pascal, der eine naturwissenschaftliche Erziehung genossen hat, will Gewißheit. Doch auf dem Wege über Montaigne lernt er die Tropen der Skeptiker kennen, und nun muß er den Skeptizismus mit seinem Hang zum Glauben versöhnen: »Unsere Sinne nehmen das Äußerste nicht wahr; zu viel Lärm betäubt uns; allzuviel Licht blendet; zu große Nähe und Ferne hindern uns am Sehen; eine zu kurze und zu lange Rede sind dunkel; allzuviel Wahrheit erstaunt uns.« ... »Unsere Vernunft wird beständig enttäuscht durch die Unbeständigkeit der Erscheinungen.« ... »Ihre letzte Stufe ist die Einsicht, daß es unendlich viele Dinge gibt, die ihr entgehen.« (*Pensées*, ch. 2.) Das will besagen: man muß wissen, wo der Zweifel am Platze ist und wo nicht, oder, mit anderen Worten: der Weg zum Glauben steht offen. Die Gedanken Pascals sind voll Montaigneschen Geistes; allein die Schlüsse, die Montaigne aus der Unfähigkeit der Vernunft zieht, dienen hier einem anderen seelischen Bedürfnis; denn der unerbittliche Logiker schließt: Da die Vernunft keine Gewißheit bringen kann, muß man sie unterdrücken; das heißt, dem Suchenden, dem Christen bleibt als letzter Ausweg nur der Glaube. Der Zweifel mündet bei Montaigne in überlegene Lebenskunst, bei Pascal in die Verzweiflung, die zu tief ist, um stumm bleiben zu können, und dadurch, daß sie ihre Ursache und ihr Wesen zu offenbaren sucht, zu einem unvergleichlichen Schauspiel für Seelenforscher wird.

Auch die Vertreter des *esprit classique*, Molière, Labruyère, Larochefoucauld sind voll Montaigneschen Geistes. Der Psychologe Montaigne zergliedert das Mitleiden: »Bei allem unserem Mitleiden fühlen wir doch innerlich eine gewisse sauersüße Empfindung von boshafter Wollust, wenn wir andere neben uns leiden sehen; selbst Kinder fühlen sie. Und wer den Samen dieser Eigenschaften im Menschen ausreuten wollte, würde die Hauptbedingungen unseres Lebens stören.« (III, 1.) Da haben wir einen Aphorismus Larochefoucaulds in bequemster Prägung. Und was die Weltanschauung des klassischen Komödiendichters angeht, so beruht sie, wie der flüchtigste Blick in seine Possen und Lustspiele zeigt, ganz auf dem Montaigneschen Naturalismus, als welcher sich vortrefflich mit der Herrschaft des gesunden Menschenverstands verträgt.

Bayle, dessen *Dictionnaire historique et critique* zur Bibel der Aufklärung wurde, erinnert schon durch seine Darstellung an die lose Form der »Essais«, ohne daß es dem klugen Manne gelungen wäre, den Zauber Montaignescher Pose zu erreichen; aber auch er hat kein System, und seine Arbeitslust, deren er sich so sehr rühmte, erinnert an die Lesefreude Montaignes in seinem geliebten Bibliotheksturme.

Es ist kein Zufall, daß Montaigne sofort sehr stark auf die Engländer wirkte. Der praktische Verstand der Briten erkannte in dem Südfranzosen, der nicht ohne Stolz darauf hindeutete, daß er Vettern in England besitze, die Geistesverwandtschaft: schon sein ungeheurer Sinn für Tatsachen mußte den Humanisten und Weltleuten zusagen, die zur Zeit der Königin Elisabeth das Leben mit allen Sinnen an sich rissen. Einige Jahre nach Montaignes Tod (1603) erschien die englische Übersetzung der »Essais« von Florio[1] (1553–1625); sie läßt zwar mancherlei an Treue zu wünschen übrig, weist aber alle Vorzüge der lebendigen, glühenden und sprühenden Sprache des Zeitalters auf. Ein Exemplar des Werkes, das sich heute im British Museum befindet, soll im Besitze Shakespeares gewesen sein, wenn man den Behauptungen der Gelehrten trauen darf, die den Namenszug des Dichters auf dem Vorsatzblatt für echt ausgeben.[2] Auch Ben Jonson besaß die Floriosche Ausgabe der Essais. Man hat den Einfluß Montaignes auf Shakespeare in dessen Weltanschauung gefunden,[3] und in der Tat offenbaren einzelne Stellen in dessen Dramen eine große Vertrautheit mit dem Inhalt der »Essais«: eine Stelle im »Sturm« ist fast wörtlich dem 30. Kapitel des ersten Buches der Florioschen Übersetzung entlehnt;[4] und wen erinnerte die Stelle: »Auch der ehrlichste Mensch, wenn er alle seine Handlungen und Gedanken nach den Gesetzen

[1] *The Essays or Morall, Politike and Militarie Discourses of Lord Michaell de Montaigne. First written by him in French and now done into English by John Florio. Printet at London by V. Sims for Edward Blount, 1603.*

[2] Über dieses Exemplar siehe: *Shakespeare, not Bacon – by François P. Gervais, London 1901.*

[3] Vgl. darüber: *Jacob Feis: Shakespeare and Montaigne. An Endeavour to explain the Tendency in Hamlet from Allusions in Contemporary Works. London 1891. – J. M. Robertson: Montaigne and Shakespeare. London 1897. University Press.*

[4] Gonzalo:

I' the commonwealth I would by contraries,
Execute all things; for no kind of traffic
Would I admit; no name of magistrate;
Letters should be not known; riches, poverty
And use of service, none; contract, succession,
Bourn, bound of land, tilth, vineyard, non.
No use of metal, corn, or wine, or oil;
No occupation; all men idle, all.
And women too, – but innocent and pure;
No sovereignity –
The Tempest, II, 1.

Bei Florio: *»It is a nation ... that hath no kind of trafficke, no knowledge of Letters, no intelligence of numbers, no name of magistrate, nor of politike superioritie; no use of service, of riches or of povertie; no contracts, no succession, no partition, no occupation but idle, no respect of kindred but common, no apparell but naturall, no manuring of lands, no use of wine, corne or mettle ...« (I, p. 222.)*

genau untersucht, wird finden, daß er in seinem Leben wenigstens zehnmal den Galgen verdient hat«, nicht an die bekannte Äußerung Hamlets: Ich selbst bin leidlich tugendhaft –? Doch nicht das Wort, sondern der Geist der »Essais« ist in den Tragödien Shakespeares zeugend geworden.

Noch deutlicher ist der Einfluß Montaignes auf Francis Bacon, dessen »Essays«, nach der lateinischen Übersetzung seiner »Sermones fideles«, dem Buche des Franzosen bis auf die äußere Form gleichen: nicht nur gewisse Kapitelüberschriften, *Of Marriage and single Life*, *Of Friendship* (XXVII), *Of Followers and Friends* (XLVII), *Of Custome and Education* (XXXIX), *Of vain Glory* (LIV), erinnern an das Original, sondern auch die ganze Darstellungsweise und direkte Anlehnungen verraten, daß der Engländer es genau kannte.

Im 17. Jahrhundert erhielt England eine meisterliche Übersetzung der »Essais« durch Charles Cotton,[1] und seitdem hat es dort nie an hervorragenden Essayisten gefehlt, welche diese Literaturgattung mit Liebe pflegten, weil sie freieste Bewegung gestattet. Fast alle großen englischen Schriftsteller sind eifrige Leser Montaignes gewesen: Robert Burton (1576–1640), der Verfasser der *Anatomy of Melancholy*, ahmt Montaignes Verfahren bis ins einzelne nach, und auch seine Lebensführung erinnert an den Einsiedler im Turme zu Montaigne; Sterne, Byron, Thackeray, Stevenson, Walter Pater, der in seinem *Gaston de Latour* eine Zusammenfassung der Montaigneschen Philosophie versucht, rühmen und preisen den Einfluß des sachlichen Denkers.

Unter den englisch schreibenden Philosophen ist es Emerson, der in Montaigne seinen Meister fand und einen jener Geister verehrte, bei dessen Berührung unsere eigene Persönlichkeit erwacht und zum Bewußtsein schöpferischer Kräfte gelangt. Er erzählt in seinem Essay *Montaigne or the sceptic*: »Ein einzelner Band aus Cottons Übersetzung der ›Essais‹ war mir durch Zufall aus der Bibliothek meines Vaters

[1] *Essays of Michel Seigneur de Montaigne, 3. Vols. 1685.*

zurückgeblieben, als ich ein Knabe war. Er lag lange unbeachtet, bis ich nach vielen Jahren, da ich gerade dem Studieninternat entronnen war, das Buch las und mir auch die fehlenden Bände verschaffte. Ich erinnere mich noch an das Entzücken und Staunen, in welchem ich mit dem Buche lebte. Es war mir, als ob ich es in irgendeinem früheren Leben selbst geschrieben hätte, so aufrichtig und vertraut sprach es zu meinen Gedanken, meinen Erfahrungen.«[1]

Denken und Stil des glänzenden Rhapsoden des deutschen Idealismus haben in der Tat sozusagen Montaigneschen Rhythmus. Über Emersons Auffassung des Montaigneschen Skeptizismus, als der Haltung, die der forschende Geist gegenüber den Kleinigkeiten des Lebens einnimmt, welche die Gesellschaft anbetet, während er erkennt, daß sie nur in ihrer Tendenz und ihrem Geiste nach ehrwürdig sind, mag man verschiedener Meinung sein; aber der gedankenreiche Erguß des Amerikaners zeigt, welcher Anreger der Skeptiker Montaigne noch immer sein kann. Diese Weisheit ist trunken vom Wein der Jahrhunderte, und der persönlichste aller Denker und Ichmenschen wird, seinem Leitwort zum Trotz, zu einer Gelegenheit, das Vertrauen einer priesterlichen Natur in das göttliche Wesen und Endziel dieser fragwürdigen Welt zu bekennen. Wir erfahren, daß alle Persönlichkeiten, die uns begegnen, nur Mittel und Wege sind, um zu unserem eigenen Selbst zu gelangen, und lernen, daß eine Weltanschauung im Grunde doch nur Bedeutung durch ihre Bekenner erhält. Wir hören, daß wir alle nur Hieroglyphen sind, welche die Natur vernichtet, um andere an ihre Stelle treten zu lassen; daß wir als Probleme leben, die früher oder später – und immer bald genug! – zu Fabeln werden.

Auf die deutsche Kultur hat Montaigne nicht unmittelbar, sondern hauptsächlich durch Rousseau gewirkt. Goethe lernte Montaigne in Straßburg kennen; in »Dichtung und Wahr-

[1] Essays von Ralph Waldo Emerson. II. Teil: Repräsentanten der Menschheit. (S. 255 der Übersetzung von Karl Federn. Halle, Händelsche Universalbibliothek.)

heit« bemerkt er, »Montaigne, Amyot, Rabelais, Marot waren meine Freunde und erregten in mir Anteil und Bewunderung«,[1] und hie und da gedenkt der große Lerner seiner auch noch im späteren Alter.[2] Lichtenberg gehörte zu den eifrigsten Lesern des geistreichen Franzosen, wie er denn überhaupt der Weltanschauung der französischen Moralisten die mannigfachsten Anregungen verdankte: auch er ist der Meinung, daß in jedem Menschen etwas von allen Menschen sei,[3] und auch sein Hang, auf gewisse Natürlichkeiten zu verweisen, verrät eine klare Wahlverwandtschaft mit dem Südfranzosen. Wir gehen kaum fehl, wenn wir annehmen, daß ihn das Beispiel Montaignes angefeuert habe, seine eigenen Selbstbeobachtungen in jener klaren, keuschen Form niederzuschreiben, die auch heute noch kaum ihresgleichen hat, mag auch die Nation kein Ohr für diesen Adel einer reinen Sprache haben. Es ist überhaupt bezeichnend für den Einfluß, den der »Fürst aller Ichmenschen« ausübt, daß nur Denker, die zugleich auch wissen, was Form ist, zu seinen Verehrern gehören. Daß Schopenhauer Montaigne schätzte, wird nicht überraschen: er erwähnt den Denker, dessen psychologische Betrachtungen er vortrefflich nennt, an einer Stelle seiner »beiden Grundprobleme der Ethik«, wo er, von der Unveränderlichkeit des Charakters ausgehend, die Tugend als angeboren hinstellt,[4] und auch als Kronzeuge für die Schopenhauersche Auffassung des Liebesaktes muß Montaigne herhalten.[5] Auch Friedrich Nietzsche scheint auf dem Umweg über seinen größeren Lehrer zu Montaigne gekommen zu sein, wenn man auch nicht erwarten darf, daß er etwas anderes in Montaigne sieht, als etwa den Erzieher oder, in späteren Tagen, den Vertreter der klassischen Kultur Frank-

[1] Dritter Teil, elftes Buch.

[2] Zur Zoologie, bei Besprechung der *Principes de Philosophie Zoologique* von Geoffroy de Saint-Hilaire (Goethes Werke, 39. Band der Cotta'schen Jubiläumsausgabe), S. 218.

[3] Ausgewählte Schriften, S. 88.

[4] Schriften zur Naturphilosophie und Ethik, S. 251.

[5] Welt und Wille als Vorstellung, II, S. 653.

reichs, zu der er ziemlich frühe ein festes Verhältnis bekundete, weil sie seinem Formgefühl zusagte. Auf den jungen Nietzsche wirkte Montaigne als Charakter, worüber sein Bekenntnis keinen Zweifel läßt: »Ich weiß nur noch einen Schriftsteller, den ich betreff der Ehrlichkeit Schopenhauer gleich, ja noch höher stelle: das ist Montaigne. Daß ein solcher Mensch geschrieben hat, dadurch ist wahrlich die Lust, auf dieser Erde zu leben, vermehrt worden. Mir wenigstens geht es seit dem Bekanntwerden mit dieser freiesten und kräftigsten Seele so, daß ich sagen muß, was er von Plutarch sagt: ›Kaum habe ich einen Blick auf ihn geworfen, so ist mir ein Bein oder ein Flügel gewachsen!‹ Mit ihm würde ich es halten, wenn die Aufgabe gestellt wäre, es sich auf der Erde heimisch zu machen.«[1] Wir wissen, daß Nietzsche, der letzte Romantiker von europäischer Bedeutung, diesem Ideal nicht treu bleiben durfte, um als »Spielzeug der Götter« seine Aufgabe zu erfüllen.

Es fehlt auch, damit der Chor der Lästerer nicht mangle, nicht an allerlei Leuten, die in dem klugen, nüchternen Gascogner nur einen Schwätzer sehen, weil er auf die Fragen metaphysischer oder romantischer Schwarmgeister keine Antwort gibt. Allein, man muß die Welt in sich aufgenommen haben und wissen, wie schwer es ist, als Lebenskünstler zu einem schönen Ende zu gelangen, um den ehrlichen Epikureer zu würdigen, der, als historischer Mensch, die Berechtigung aller geschichtlichen Formen einsieht und jene Gemütsstimmung der Fanatiker nicht kennt, die lieber die Welt untergehen ließen, als eine Wahrheit in der geschlossenen Faust zurückzuhalten. Es wird auch, besonders in Deutschland, nie an Nörglern fehlen, die nur dann geneigt sind, einen Philosophen ernst zu nehmen, wenn er fähig ist, seinem ganzen Denken Gestalt in einem System zu geben und alle Beziehungen des Daseins dem Zwange eines tyrannischen

[1] Schopenhauer als Erzieher, S. 16. Weitere Stellen in Menschliches, Allzumenschliches, II, 183, 310, 338.

Prinzips zu unterstellen. Für solche Leute hat Montaigne nicht geschrieben. Doch auch den Psychologen, die in jeder Philosophie immer nur die Bekenntnisse einer mehr oder minder schönen Seele sehen, bleibt die Frage nicht erspart: Was kann uns eine Philosophie bedeuten, die in ihren Elementen der eigentlichen Originalität entbehrt und sich, insofern sie eine Moral in sich schließt, nur an einen bestimmten Kreis unabhängiger Weltleute wendet?

Der Denker Montaigne ist Popularphilosoph, und als solcher gehört er zu den Vorläufern des historischen Materialismus. Er ist sodann der Ahnherr der französischen Sensualisten, wenn man auch zugeben mag, daß seine Stellung zum Sensualismus schwankend ist, insofern er heute mit Epikur glaubt, daß sich die Sinne niemals täuschen, und ihnen morgen mit den Skeptikern die Fähigkeit abspricht, uns ein wirkliches Bild der Dinge zu vermitteln. Er ist ferner der Erneuerer der erkenntnistheoretischen Frage, insofern er zum ersten Male wieder die Werkzeuge der Erkenntnis einer Prüfung unterzieht, ohne daß es ihm allerdings gelänge, ein erkenntnistheoretisches Ergebnis zu erreichen, das dem gesteigerten Bewußtsein der neueren Menschheit entspräche: denn sein Zurückgehen auf den Skeptizismus ist keine neue Antwort auf alte Fragen, sondern nur die Vorstufe einer dogmatischen Philosophie. Auch Descartes, der seinem eigentlichen Wesen nach schon zu den Philosophen der Aufklärung gehört, ist ohne Montaigne nicht denkbar. Als Skeptiker steht er auf dessen eigenstem Boden; aber als Denker begnügt er sich nicht mit dem Relativismus einer bequemen Natur: als einzige Gewißheit im Chaos der schwankenden Begriffe und Formen bleibt nur das Denken selbst, – nur das Denken erweist das denkende Subjekt, das Ich: *Cogito, ergo sum.* Damit ist ein neuer Punkt gefunden, von dem aus sich eine neue innere und äußere Welt erschließt; aber die Versuche Descartes', das Dasein Gottes von diesem Punkte aus zu beweisen, lassen wieder die Montaignesche Gedankenwelt in verblaßter Ferne auftauchen, ohne daß sie die weltgeschichtliche Tat des Denkers verdunkeln könnten.

Jedes Werk, das als Denkmal der Vergangenheit oder einer großen Natur vor uns steht, hat eine doppelte Bedeutung. Es gibt Bücher, deren historische Bedeutung gar nicht abzuschätzen ist und die doch nicht mehr die Kraft der Fortzeugung in sich haben oder nur ganz selten noch den göttlichen Funken in den einzelnen entzünden, wenn sie sich, als Bewahrer alles geschichtlichen Wissens, in den Abgrund der Vergangenheit niederbeugen; und es gibt Schriften, deren unvergänglicher Reiz jeder Erklärung spottet, weil er, als ästhetisches Phänomen, ein ewig geheimnisvolles Element in sich birgt. Montaignes Schriften sind auch heute noch voll blühenden Lebens, mag auch der Skeptiker für viele nur ein Name oder der Präger einer Formel sein, die zu den gangbaren Münzen des geistigen Verkehrs gehört und in keiner Weise ahnen läßt, welcher besondere Mensch sie zu eigenem Behagen brauchte. Wir wissen, daß der ›weichlich geratene‹ Gascogner kein Held war; aber der Menge, die nur dann über das Wesen dieser Welt nachdenkt, wenn das Schicksal an ihre Pforte klopft, ist der Heros nur ein Schauspiel oder auch, wenn es hoch kommt, eine Naturmacht, der man sich unterwirft oder, um sein eigenes Ich zu retten, mit allen Kräften der Seele entgegenstemmt. Die mittlere Menschheit lebt, wie die untere, in blindem Vertrauen auf die Natur, und nur selten empfindet sie das Bedürfnis, sich Rechenschaft über ihr eigenes Tun abzulegen oder eine Frage nach dem Grund aller Dinge zu tun. Wir unterliegen alle der Verführung der Tatsachen, und die Geschichte ist meistens nur ein Reich von Gestalten, in deren Betrachtung unser Schönheitssinn Reiz und Befriedigung empfindet. Der Kampf zwischen Instinkt und Vernunft, wie er in jedem einzelnen seine Opfer fordert, kann in eine skeptische oder in eine tragische Weltanschauung münden. *Πάνταν χρημάτων μέτρον ἄνθρωπος*, der Mensch ist und bleibt das Maß aller Dinge: dies alles predigt der Denker Montaigne mit der Eindringlichkeit eines

Weisen, dessen Phantasie stark genug ist, um auch die sprödesten Gedanken zu beleben.

Historisch betrachtet ist Montaigne der erste Ichmensch, der es gelassen wagt, seine Persönlichkeit als allgemeinen Typus hinzustellen: nicht das Leben, sondern das Denken weckt den ersten theoretischen Individualisten, den ersten theoretischen Persönlichkeitsdarsteller, als dessen schönsten Gegensatz man sich, wenn man nach einem Manne der Renaissance sucht, Benvenuto Cellini wählen mag, der sein Leben als Künstler erzählt und den Nachkommen, ohne es zu wollen, ein Buch schenkt, mit dem sich die Menschen, als Seelenforscher, bis ans Ende der Zeiten beschäftigen werden. Ich möchte zwischen klassischen und romantischen Ichmenschen unterscheiden. Das Kennzeichen der letzteren ist die Maßlosigkeit des Fühlens, das die Brust zum All erweitern möchte und in einem Jagen nach seltsamen Empfindungen und großen Eindrücken, nach Rausch und Verzückungen endet, weil zwischen Vernunft und Begehren keine Eintracht herrscht, wie in dem zerrissenen, maß- und ruhelosen Ahnherrn dieses ganzen Geschlechts großer Schmecker und Entdecker heimlichster Seelenreize: ich meine Rousseau, dem die Natur nicht mehr die gütige Allmutter Montaignes, sondern ein ungeheurer Hintergrund paradiesischen Sehnens ist, vor dem sich sein Leben abspielt. Bei dem Romantiker ist die Krankheit Bedingung höheren Lebens; Montaigne jedoch ist der klassische Ichmensch, oder Egoist – (um einen Ausdruck Stendhals zu gebrauchen), – in dem Instinkt und Vernunft in schöner Helle und Eintracht wirken, um ein Kunstwerk zu gestalten, das beinahe mit dem Zauber eines Ideals auf uns wirkt. Vor einer solchen Persönlichkeit genügt es nicht, sich allein an den Gehalt ihres Denkens oder an dessen historische Elemente zu halten; hier redet ein Unergründliches seine eigene Sprache, und der Zauber dieser Sprache wird nie erblassen, weil ihre Anmut einen Menschen offenbart. Die Skepsis selbst, insoferne sie nicht an die letzten Gründe des Daseins rührt, sondern nur die Breite des Daseins

ins Auge faßt, ist eine Vorsichtsmaßregel, die in einer alt gewordenen Welt – denn auch Welten altern! – zur Notwendigkeit werden kann: denn der Mensch ist da, um zu handeln, und selbst wenn die Geistestätigkeit nur allgemeine Sätze der Lebensweisheit zu gewinnen sucht, ist sie zuweilen Ersatz für jedes Tun, sofern dieses dem einzelnen das Gefühl seines Ichs gibt und die Langeweile gesättigten Daseins verscheucht.

Die Montaignesche Weltanschauung führt über diese Art, sich mit dem Leben und mit dem Tode abzufinden, selten hinaus: indem sie Welt und Dasein mit Behagen auf Geist und Seele wirken läßt, wird ihr alle Wirklichkeit zu einem Schauspiel, dessen Bedenklichkeiten als Naturnotwendigkeiten erscheinen; sie wird zu einem moralistisch gefärbten Egoismus oder, wenn man will, zu einem verschleierten Ästhetizismus, der vielen bedenklich erscheinen mag, auch wenn sie abgeneigt sein sollten, hohe ethische Maßstäbe anzulegen. Die freie Natürlichkeit, welche die antiken Moralsysteme auszeichnet, mündet in einen theoretischen Machiavellismus des Gefühls, der alles Bestehende als berechtigt hinnimmt und alle tieferen Probleme für das Behagen der einzelnen hingibt. Die schöne Forderung, daß man überall die Natur gewähren lasse, schließt einen Optimismus in sich, wie er nur im Hinblick auf gut geartete, tüchtige Menschen gerechtfertigt ist: er ist, wie ich gezeigt habe, bei Montaigne halb Erfahrungstatsache, halb Lesefrucht und hat seine Wurzel in dem Gefühl eines geruhigen Mannes, dem alle Auflehnung gegen die eingeborenen Neigungen nur Unrast und Unfrieden, Ärger und Verwirrung bringt. Diese unschöpferische Stimmung – denn eine solche ist es! – wird nur deshalb nicht sofort erkannt, weil sie aus einem Herzen quillt, dessen Selbstenthüllung wir als bezauberndes Schauspiel genießen. In die Tiefe unseres Seins gelangen wir nur um den Preis eines Lebens: wer sich nicht selbst opfert, mag als historischer Betrachter mit den Erscheinungen spielen und, wenn ihm das Glück lächelt, in Schönheit enden; aber er wird nie in die

Gesellschaft jener Männer gelangen, die eine Erhöhung unserer Art darstellen. Ja, die bequeme Art Montaignes, sich mit dem Leben und seinen Mächten abzufinden und allem auszuweichen, was nach Kampf und Empörung schmeckt, mag herben Naturen im Banne einer heroischen Weltanschauung als reine Feigheit erscheinen, zumal die Gefahr der Frivolität ungemein nahe liegt: die gleichen Gedanken leichter Duldung und lässigen Spielens mit den Tiefen des Daseins vertragen sich vortrefflich mit der größten Oberflächlichkeit des Denkens und Fühlens in rohen Genüßlingen und seichten Weltleuten, deren Leben jeder Produktivität ermangelt.

Doch alle diese Ausstellungen, so berechtigt sie im ganzen auch sein mögen, schrumpfen vor der Tatsache, daß wir es mit einer wirklichen Natur im Sinne Goethes zu tun haben, in nichts zusammen: Montaigne gehört zu den seltenen Geistern, die uns wie bezaubernde Möglichkeiten eines vollendeten Daseins berühren und auch dann noch entzücken, wenn wir die Schranken und Schwächen ihres Wesens erkannt haben: in solchen Naturen erweist sich der unbestimmbare, beglückende Reiz, den alles Persönliche ausströmt, im höchsten Sinne fruchtbar und belebend. Der Held, der im Dienste einer Aufgabe steht, oder der Künstler, den ein Werk über sich selbst hinaushebt, mögen an solchen Erscheinungen vorübergehen; aber der mittlere Mensch, den tausend Schranken einengen und bedrücken, wird seine Nähe als Trost und Rechtfertigung eigenen Tuns und Lassens empfinden. Nicht immer sind uns die Großen gnädig und gefügig; selbst von den Göttern gilt das Wort Hölderlins: »Nah ist und schwer zu fassen der Gott.« An Denkern wie Montaigne jedoch kann man lernen, daß die Weisheit gar nicht erlernbar ist, sondern sich ihre Werkzeuge wählt, damit die Sterblichen, die an Weib und Kind, an Staat und Gesellschaft, am Leben und Sterben leiden, ein tröstendes, erhebendes Schauspiel haben: die quälenden Dunkelheiten des Geschicks, die Schranken unseres Erkennens, die Kämpfe in unserer Seele scheinen zu schwinden, wenn wir auf eine harmonische

Persönlichkeit stoßen, deren Wesen und Wirken den ursprünglichen Adel des Menschen erweist und rechtfertigt: denn über dem flüchtigen Dasein vermag sie eine geistige Welt aufzubauen, die nur als Fortsetzung der Natur erscheint und doch ein Höheres bedeutet, in welchem »überhimmlische Meinungen und unterirdische Sitten« überwunden sind. Nur von Gleichen kann Gleiches erkannt werden, und wer aus der Natur herauszutreten glaubt, findet eines Tages, daß er selbst Natur ist und mit all seinem Wesen und Wirken nur ihren Zwecken dient. Die Worte, mit denen Montaigne sein Buch schließt, sind voller Bedeutung: »Wir trachten nach einem anderen Zustande, weil wir den Gebrauch des unsrigen nicht verstehen, und verlassen uns selbst, weil wir nicht wissen, wozu wir fähig sind. Deswegen mögen wir auf noch so hohen Stelzen dahertreten, denn auch auf Stelzen müssen wir immer mit unseren Füßen stehen und den höchsten Thron der Welt einnehmen, wir sitzen doch stets auf unserm Gesäß. Das Leben ist nach meinem Dafürhalten das schönste, welches sich mit Ordnung unter das gemeine und menschliche Modell bringen läßt, ohne Wunderwerk und ohne Ausschweifung.« So spricht kein Held, sondern ein geistvoller Weltmensch, der uns mit dem vielsagenden Trost entläßt, es sei eine »unbedingte und gleichsam göttliche Vollkommenheit, in Treuen seines Wesens zu genießen«.

Anhang

I

Die Inschriften an der Decke der Montaigneschen Bibliothek

Die vierundfünfzig Inschriften, mit denen Montaigne die achtundvierzig Balken der Holzdecke seines Bibliothekraumes geschmückt hatte, sind von höchstem Interesse: sie lassen erraten, nach welchen Grundsätzen der geistvolle Eklektiker sein Leben zu führen gewohnt war, und zeigen, daß es ihm bei der Niederschrift einzelner Sätze zuweilen nicht allzusehr auf den genauen Wortlaut der ausgewählten Stellen ankam. Wir verdanken die Kenntnis dieser Inschriften, aus denen man beinah die ganze Weltanschauung Montaignes kennen lernen mag, zwei Verehrern des Denkers, denen es vor etwa fünfzig Jahren gelang, die mehr und mehr erblassenden Schriftzüge zu entziffern.[1] Ich lasse sie hier in der berichtigten Bonnefonschen Fassung[2] folgen, indem ich zugleich die Parallelstellen aus den »Essais« und die deutsche Übersetzung anfüge:

1.

Extrema homini scientia ut res sunt bene consulere, caetera securum.
Höchstes Geschick des Menschen ist es, die Dinge wie sie sind zu nehmen und das übrige nicht zu fürchten.

[1] *E. Galy et E. Lapeyre: Montaigne chez lui. Visite de deux amis à son château; lettre à M. le Dr. Payen, Périgueux, 1861.*

[2] *La Bibliothèque de Montaigne: Revue d'Histoire littéraire de la France. Tome second. 1895. p. 320–327.*

2.

Cognoscendi studium homini dedit Deus ejus torquendi gratia. (Prediger, I, 13.)

Essais, II, 17: »*La curiosité de connaistre les choses a esté donnée aux hommes pour fleau, dict la saincte Escriture.*«

Luther: Solche unselige Mühe hat Gott den Menschenkindern gegeben, daß sie sich darin müssen quälen.

3.

Τοὺς μὲν κένους ἀσκοὺς τὸ πνεῦμα διΐστησι, τοὺς δὲ ἀνοήτους ἀνθρώπους τὸ οἴημα.

(Stobaei Sententiae, De superbia, sermo XXIII.)

Die leeren Schläuche bläst der Wind auf, die Toren der Dünkel.

4.

Omnium quae sub sole sunt fortuna et lex par est.

Essais, I, 25: »*Tout ce qui est sous le ciel est subject à mesmes lois.*«

Luther: Das ist ein böses Ding unter allem, das unter der Sonne geschieht, daß es einem gehet wie dem andern. (Prediger, IX, 3.) An Stelle dieses Spruches hatte Montaigne ursprünglich einen Sophokleischen Vers geschrieben:

Εν τῷ φρονεῖν γὰς μηδέν ἥδιστος βίος.

(Sophokles, *Ajax, v. 552.)*

Denn nichts zu denken ist das liebste Leben.

5.

Οὐ μᾶλλον οὕτως ἔχει ἢ ἐκείνως ἢ οὐδετέρως.

(Sextus Empiricus, *Hypot, I, 19.)*

Essais, II, 12: »*Il n'est non plus ainsi qu'ainsi ou que ni l'un ni l'autre.*«

Ebensowenig ist es so, noch so, als vielmehr auf keine Weise von beiden.

6.

Omnis magni vel parvi earum rerum quas Deus tam multas fecit notitia in nobis est.
In uns ist alle Kenntnis dessen, was groß oder klein an den Dingen, die Gott so mannigfaltig geschaffen.

7.

Ὁρῶ γὰρ ἡμᾶς οὐδὲν ὄντας ἄλλο πλὴν
εἴδωλ' ὅσοιπερ ζῶμεν ἢ κούφην σκιάν.

(Sophokles, *Ajax*, v, 124.)

Ich sehe, daß wir alle, wie wir leben,
Nichts sind als Schemen oder leichte Schatten.

Montaigne umschreibt, Essais, II, 22: *Nous n'avons aucune communication à l'estre, parce que toute humaine nature est toujours au milieu entre le naistre et le mourir, ne baillant de soy qu'une obscure apparence et ombre.*

8.

O miseras hominum mentes! O pectora caeca!
Qualibus in tenebris vitae, quantisque periclis
Degitur hoc aevi quod cumque est!

(Lucretius, *De rerum natura, II, 14.)*

Ach, unselige Geister, verblendete Herzen der Menschen!
In welch finsterer Nacht und unter welchen Gefahren
Wird dies Leben verbracht, der Moment!

(Nach der Übersetzung von Karl Ludwig von Knebel.)

9.

Κρίνει τίς ἀυτὸν πώποτ' ἄνθρωπον μέγαν, ὃν ἐξαλείφει πρόφασις ἡ τυχοῦσ' ὅλον. (Stobaeus.)

Wer je an seine Menschengröße glaubt, den stürzt die erste beste Gelegenheit in gänzliches Verderben.

10.

...Omnia cum coelo terraque marique
Sunt nihil ad summam summaï totius.

(Lucretius, VI, 668.)

Was ist Himmel und Erd und Meer mit allem dem Umfang
Gegen die Summe der Summen des nie zu ermessenden Ganzen?

11.

Vidisti hominem sapientem sibi videri? Magis illo spem habebit insipiens.
Essais, II, 12: »*Les hommes, dict sainct Paul, sont devenus fols cuidants être sages.*«
Luther: Wenn du einen siehest, der sich weise dünket, da ist an einem Narren mehr Hoffnung, denn an ihm.

(Sprüche Salomonis, XXVI, 12.)

12.

Quare ignoras quomodo anima conjungitur corpori, nescis opera Dei.
Da du nicht weißt, wie die Seele mit dem Körper verbunden ist, kennst du nicht Gottes Werk.
Luther übersetzt: Gleich wie du nicht weißt, ...wie die Gebeine im Mutterleibe bereitet werden, also kannst du auch Gottes Werk nicht wissen.

(Prediger, XI, 5.)

13.

Ἐνδέχεται καὶ οὐκ ἐνδέχεται.

(Sextus Empiricus, Hypot., I, 21.)

Dies ist tunlich und nicht tunlich (kann sein und nicht sein).

14.

Αγαθὸν ἀγαστόν.

Bewundernswert ist das Gute.

(Platon im Kratylos.)

15.

Κέραμος ἄνθρωπος.

Essais, II, 12: »*La plus calamiteuse et fragile de toutes les créatures est l'homme.*«
Der Mensch ist wie ein tönernes Geschirr.

16.

Nolite esse prudentes apud vos metipsos.

(Paulus, *Ad Rom., XII, 16.*)

Wollet nicht klug sein in euren eigenen Augen.

16a.

Ἡ δεισιδαιμονία καθάπερ πατρὶ τῷ τύφῳ πείθεται.

(Stobaeus, *De superbia, sermo XXII.*)

Der Aberglaube folgt seiner eigenen Blindheit mit kindlichem Vertrauen.
Essais, II, 12: »*La superstition suit l'orgueil et lui obéit comme à son père.*«

17.

Οὐ γὰρ ἐᾷ φρονέειν ὁ θεός μέγα ἄλλον ἢ ἑωυτόν.

(Herodot, VII, 10.)

Denn es läßt der Gott nicht zu, daß ein anderer außer ihm sich für groß erachte.

17a.

Summum nec metuas diem nec optes.

(Martial, x, 47.)

Den letzten Tag sollst du nicht fürchten und nicht ersehnen.

18.

Nescis, homo, hoc an illud magis expediat, an aeque utrumque.

(Prediger, xi, 6.)

Luther: Du weißt es nicht, ob dies oder das geraten wird; und ob es beides geriete, so wäre es besser.

19.

Homo sum, humani me nihil alienum puto.

(Terenz, *Heautontimoroumenos, 1, 1.)*

Mensch bin ich, und nichts Menschliches acht ich mir fremd.

20.

Ne plus sapias, quam necesse est, ne obstupescas.

(Prediger, vii, 17.)

Luther: Sei (nicht allzu gerecht und nicht) allzu weise, daß du dich nicht verderbest.

21.

Si quis existimat se aliquid scire, nondum cognovit quomodo oportet illud scire.

(Paulus, *Ad Corinth., 1, 8.)*

Essais, ii, 12: »*L'homme qui présume de son sçavoir ne sçait pas encore ce que c'est que sçavoir.*«
Wenn sich jemand einbildet, etwas zu wissen, hat er noch nicht die Einsicht, wie man wissen soll. (Im Original: *Εἰ δέ τις δοκεῖ εἰδέναι τι, οὐδέπω οὐδὲν ἔγνωκε καθὼς δεῖ γνῶναι.)*

22.

Si quis existimat se aliquid esse, cum nihil sit, ipse se seducit.
(Paulus, *Ad Galat.*, 6.)

Essais, II, 12: »*L'homme qui n'est rien, s'il pense etre quelque se chose, séduyt soy-mesme et se trompe.*

Wenn jemand, da er doch nichts ist, wähnt, er sei etwas, so irrt er als Tor. (Im Original: *Eἰ γὰρ δοκεῖ τις εἶναι τι, μηδὲν ὤν, ἑαυτὸν φρεναπατᾷ.*)

23.

Ne plus sapite quam oporteat, sed sapite ad sobrieatem.
(Paulus, *Ad Rom.*, *12.*)

Essais, I, 29: »*Ne soyez pas plus sages qu'il ne faut, mais soyez sobrement sages.*«

Seid nicht weiser als nötig ist, aber freilich mit Maß.

24.

Καὶ τὸ μὲν οὖν σαφές οὔτις ἀνὴρ ἴδεν οὐδέ ἔσται εἰδώς.

Pyrrhonische Maxime: Und niemals aber wußte ein Mann etwas Gewisses, noch wird es einer wissen.

25.

Τίς δ' οἶδεν εἰ ζῆν τοῦθ', ὃ κέκληται θανεῖν,
το ζῆν δὲ θνῇσκειν ἔστι;

Wer aber weiß, ob das, was Sterben heißt, nicht Leben, das Leben aber Sterben ist?
(Aus einer verlorenen Tragödie des Euripides.)

26.

Res omnes sunt difficiliores ut eas possit homo consequi.
(Prediger, I, 8.)
Luther: Es ist alles so voll Mühe, daß niemand ausreden kann.

27.

Ἐπέων δε πολὺς νόμος ἔνθα καὶ ἔνθα.
Wie hier so dort, ist vielfach der Rede Brauch.
(Ilias, XX, 249.)
Montaigne liest *νομὸς*, Gesetz, Brauch, für *νόμος*, Weide, Gebiet.
Essais, II, 12: »*La loi de parler et pour et contre est pareille.*«

28.

Humanum genus est avidum nimis auricularum.
Allzusehr ist das Geschlecht der Menschen auf Fabeln erpicht.
(Lucretius, IV, 598.)

29.

Quantum est in rebus inane.
Wie leer ist doch alles! (Persius, I, 4.)

30.

Per omnia vanitas
Alles ist eitel.

31.

... Servare modum, finemque tenere,
Naturamque sequi. (Lucan, XI, 381.)
Maß bewahren, Grenzen einhalten, der Natur folgen.

32.

Quid superbis, terra et cinis?
Staub und Asche, was überhebst du dich?
Essais, II, 12: »*Bourbe et cendre, qu'as-tu à te glorifier?*«

33.

Vae qui sapientes estis in oculis vestris.
(Jesaia, V, 21.)
Luther: Wehe denen, die bei sich selbst weise sind und halten sich selbst für klug.

34.

Fruere jucunde praesentibus, caetera extra te.
(Prediger, III, 22.)
Luther: Drum sehe ich, daß nichts besseres ist, denn daß ein Mensch fröhlich sei in seiner Arbeit; denn das ist sein Teil.

35.

Πάντι λόγῳ λόγος ἴσος ἀντίκειται.
(Sextus Empiricus, *Hypot., I, 6.*)
Jedem Grunde steht ein gleicher gegenüber.
Essais, II, 15: »*Il n'y a nulle raison qui n'en aye une contraire.*«

36.

Nostra vagatur
In tenebris, nec caeca potest mens cernere verum.
(Michel de L'Hôpital.)

Im Dunkeln irrt unser Geist, und blind vermag er die Wahrheit nicht zu unterscheiden.

37.

Fecit Deus hominem similem umbrae de qua post solis occasum quis judicabit? (Prediger, VII, 1.)

Gott hat den Menschen gleich einem Schatten geschaffen, wer soll diesen richten, wenn die Sonne untergegangen?

Essais, II, 12: »*Dieu a fait l'homme semblable à l'ombre, de laquelle qui jugera, quand par éloignement de la lumière elle sera évanouie?*«

38.

Solum certum nihil esse certi et homine nihil miserius aut superbius. (Plinius, *Hist. nat.* II, 7.)

Nichts ist gewiß als allein das Ungewisse, und nichts elender und aufgeblasener als der Mensch.

Essais, II, 14: »*Il n'y a rien de certain que l'incertitude, et rien de plus misérable et de plus fier que l'homme.*«

39.

Ex tot Dei operibus nihilum magis cuiquam homini incognitum quam venti vestigium.

Von allen Werken Gottes ist dem Menschen nichts unbekannter als die Spur des Windes.

40.

Αλλοισιν ἄλλος θεῶν τε κ' ἀνθρώπων μέλει.

(Euripides, *Hippolytos, 104.*)

Nicht jeder huldigt jedem, Gott noch Mensch.

(Wilamowitz-Moellendorff.)

41.

Ἐφ' ᾧ φρονεῖς μέγιστον, ἀπολεῖ τοῦτό σε,
τὸ δοκεῖν τιν' εἶναι.

(Menander.)

Was dich am höchsten dünkt, wird dich verderben,
Der Wahn, etwas zu sein.

42.

Ταράσσει τοὺς ἀνθρώπους οὐ τὰ πράγματα, ἀλλά τὰ περὶ τῶν πραγμάτων δόγματα.

(Epiktet, *Enchiridion,* x.)

Nicht die Dinge verwirren die Menschen, sondern die Meinungen über die Dinge.
Essais, I, 40: »*Les hommes sont tourmentés par les opinions qu'ils ont des choses, non par les choses mêmes.*«

43.

Καλὸν φρονεῖν τὸν θνητὸν ἀνθρώποις ἴσα.

(Stobaeus, *De superbia.*)

Den Menschen ziemt es schön, als Sterbliche zu denken.

(Aus der verlorengegangenen »Kolchierin« des Euripides.)

44.

Quid aeternis minorem
Consiliis animum fatigas?

(Horaz, *Carm. II, 11.*)

Was plagst du mit ewigen Plänen deinen unmündigen Geist?

45.

Iudicia domini abyssus multa.

(Psalmen, XXXVI, 7.)

Die Urteile des Herrn sind eine große Tiefe.

46–49.

Οὐδὲν ὁρίζω. – Οὐ καταλαμβάνω. – Ἐπέχω. – Σκέπτομαι. –

(Sextus Empiricus, *Hypot.*, *1, 22, 23, 26.*)

Ich bestimme nichts (setze nichts fest). – Ich verstehe nicht. – Ich enthalte mich des Urteils. – Ich erwäge.

50.

More duce et sensu.

Geleitet von den Sitten und den Sinnen.

51.

Iudicio alternante.

Abwechselnd urteilend.

52.

Ἀκαταληπτῶ.

Ich begreife nicht.

53.

Οὐδὲν μᾶλλον.

Ebensowenig.

54.

Ἀρρεπῶς.

Ohne Schwanken.

Essais, II, 12: »*Sans pencher d'aucun côté.*«

2

Bibliographie

I. *Die wichtigsten Ausgaben der* Essais *und der übrigen Schriften Montaignes*

1. *La Theologie naturelle de Raymond Sebond, Docteur excellent entre les modernes, en laquelle par ordre de nature, est demonstrée la verité de la Foy chrestienne & catholique, traduicte nouvellement de latin en François. – A Paris, chez Gilles Gourbin demeurant devant le college de Cambray rue S. Jean de Latran, à l'enseigne de l'Esperance. 1569. Avec privilege du Roy.*

   Oktavband von 496 numerierten und 30 nicht numerierten Registerblättern. Die zweite Auflage des Werkes ist 1581 in Paris bei Guillaume Chaudière erschienen.

2. *La Mesnagerie de Xenophon. Les règles de Mariage de Plutarque. Lettre de Consolation, de Plutarque à sa femme. Le tout traduict de Grec en François par feu M. Estienne de la Boëtie, Conseiller du Roy en sa Cour de Parlament à Bordeaux, Ensemble quelques vers latins & François, de son invention. Item son discours sur la mort du dit Seigneur de la Boëtie, par M. de Montaigne. – A Paris. De l'imprimerie de Frédéric Morel, rue S. Ian de Beauvais, au Franc Meurier. M.D.LXXI. Avec Privilege.*

   Oktavband von 131 numerierten Blättern, mit Einschluß des Titels.

3. *Vers François de Feu Estienne de la Boëtie. Conseiller du Roy en sa Cour de Parlament. A Paris. – Par Frédéric Morel Imprimeur du Roy. M.D.LXXII. – Avec Privilege.*

   Oktavband von 19 Blättern, mit Einschluß des Titels.

4. *Essais de Messire Michel Seigneur de Montaigne, chevalier de l'ordre du Roy, Gentilhomme ordinaire de sa chambre. – Liure premier et second.*

A Bourdeaus. – Par S. Millanges Imprimeur ordinaire du Roy. – M.D.LXXX. – Avec Privilege du Roy.

Zwei Oktavbände in verschiedenem Druck. Die Typen des zweiten Bandes sind kleiner und weniger scharf. Der erste Band zählt 496 Seiten und hat 4 unnumerierte Vorsatzblätter, der zweite 650 Seiten und 2 Vorsatzblätter.

5. *Essais de Messire Michel, Seigneur de Montaigne, chevalier de l'ordre du Roy, & Gentilhomme ordinaire de sa chambre, – maire & Gouverneur de Bourdeaus. Edition seconde reveue & augmentée.*
A Bourdeaus. – Par S. Millanges, Imprimeur ordinaire du Roy. M.D.LXXXII. – Avec Privilege du Roy.

Ein Oktavband von 806 Seiten und 4 unnumerierten Vorsatzblättern. Diese Ausgabe enthält wichtige Zusätze und weniger Druckfehler.

6. *Essais de Messire Michel, Seigneur de Montaigne, chevalier de l'ordre du Roy, & Gentilhomme ordinaire de sa chambre, maire & Gouverneur de Bourdeaus – Reveus & augmentez. A Paris, chez Jean Richer, rue Saint Jean de Latran, à l'arbre verdryant. – M.D.LXXXVI.*

In-12° von 1075 Seiten und 4 Vorsatzblättern. Diese Ausgabe ist ein sorgfältiger Neudruck der vorhergehenden Ausgabe, Bordeaux 1582.

7. *Essais de Michel Seigneur de Montaigne. – Cinquiesme édition, augmentée d'un troisiesme liure & de six cens additions aux deux premiers. A Paris, chez Abel L'Angellier, au premier pillier de la grand salle du Palais. – Avec Privilege du Roy. – 1588.*

In-4° von 496 numerierten Blättern, der Titel einbegriffen. Das dritte Buch beginnt mit Blatt 344. Eine vierte Ausgabe der »Essais« ist nicht bekannt.

8. *Les Essais de Michel Seigneur de Montaigne, édition nouvelle trouvee apres le deceds de l'autheur, reveue et augmentée par luy d'un tiers plus qu'aux precedentes impressions. A Paris, chez Abel L'Angellier 1595.*

Eine kleine Anzahl der bekannten Exemplare trägt die Marke: *A Paris, chez Michel Sonnius, Ruë Sainct Jacques, à l'escu de Basle. – CIC.IC.XCV. Avec Privilege.*

In-folio in zwei Teilen, wovon der erste 523 Seiten (1. und 2. Buch der »Essais«) und der zweite 231 Seiten (drittes Buch) zählt. Der Druck des zweiten Teils ist bedeutend schöner als der des ersten. Diese Ausgabe, der die meisten der folgenden zugrunde liegen, wurde von Fräulein von Gournay überwacht; sie ist nach der Kopie des Montaigneschen Handexemplars der »Essais« veranstaltet.

Von den Ausgaben der »Essais«, die nach dem Tode Montaignes erschienen, sind bemerkenswert:

1. Die seltene Ausgabe, die 1608 bei Jean Petit-Pas in Paris, mit dem Porträt Montaignes von J. de Leu erschien.
2. Die Ausgabe, die Fräulein von Gournay 1635 veranstaltete: *Les Essais de Michel Seigneur de Montaigne, exactement corrigés selon de vieil exemplaire, avecque la vie de l'Autheur. Paris, Camusat, 1635.*
3. Die dreibändige Ausgabe von Coste: *Les Essais... Nouvelle édition avec de courtes remarques. Londres, Tronson, 1724. 3. vol. in-4°.*
4. Die Ausgabe von Naigeon: *Les Essais de Montaigne. Paris, Didot, 1802. 4. vol in-8°.*

   Sie bringt zum erstenmal den Text des Handexemplars, das sich auf der Stadtbibliothek zu Bordeaux befindet, aber in fehlerhafter Wiedergabe.
5. *Essais de Michel de Montaigne, nouvelle édition, avec les notes de tous les Commentateurs, choisies et complétées par M. J.-V. Le Clerc, précédé d'une nouvelle étude sur Montaigne par M. Prévost-Paradol. Paris, Garnier, 1865. 4. vol. in-8°.*
6. *Essais de Michel de Montaigne, texte original de 1580 avec les variantes des éditions de 1582 et 1587, publiés par R. Dezeimeris et H. Barckhausen. Bordeaux, Feret, 1870–1873. 2. vol. in-8°.*
7. *Les Essais de Montaigne, publiés d'après l'édition de 1588, avec les variantes de 1595, et une notice, des notes, un glossaire, et un index, par H. Motheau et D. Jouaust. Paris, Librairie des Bibliophiles, 1872–1889, 7. vol. in-12°.*
8. *Les Essais de Montaigne, accompagnés d'une Notice sur sa*

vie et ses ouvrages, d'une Etude bibliographique, de Variantes, de Notes, de Tables et d'un Glossaire, par E. Courbet et Ch. Royer. Paris, Alphonse Lemerre, 1872–1900. 5. vol. in-8°.

Die Ausgabe bringt den Text von 1595. Der fünfte Band enthält sämtliche bekannt gewordenen Briefe Montaignes.

9. *Les Essais de Michel de Montaigne, publiés d'après l'exemplaire de Bordeaux, avec les variantes manuscrites, et les leçons des plus anciennes impressions, des notes, des notices et un lexique, par Fortunat Strowski. Sous les auspices de la Commission des Archives municipales. Bordeaux, F. Pech & Cie. 4. vol. in-4°.*

Diese Monumentalausgabe, die zum ersten Male den Text des Montaigneschen Handexemplars in philologischer Genauigkeit bringt, hat nur den einen Fehler, daß sie ganz und gar unhandlich ist.

Besondere Schicksale waren dem Tagebuche beschieden, das Montaigne auf seiner italienischen Reise führte.

Die erste Ausgabe erschien zum ersten Male 1774 unter dem Titel:

Journal du voyage de Michel de Montaigne en Italie, par la Suisse et l'Allemagne en 1580 et 1581. Avec des Notes par M. de Querlon. A Rome, Et se trouve à Paris, chez Le Jay, libraire, rue Saint-Jacques, au Grand-Corneille.

Das Manuskript dieser Ausgabe, das der Kanonikus Prunis 1770 oder frühestens 1769 auf einer Reise zu Montaigne entdeckte, ein kleiner Folioband von 278 Seiten, ist verlorengegangen.

Im Jahre 1889 erschien in Italien, zu Città di Castello, eine Ausgabe des Reisetagebuches unter dem Titel:

L'Italia alla fine del secolo XVI. Giornale del viaggio di Michele de Montaigne, in Italia nel 1580 e 1581, par Alessandro d'Ancona.

Ein starker Oktavband von LIV und 719 Seiten. Der Herausgeber dieser Ausgabe hat die drei Auflagen der ersten Ausgabe benützt. Das Buch ist besonders wertvoll durch die Noten, die ein außerordentlich reiches kulturgeschichtliches Material enthalten.

Eine Ausgabe, die allen Anforderungen entspricht, hat neuerdings Louis Lautrey veranstaltet:

Montaigne. Journal de voyage, publié avec une introduc-

tion, des notes, une table des noms propres et de la traduction du texte italien de Montaigne, par Louis Lautrey. Paris, Hachette, 1906.

Ein Oktavband von 536 Seiten. Der Herausgeber hat die mangelhafte Orthographie der ersten Ausgaben einheitlich gestaltet und den Text mit trefflichen Noten begleitet, die auch das reiche Material Alessandros d'Ancona verwerten.

Die Lautreysche Ausgabe ist von Otto Flake ins Deutsche übertragen worden: Michel de Montaignes gesammelte Werke: Siebenter Band, Reisetagebuch.

Die »Ephemeriden« Montaignes hat Dr. Payen in seinen *Documents inédits sur Montaigne*, Nr. 3, Paris 1855 veröffentlicht. Eine Auswahl der Noten, die Montaigne an den Rand der von ihm benutzten Bücher zu schreiben pflegte, findet man in einem Artikel von Paul Bonnefon: *La Bibliothèque de M. Montaigne* in der *Revue d'Histoire littéraire de la France*, Juliheft 1895, S. 313.

II. *Literatur über Montaigne*

Ich zähle nur die Schriften auf, die von wirklichem Werte sind:

ARMAINGAUD, DR.: *Montaigne pamphlétaire. L'Enigme du Contr'Un.* Paris, Hachette, 1910.

Eine scharfsinnige Abhandlung, in welcher der Verfasser nachzuweisen sucht, daß die Schrift La Boëties von Montaigne mit Zusätzen versehen worden sei, welche die akademische Jünglingsarbeit des konservativ gesinnten Parlamentsrates zu einem Pamphlet machten, das gegen Heinrich III. gerichtet gewesen sei. Die Beweisführung stützt sich auf gute Gründe und hat die Zustimmung namhafter Montaigne-Forscher und -Historiker wie Stapfer, Henri Monod, Léon Séché, aber auch heftige Gegner (Bonnefon, P. Villey) gefunden. Die Ansicht Armaingauds hat große Wahrscheinlichkeit für sich.

BONNEFON, PAUL: *Montaigne. L'homme et l'œuvre.* Deux planches hors texte et 80 gravures dans le texte.
Paris (J. Ronam) et Bordeaux (G. Gonnoulhau), 1893.

BONNEFON, PAUL: *Montaigne et ses amis.* 2 vol. Paris, Armand Colin, 1898.

Eine Erweiterung des vorhergehenden Werkes. Sachlich, aber unzulänglich als kritische Würdigung des Denkers.

CHAMPION, EDME: *Introduction aux Essais de Montaigne.* Paris, Armand Colin, 1900.

DEZEIMERIS, REINHOLD: *Notice sur Pierre de Brach.* Paris, 1858.

Der gleiche: *De la Renaissance des lettres à Bordeaux au XVe siècle.* Bordeaux, 1864.

Der gleiche: *Recherche sur l'auteur des Epitaphes de Montaigne.* Paris, 1864, mit einem Faksimile.

Der gleiche: *Recherches sur la Recension du Texte posthume des Essais de Montaigne.* Bordeaux, 1866.

Der gleiche: *Plan d'Exécution d'une Edition critique des Essais de Montaigne.* Bordeaux, 1903.

FEUILLET DE CONCHES: *Causeries d'un Curieux. Tome troisième.* Paris, 1864.

GRÜN, ALPHONSE: *La vie publique de Montaigne,* Paris, 1855.

Überschätzt die Amtstätigkeit Montaignes.

GUIZOT, GUILLAUME: *Montaigne. Etudes et Fragments. Œuvre posthume publiée par les soins de M. Auguste Salles. Préface de M. Emile Faguet.* Paris, Hachette, 1899.

Eine Sammlung von Notizen, die den einheitlichen Plan eines Werkes über Montaigne erkennen lassen und eine puritanisch scharfe Kritik des Menschen Montaigne enthalten.

MALVEZIN, THÉOPHILE: *Michel de Montaigne, son origine et sa famille.* Bordeaux, 1875.

Eines der wichtigsten Quellenwerke, mit einer Fülle von Dokumenten.

PAYEN, DR. J. F.: *Notice Bibliographique sur Montaigne.* Paris, 1837.

Der gleiche: *Documents inédits.* Paris 1857. – *Nouveaux documents inédits.* Paris 1850. – *Documents inédits No. 3.* – *Recherches sur Montaigne, documents inédits No. 4.* – *Recherches sur Michel Montaigne. Correspondance relative à sa mort.* (Bulletin du Bibliophile, 1862, p. 1291 bis 1311).

RUEL, EDUARD: *Du sentiment artistique dans la Morale de Montaigne. Œuvre posthume. Préface de M. Emile Faguet.* (Paris, Hachette, 1901.)

Ein typisches Muster jener französischen Bücher, in denen der sachliche Gehalt durch allerlei Schönrednerei ersetzt ist, wie sie in den höheren Schulen im Schwange steht.

Stapfer, Paul: *Montaigne.* (In der Serie *Les grands écrivains français.*) Paris, Hachette, 1895.

Der gleiche: *La famille et les amis de Montaigne. Causeries autour du sujet.* Paris, Hachette 1896.

Villey, Pierre: *Les Sources et l'Evolution des Essais de Montaigne.* 2 vols. (422 u. 576 S.) Paris, Hachette, 1908. Das Werk eines außerordentlich fleißigen und gewissenhaften Forschers, der aber noch nicht die in Frankreich so häufige Kunst versteht, Wesentliches in klarer, übersichtlicher Form zu geben.

Zangrois, Joseph de: *Montaigne, Amyot et Saliat. Etude sur les Sources des Essais.* Paris, Champion, 1906. (Siebenter Band der *Bibliothèque littéraire de la Renaissance*, dirigée par P. de Nolhac et L. Dorez.)

Neben diesen Einzelschriften kommen in Betracht: die Artikel Sainte-Beuves in *Port Royal* (II. vol., chap. 1–3), eine sehr anregende, wenn auch manchmal recht oberflächlich anmutende Parallele; in den *Causeries du Lundi*, IV; *Nouveaux Lundis*, II, VI. Die Würdigung Montaignes in Fernand Brunetières *Histoire de la Littérature française classique*, (I, 571–638); der Artikel von Emile Faguet in seinem *Seizième siecle. Etudes littéraires*, (p. 365–421); und das Kapitel »Montaigne« in L. Petit de Jullevilles *Histoire de la Littérature française*, (III, chap. 8) von Paul Bonnefon.

J. J. C. Bode

von
Otto Flake

Notiz über J. J. C. Bode

Der Übersetzer Montaignes spielt eine ansehnliche Rolle in der Vorbereitungsperiode unserer klassischen Literatur. Er wurde 1730 als Sohn eines Bauern geboren und starb 1793 als Gothaischer Legations- und Darmstädtischer Geheimrat, nachdem er es vom gemeinen Soldaten durch Energie und Charakter zum Zeittypus des universal Gebildeten und zum Verleger gebracht hatte; die treibenden Kräfte seines Wesens sind diejenigen des erwachenden deutschen Bürgertums selbst, das sich im Zeitalter des Absolutismus aus der niedersten Unansehnlichkeit zäh zur Höhe der Geisteserziehung durcharbeitete.

Sein Vater fand an seinem Bauernhof zu Bahrum im Braunschweigischen keinen Gefallen und wurde in der Hauptstadt des Fürstentums Soldat, nebenbei Tagelöhner. Die Armut der Eltern war so groß, daß das Kind statt in eine Wiege in einen Wäschekorb gebettet wurde. Nachdem Bodes Vater seinen Abschied genommen hatte, wurde er bei der Ziegelhütte zu Klein-Schöppenstädt Handlanger. Die Versuche, in dem jungen Bode einen Gehilfen heranzuziehen, scheiterten an der ausgesprochenen Neigung des Kindes, Schreib- und Leseversuche zu machen, und an seiner Schwächlichkeit. Der unnütze Mitesser wurde dem Großvater in Bahrum übergeben, und aus dem Bauernjungen wurde ein kleiner Schäfer. »Man pflegte mich wegen meiner Ungeschicklichkeit in ländlichen Geschäften in der ganzen Familie immer den dummen Christoph zu nennen. Wegen dieser Schmach, die ich tief fühlte, tröstete ich mich in meiner Einsamkeit durch die gewisse, schon damals mir durch keine Gewalt zu entreißende Hoffnung, daß aus mir doch etwas Besseres werden könne, als ein bloßer Bauer. Endlich gelang es mir doch, meine Mutter mit meinen Ahndungen auszusöhnen und sie zu überreden, daß mir in der Stadt ein größeres

Glück bevorstände.« Und der Mutter verdankte es der fünfzehnjährige Junge, der starke Anlagen zur Musik zeigte, daß er zum Stadtmusikus Kroll in Braunschweig gebracht wurde. Der Lehrbrief bedang aus, daß er in Anbetracht seiner Armut ein Jahr länger in der Lehre bleiben mußte, weil er nicht einmal sein eigenes Bett stellen konnte. Eine geizige Meisterin, rohe Gesellen, die ihn täglich prügelten, heimliche der Nacht abgerungene Lese- und Studierstunden, das bildet den Inhalt von sieben schweren Jahren; aber er erhielt einen rühmlichen Lehrbrief, der ihm sofort die Stelle eines Oboisten in dem Regiment v. Weyhe zu Braunschweig verschaffte. Angestellt, hatte er nichts Eiligeres zu tun, als ein armes Mädchen zu heiraten, die sechzehnjährige Tochter eines Instrumentenmachers; drei Kinder ließen nicht auf sich warten. Nichts malt die Atmosphäre des kleinbürgerlichen Standes im damaligen Deutschland besser als dieser Teil der Bodeschen Biographie.

Um den »Basson«, neben der Violine sein Lieblingsinstrument, genauer zu studieren, nahm er auf ein Jahr Urlaub und ging 1749 nach Helmstädt, wo der Kammermusikus Stolze, ein Virtuose auf dem Cello, lebte. Unterhalt und Honorar für Stolze gewann er durch Stundengeben. Die Freundschaft mit einem Studenten namens Schlubeck öffnete ihm den Blick in die Welt der Geistesstudien, und der Einsicht folgte der Drang auf dem Fuße: er war von der bildungshungrigen Rasse Winckelmanns. Bode unterrichtete Schlubeck im Flötenspiel, wofür er freie Wohnung erhielt und seinerseits Unterricht im Französischen nahm, das jener ausgezeichnet beherrschte. Italienisch lernten sie zusammen, Lateinisch Bode für sich, und was sonst an Kräften in Helmstädt wirkte, machte der junge Musiker sich gleichfalls zunutze. Der Magister Stockhausen hielt am Kollegium Vorlesungen über die schönen Wissenschaften, und einmal auf Bode aufmerksam geworden, nahm er sich seiner an: hier lernte Bode Deutsch schreiben und Englisch sprechen. Der Oboist ging mit dem Gedanken um, ganz Student zu werden, als sich ihm die Aussicht auf eine ansehnliche Stelle in der braunschweigischen Hofkapelle bot. Als sie ihm entging, nahm er Abschied vom Regiment und trat in Celle, wiederum als Oboist, in hannoversche Dienste. Er war in einer unhaltbaren Zwitterstellung. Sich seines Dranges und seiner Fähigkeiten bewußt, voll Eifer allen geistigen Bestrebungen hingegeben, von seinen Freunden in Gesellschaft gezogen und um seiner musikalischen Talente willen als Musikdirektor bei Schulfeierlichkeiten benutzt, war er doch nichts als ein geworbener Soldat, und als zudem der Krieg auszubrechen drohte, nahm er wiederum, diesmal endgültigen Abschied, Anno 1756, und suchte fürs erste eine Zuflucht bei seinem alten Freund Stockhausen. Kurz vorher waren ihm Frau und Kinder gestorben, und so hatte er nur für sich allein zu sorgen.

Er war inzwischen auch in Celle nicht müßig gewesen. Seine Kenntnisse in den schönen Wissenschaften vertieften sich durch den Umgang mit dem Subrektor Münter an der Celleschen Stadtschule, zu dem er nach des Tages Mühe spät am Abend »schlich«, um in Scherz und Unterhaltung zu lernen und seine Ausarbeitungen über gestellte Themen korrigieren zu lassen. Mit Stockhausen geriet er in einen Briefwechsel, der ähnlicherweise zur Hälfte lehrhaft und pädagogisch gemeint war, und mehr als das, der berühmte Magister, der inzwischen von Helmstädt nach Lüneburg übergesiedelt war, sandte ihm seine Lieder und Oratorien, die Bode dann vertonte. Sein Sprachtalent führte ihn so rasch vorwärts, daß er in Französisch und Englisch bald als Meister galt. 1754 und 1756 trat er an die Öffentlichkeit mit der Komposition von »Scherz- und ernsthaften Oden und Liedern«; er war damals noch Soldat. Auch seine ersten Versuche als Schriftsteller, die er dem Intelligenzblatt Braunschweigs gab, fallen in jene Zeit.

Im Frühling 1757 trat die große Änderung seiner Verhältnisse zum Bessern ein. Stockhausen hatte in Hamburg einige Freunde, durch deren Empfehlung es Bode gelingen mußte, gutbezahlte Stunden zu erlangen, und bei denen er wiederum finden konnte, was ihm unentbehrlich war, Geselligkeit und Geistigkeit. Mit Empfehlungsbriefen an den Arzt Olde und den Diakon Alberti ausgerüstet, begab er sich also nach Hamburg, das damals Anstalten traf, in die vordere Reihe der deutschen Kulturstätten zu treten. Olde war einer der bremischen Beiträger, ein alter Freund Hagedorns, ein Verehrer Klopstocks und ein eifriger Dilettant in Musik und Dichtkunst. Er sowie Alberti nahmen sich des Ankömmlings, der in seinem geselligen Frohsinn und seinem Witz einen zinsentragenden Schatz besaß, mit Eifer an. Bode gab nicht nur Stunden in der höheren Musik, sondern auch im Französischen, und in einigen Häusern übernahm er auch den Unterricht der Kinder. Er verstand es, seiner Stellung von vornherein das Demütigende zu nehmen und trat mehr als Spender denn als Nehmer auf; vor allem verband sich mit seiner Tätigkeit immer der gesellschaftliche Anschluß, der Familienverkehr. Er führte die gern begrüßte Neuerung ein, den Kindern zu Neujahr statt der hergebrachten gereimten Gebete kleine, frische Dialoge, Schäferspiele und sogar Komödien zu schreiben. Er übte sich dadurch vielleicht bewußt, vielleicht unbewußt, zu dem Plane, der ihn sogar Spanisch bei einem gereisten Schuster lernen ließ: Theaterstücke des Auslandes für die neu erwachende deutsche Bühne zu bearbeiten.

Hamburg war damals der Mittelpunkt für solche Reformbestrebungen auf dem Gebiete des Theaters. Koch, der Direktor der bekannten Truppe, wurde auf Bode aufmerksam und bewog ihn, u. a. Voltaires Schottländerinnen, Moores Spieler (die gedruckt erschienen) und einiges aus dem Italienischen zu übersetzen. Um beim Theater zu bleiben: 1767 begann die Seylersche Theaterunternehmung in Hamburg, hervorgegangen aus dem Entschluß von zwölf Hamburger Bürgern, ein deutsches Nationaltheater zu errichten, und von den Kaufleuten Seyler und Tillemann in einem engeren Ausschuß eingeleitet. Lessing erhielt den berühmten Ruf als Dramaturg, und neben ihn trat Bode als Drucker der Zettel und Flugblätter wie als Verleger der kritischen und dramaturgischen Schriften, die sich an dieses große Unternehmen, für das man Maschinenmeister aus Frankreich und Szenenmaler aus Berlin kommen ließ, anschließen sollten. Lessing wurde Mitunternehmer der Bodeschen Druckerei, und der Vertrag legte Gewinn und Verlust zu beiden Teilen fest. In diesem Bodeschen Verlag erschien von Lessing die Hamburgische Dramaturgie bogenweise, von Bodes neuen Übersetzungen nach Marivaux jedoch nichts. Der Mißerfolg der Nationalbühne, des akademischen Theaters, wie es nach seinen gelehrten Tendenzen genannt wurde, ist bekannt. Allein die Inhaber des Verlages ließen sich noch nicht entmutigen. Als »Buchhandlung der Gelehrten«, die voll Uneigennützigkeit die Autoren an den Gewinnen teilnehmen lassen wollte, faßten sie den Plan zum »Deutschen Museum«, einer Reihe von Originalschriften Klopstocks, Gerstenbergs, Werners u. a. Aber Lessing war kein Kaufmann, und Bode opferte seinen Neigungen für altes Papier, das aus Italien verschrieben wurde, für kostbare Vignetten, für rote Umrandungslinien, für Quartformat, kurz für Buchausstattung zu viel. Dazu kam die schlechte buchhändlerische Organisation; die Dramaturgie und die anderen Schriften waren nur aus Hamburg, mit Umgehung von Leipzig, zu beziehen, und die Folge war entweder, daß sie den Weg nach Deutschland überhaupt nicht fanden oder daß sie nachgedruckt wurden. Lessing machte seiner verlegerischen Episode ein Ende, und Bode blieb allein. Er behielt den Verlag und die Druckerei bis 1778, wo er Hamburg verließ.

Gehen wir nun zurück auf die Zeit vor dem Nationaltheater. Nachdem er 1759 zuerst auf seinem eigensten Gebiete, der Übersetzung, mit »Briefen des Paters Alfonso an seinen General« aus dem Französischen und der »Weisheit an die Menschen, aus der Handschrift eines begeisterten Brahminen« aus dem Englischen hervorgetreten war, nachdem er 1762 die Redaktion des »Hamburgischen unparteiischen Correspondenten« übernommen hatte, den er fast zwei Jahre ganz allein besorgte, und nachdem er, als Musiker immer mehr angesehen, einige Oratorien von Metastasio übersetzt hatte, fand er seine zweite Frau und durch sie sein Vermögen, das ihm die Ausführung seiner Buchhändlerpläne ermöglichte und zudem zu einem angesehenen Bürger machte. Er unterrichtete das Mädchen, Simonette Tam, im Klavier. Sie war Waise, und ein junger reicher Hamburger bewog Bode, den Brautwerber oder doch wenigstens den Sondierer zu spielen. »Warum bitten Sie für einen andern? fragt die errötende Schülerin«, wie C. A. Böttiger, der dem 6. Bande der Montaigne-Ausgabe J. J. C. Bodes literarisches Leben vorausschickte, berichtet. Nach einem Jahre aber verlor Bode die Gattin. 1768 heiratete er zum dritten Male, und es ist eine Eigentümlichkeit seiner Biographie, daß er auch hier wieder Frau und alle vier Kinder überleben sollte.

Im Verlage des Buchhändlers Cramer in Bremen, aber in der eigenen Offizin gedruckt, erschienen 1768 und 1769 die ersten Bände von »Yoriks empfindsamer Reise«, das erste Bodesche Meisterübersetzungswerk. Lessing hatte ihn zu dieser glänzenden Verdeutschung seines Lieblings *Sterne* zwar ermuntert, die Verdächtigung braunschweigischer Konkurrenten, er hätte wohl ohne eine Minerva zur Seite dies Abenteuer nicht so rühmlich bestehen können, traf aber Bode um so empfindlicher, je ungerechtfertigter sie war. Was er dem Freunde schuldete, war allein das treffliche neugebildete Wort empfindsam. Wenig Freude machte ihm auch die Übersetzung der angeblich Sterneschen, in Wahrheit apokryphen Fortsetzung der »Empfindsamen Reise«; weniger durch die Angriffe auf die Freiheiten, die er sich erlaubt hatte, weil es sich nicht mehr um Sterne handelte, als durch diejenigen auf die »reine Moral«, die vom Original auf ihn zurückfiel; der Hauptpastor Götze ereiferte sich besonders.

Einiges Bedeutungslose abgesehen, war seine nächste Tat die bei Reich in Leipzig erschienene Übersetzung von des eben verstorbenen *Smollet* Werk »Humphrey Klinkers Reisen« (1782). Der Verleger zahlte dem Übersetzer drei Dukaten für den Bogen. Bode hielt sie für seine beste Hamburger

Leistung. Schon Lessing hatte gestanden, der Umfang des deutschen Sprachschatzes sei ihm erst aufgegangen, als er nach Hamburg gekommen war. Auch Bode griff mit vollen Händen ins Niederdeutsche hinein.

Der Beifall, den Yorik und Humphrey Klinker gefunden hatten, ermutigte Bode zum »gefährlichsten aller Übersetzungsabenteuer«, zur Übertragung des *Tristram Shandy*, welcher 1774 in 9 Bändchen bei Bode selbst erschien. In einem Zeitalter, in dem die Wirkung literarischer Erzeugnisse sich wie ein Fieber verbreitete, das zuletzt zur Seuche wurde, schoß auch die Begeisterung für dieses Buch weit über ihr Ziel hinaus, und neben dem Begriff Humor kam auch die weinerliche Empfindsamkeit der Mondscheinromane zur Blüte. Bode nannte diese unbeabsichtigte Nebenwirkung den empfindelnden Bimbam und war darauf bedacht, ihr durch einen neuen englischen Roman entgegenzutreten. 1770 ließ er Goldsmiths »Pfarrer von Wakefield« erscheinen, und die Berechnung schlug nicht fehl, insofern der Dorfpfarrer sich alle Herzen eroberte: die barocke Manieriertheit Sternes ließ sich aber, einmal entfesselt, nicht sofort unschädlich machen und erstreckte ihre Wirkung noch auf Jean Paul.

Neben diesen Übersetzungen englischer Romane bewahrte und bewährte Bode seine alte Liebe zum Theater. Er verfertigte deutsche Bearbeitungen englischer Lustspiele von Cumberland und Withead, denen in späteren Jahren solche nach Congreve u. a. folgten. Er gab hier oft ein gutes Teil eigener Kunst, indem er die Rollen zum Teil mit ganz neuem Geist füllte. Schröder, der berühmte Schauspieler, lobte die Charakteristik und tadelte die schwere Diktion. Von seinen sonstigen verlegerischen Unternehmungen sei der »Wandsbecker Bote« erwähnt, den Claudius seit 1771 bei ihm drucken und erscheinen ließ, die klassische Schrift des Pisaner Arztes Gatti über die neuaufgekommene Impfung: »Neue Betrachtungen über das Verfahren bei der Inokulation der Blattern« usw. (1772), sowie eine deutsche Wochenschrift nach englischem Vorbild, der von Bode zum größten Teil selbst geschriebene »Gesellschafter« (1775), dem die Übersetzung des englischen »Abenteurers« (1776) folgte.

Um diese Zeit entstand der Entschluß, Hamburg zu verlassen, obwohl es ihm als eine Stadt seines Wirkens lieb und teuer geworden war. Der Buchhandel machte ihm wenig Freude, Frau und Kinder waren gestorben, alle Freundschaften hatten sich gelöst, und die ihm wertvollste, mit der Gräfin von Bernstorf, der Gattin des bekannten Menschenfreundes, gab den Ausschlag. Als Graf Bernstorf starb, siedelte die Gräfin, bei der Bode durch Boje eingeführt worden war, nach Weimar über. Bode folgte ihr, als Freund und uneigennütziger Ratgeber in ihren verwickelten Geschäften. Die Regentin von Meiningen hatte ihm kurz vorher den Titel eines Hofrats verliehen. Seine Druckerei übergab er seinem Setzer, sein Verlag ging großenteils an Göschen in Leipzig über, seine ansehnliche Gemälde- und Kupferstichsammlung wurde in Hamburg verkauft. Im Sommer des Jahres 1778 verließ er »nicht ohne Rührung einen Ort, wohin er vor zwanzig Jahren mit nichts als einem Kästchen voll Musikalien und Wäsche und zwei Empfehlungsbriefen in der Tasche gekommen war«.

In Weimar gab er zunächst die englische Wochenschrift »Die Welt« heraus, die jetzt nach fünfundzwanzig Jahren in Deutschland neu erstand, 1779–1783. Spanien lieferte eine Monatsschrift, den von Clavigo herausgegebenen »Denker« (1781). Von Spanien griff er nach Frankreich hinüber und brachte den ersten aller historischen Romane, deren Zeit nun anbrach, Marmontels »Inkas oder die Zerstörung Perus«, mit (Frankfurt a. M. 1783). »Man kann diese Übersetzung nicht allein von Anfang bis ans Ende ganz wie ein Original durchlesen, sondern auch kaum eine Stelle auffinden, in der nicht alles ebenso geebnet und ausgeglättet wäre als bei dem Franzosen. Da unterbricht nirgends ein neugeprägtes Wort oder eine andere Modernität, die sich der Übersetzer wohl sonst zu erlauben pflegte, den sanften Fluß der Rede«, urteilt Böttiger. Weniger wird seine Übersetzung des »Tom Jones«

von Fielding gelobt, deren sechs Bände er in ebenso vielen Monaten übertrug (Leipzig, Göschen 1786–1788). Seiner Manier, Anspielungen auf deutsche Verhältnisse anzubringen, gab er hier reichen Spielraum. In der Folge urteilte er selbst offenherzig über die Flüchtigkeiten dieser Arbeit, konnte aber auch auf Entschuldigungsgründe wie Krankheit hinweisen, und die Revision des 3. bis 6. Bandes litt unter der Pariser Reise, die er 1787 mit einem Freunde unternahm. Paris gefiel ihm wenig, und er machte nicht einmal von einigen wichtigen Empfehlungsbriefen Gebrauch.

»Seit ich hier gewesen bin«, – so läßt er sich in einem Brief aus Paris selbst darüber vernehmen, – »werde ich alle Komplimente und die *gesagten* je vous aime, je vous adore noch mehr verachten als jemals vorher. Mir vergeht hier sogar meine gute Laune, und ganz Paris hat gewiß nichts, mir solche wiederzugeben. Alles ist hier auf Stelzen. Nichts ist hier auf gut bieder Deutsch gut oder schön, alles merveilleusement beau. Und es ist wahr, die Gassen sind merveilleusement puantes, les mœurs merveilleusement corrompus, und was man selbst bei den Träteurs oder *Wiederaufhelfern* ißt und trinkt, merveilleusement mauvais et cher. Man sieht hier fast kaum das Gesicht eines Dienstmädchens, wie es Gott geschaffen hat, und Sie wissen, wie scheußlich mir Gesichts- und Herzensschminke sind. Alles ist hier bemalt und beklext. Nur das Theater nehme ich aus. Die Musik in der großen Oper ist brav, die Tänzer vortrefflich, die Dekorationen und die Aufzüge von Figuranten immer schön gruppiert: aber die Sänger, Sängerinnen und Akteurs sind entsetzliche Schreihälse, bis auf eine Aktrize, die ein edles, natürliches Spiel hat. Sie gestikulieren wie die Windmühlen, und spreizen sich dabei und machen beim geringsten Mückenstiche solche Verzerrungen des Gesichts und Körpers, als ob sie der Gottseibeiuns schon in seinen Krallen durch die Luft wegführte. Und je mehr sie krächzen, kreischen, heulen und Kontorsionen schneiden, je ärger werden sie beklatscht. Nein, das ist nicht auszustehn! Wahrlich, Paris würde der letzte Ort sein, nachdem ich ihn kenne, den ich zu meinem Aufenthalte wählen möchte, obgleich hier die Künste sehr florieren. Aber was sind alle Künste gegen die gute, ungekünstelte Natur, die hier seit langer Zeit nicht mehr Mode ist.«

Die Frucht dieses Pariser Aufenthaltes war die Übersetzung der »Geschichte einer 39jährigen Gefangenschaft in französischen Staatsgefängnissen, geschrieben von dem Gefangenen selbst« (Leipzig 1787), der Flugschrift des nach fast vierzig Jahren freigesetzten de la Tude, sowie vor allem der Plan, sich an Montaigne und Rabelais zu versuchen. Er brachte die neueste Ausgabe Montaignes von 1783 mit, legte aber seiner Arbeit, die 1792 begann, die alte bessere und vollständigere alte Folioausgabe von 1635 (Camusat, Paris) zu Grunde. Erst las er das Kapitel, an das er herantrat, »langsam und mit angestrengter Meditation über den Ideengang seines Autors durch. Dann wandelte er in seinem geräumigen Zimmer auf und ab und überdachte sich die ganze Ideenreihe noch einmal in seiner eigenen Manier. Diese Operation nannte er im Scherz wohl auch zuweilen das zweite Gesicht der schottischen Hochländer. Nun griff er zur Feder und übersetzte nach vorliegendem Original, fast ohne inne zu halten – zu einzelnen schweren Ausdrücken und Wendungen ließ er Platz auf dem Papier – das durchdachte Pensum.« Er arbeitete, ohne sich Erholung zu gönnen, ununterbrochen während dreizehn Monaten.

»Bei keiner seiner Übersetzungen war er vielleicht so gewissenhaft und unerbittlich strenge gegen sich selbst. Keine kostete ihn mehr Anstrengung, da er sich hier selbst übertreffen und so die letzte und schönste Blume in den Kranz seiner Verdienste um Deutschlands Sprache und Literatur flechten wollte. Keine verschaffte ihm aber auch bei der Arbeit selbst süßern Genuß. Mit keinem Schriftsteller hatte er inniger sympathisiert und dessen Launen, Sonderbarkeiten, Überzeugungen und Grundsätze aus sich selbst so herausgelesen. Aber auch nur dadurch wurde es möglich, diese fast in allen lebenden Sprachen mehrmals übersetzte, aber ihrem Ton und

Originalgepräge nach noch nirgends übertragenen Versuche in Gang, Wendung und Worten so vollkommen wiederzugeben, daß von dem antiken, ehrwürdigen Rost der Urschrift fast nie etwas verwischt und die Übersetzung dennoch nicht steif und altfränkisch geworden ist. Sie ist wirklich das vollendetste Meisterwerk eines in seiner Art einzigen Meisters, und man muß alle seine frühern, in ihrer Art nicht weniger vollendeten Verdeutschungen als Vorübungen ansehn, ohne welche dieser Grad von Vollkommenheit selbst einem Bode unerreichbar gewesen wäre.«

Dies die trefflichen Worte seines Biographen, der sie durch die folgenden ergänzt:

»Es gibt vielleicht in der ganzen Geschichte der neueren einheimischen und ausländischen Literatur nur noch ein einziges Beispiel, daß ein Mann *bloß durch Übersetzungen* sich einen so hohen und wohlverdienten Rang unter den klassischen Schriftstellern und Bereicherern seiner Muttersprache erworben hat, als Boden durch seine unübertroffenen Verdeutschungen der originellsten Geistesprodukte des Auslands wirklich zuteil ward. Jener andere erhielt der Sage nach für ein erstes Probestück, die Übersetzung eines griechischen Erotikers, sogleich eine fette Pfründe von seinem Könige und ward endlich gar Prinzenhofmeister und mit der bischöflichen Tiara bekleidet. Zu solchen Ehren kann es nun freilich ein ehrlicher Mann durch bloße Übersetzerkünste in unsern Tagen nicht bringen. Aber einige seiner Übersetzungen werden, wenn es überhaupt nicht leere Täuschung ist, zu hoffen, daß unsre Sprachweise auch unsern Enkeln nicht ganz gleichgültig sein werde, gewiß um ihrer Reichhaltigkeit, Neuheit und Selbständigkeit willen von jenen ebenso gern gelesen und als eine unerschöpfliche Fundgrube des alten Sprachschatzes durchforscht werden, als es noch jetzt der Fall mit den übersetzten Griechen des andern ist.

Die Frage: *was war nun das Charakteristische der Bodischen Übersetzungen überhaupt?* fordert eine eigene Abhandlung, ist aber auch zum Teil schon in dem Vorhergehenden hinlänglich beantwortet. Daß er einen bewundernswürdigen Umfang von Sprach- und Sachkenntnissen besaß; daß er, ohne Worte und Perioden der Urschrift seinen Lesern ängstlich zuzuzählen, doch allezeit so viel wiedergab als er nahm; daß er oft, der eigentümlichen Manier und den feinsten Schattierungen seines Autors unbeschadet, durch kleine, fast unmerkbare Zusätze und Verstärkungen gerade da nachgeholfen hat, wo das deutsche Auge etwas mehr Licht und Schatten im Gemälde zu verlangen schien, und daß er eben dadurch die Frischheit und Originalität in seine Verdeutschungen zu bringen wußte, die jeder Leser von Geschmack von jeher in seinen Werken gefunden und empfunden hat, dies sind Eigenschaften, die, so selten sie auch bei dem großen Übersetzerheer angetroffen werden, bei welchem nur der Magen und die Hand in Bewegung zu sein scheinen, ihm doch mit allen großen Meistern in seiner Kunst gemeinschaftlich zukommen. Das wahre Charakteristische seiner Übersetzungen ist die echte Empfindsamkeit, die Yoriksche Laune und das Vollherzige, was fast aus jedem Blatte seiner bessern Werke hervortönt. Er war zu dem, was der Engländer humour nennt, durch die Natur selbst organisiert. Es fand ein gewisses Mißverhältnis zwischen seinem nervigen, gleichsam in Erz gegossenen großen Gliederbau und seinem äußerst reizbaren, überall wie mit Fühlhörnern bewaffneten Empfindungsvermögen statt, das ihn beständig prickelte und in die Stimmung versetzte, in der er mit seinen sinnreichsten Einfällen und Launen hervorbrach. Er hatte sich selbst hierüber studiert, und da er *eigentlich nie aus Lohnsucht, immer aus Herzensbedürfnis übersetzte*, so wählte er mit großem Verstand nur solche Urschriften, zu welchen er die Grundzüge schon in seiner eigenen Seele geschrieben fand. Man rechne hiezu, daß er in den verschiedensten Lagen und Verhältnissen das menschliche Herz bis auf seine verborgensten Falten durchblickt und viele Jahre in einer freien Reichsstadt, wo die Menschen häufiger ihr Originalgepräge behalten, an einem Hafen, wo Fremdlinge aller Nationen zusammenströmen, gelebt und sich dadurch einen Schatz von Welt- und Menschenkenntnis erworben hatte, der auch seinen Übersetzungen sehr zustatten kommen und sie vorteilhaft von den Arbeiten anderer, die nur die Köpfe der Menschen von ihren Dachfenstern herab erblicken, unterscheiden mußte. Er war aber noch weit mehr als ein großer Übersetzer. Er war ein sehr guter Mensch, voll hohem Enthusiasmus für Menschenrechte, Vaterland und Freundschaft. Daher hauchte er allem, was durch seine Feder ging, und also auch seinen Übersetzungen, so viel Menschliches, Herzergreifendes, Durchwärmendes ein. Daher ist's ihm in jeder Anmerkung zu denselben so viel Ernst um den Ruhm und die Ehre deutscher Männer und Frauen, daher ergreift er jede Gelegenheit, den Übermut der Ausländer zu demütigen und die bescheidenen Vorzüge seiner Nation gegenüberzustellen, daher verschießt er oft in *einer* Anmerkung einen ganzen Köcher voll epigrammatischer Spitzen gegen eine großständische oder reichsstädtische Narrenkappe, daher *ist er auch durch seine Übersetzungen*, wie der edelste Schriftsteller und Freund mit unverlöschbarer Schrift in sein Denkmal eingegraben hat, *ein stiller Wohltäter der Menschheit geworden.*« Die Übersetzung erschien in 6 Bänden bei F. T. Lagarde in Berlin von 1793 bis 1795, denen 1799 als 7. Band ein von Immanuel Fritze bearbeitetes Register folgt. Der Titel des Werkes lautete: »Michael Montaigne's Gedanken und Meinungen über allerlei Gegenstände.« Der Zusatz »Ins Deutsche übersetzt von Bode« findet sich erst beim 6. Bande, nachdem Bode gestorben war.

Er hatte im Sommer 1793 eine Reise nach Niedersachsen gemacht und die Orte seiner Kindheit und der Anfänge wiederaufgesucht. Dann nach der Rückkehr hatte er die Vorstudien zu einer Rabelais-Übersetzung begonnen, die, sehr charakteristisch für seine Methode, sich den Geist, die allgemeine Stimmung anzueignen, in Luthers Tischreden und Hans Sachsens Schwänken bestand. Am 13. Dezember starb er ganz unvorbereitet.

F.